개정판

한문신강

李家源 著

보고사

개정판 서문

이 책은 연민선생이 예전처럼 몇 년씩 시간을 들여 한문만 배울 수 없는 독자들을 위해서 만드신 것이다. 연민선생이 이 책을 지을 무렵인 1960년만 하더라도 이미 한문은 진부하고 체계적이지 못한 과거의 유물로 여겨지고는 하였다. 이를 안타깝게 여긴 연민선생은 전통 한문학을 현대적인 방법론의 틀로 새롭게 가르치고자 하였다. 따라서 '신강'이라는 제목은 새로운 내용을 담고 있음을 의미하기보다는, 예로부터 전해오던 한문을 문자, 문법, 해석, 문체 등의 체계를 갖추어 새롭게 접근하겠다는 의미를 담고 있다.

연민선생은 어린 시절부터 20여 년간 서당에서 전통적인 방법으로 한학을 공부하시고 비로소 신식 전문학교에 들어가셨다. 1960년은 연민선생이 연세대학교에서 학생들을 가르치신 지 4년째가 되는 해로, 여러 해 동안 학생들을 가르쳐오면서 이미 근대적 학문체제에 익숙해진 학생들에게 전통적인 한문교수법을 새롭게 바꿔야할 필요성을 절감하였을 터이다. 이에 최현배 선생의 《우리말본》을 비롯하여 우리말에 대한 문법 연구서 및 일본학자들의 한문 문법책을 두루 섭렵하여, 한글 문법을 참고하면서도 한문 고유의 특성에 맞춘 체계적인 문법을 마련하고자 하였다.

개정판을 내면서, 문법을 중시하였던 연민선생의 뜻을 살려 문법편을 남겨두고, 기존에 있던 해석편·문자편·문체편은 삭제하였다. 문법과 원전 위주로 재편성하되, 문법편 내에서는 본래의 구성이나 문법

체계에 크게 수정을 가하지 않았다. 한글문법에 훨씬 익숙한 현대 독자들에게 혼동을 줄 법한 문장 표현이나 문법 설명을 일부 삭제하거나 수정하였을 뿐이다. 더불어 원래 있던 원전편을 신되 숫자를 줄여 좀 더 압축적인 참고서의 형태로 만들었으며, 설명에서 나오는 한자는 가급적 한글과 병기하는 방식으로 바꾸었다.

현재 대학생 및 한학 입문자는 60년대보다 더욱 진일보한 한글세대라고 할 수 있다. 게다가 한문을 전공하기로 마음을 먹지 않은 이상, 전통적인 한문학의 방법으로 오랜 시간을 들여서 글을 읽어가며 자득해나가는 여유를 가진 사람은 더욱 찾기 어렵다. 《한문신강》은 한문 공부에 오랜 공력을 들일 수 없는 독자들을 배려하여 만들어진 한문 입문서로서, 오늘날 한문을 배우려는 독자에게 좋은 지침서가 될 것이다.

이 책의 원전 분량이 워낙 방대해서, 후배 김누리와 함께 입력하였다. 이 책을 교재로 하여 강의하셨던 연민학회 허권수 회장과 윤덕진 부회장의 교정 자료도 반영하였다. 연민선생의 학덕을 기리는 연민학회 회원들뿐만 아니라, 한문을 혼자 배워보려는 이 시대의 새로운 독자들에게도 이 책이 좋은 길잡이가 되기를 빈다.

2016년 설날
김성은

저자 서문

　'신강(新講)'이라면 마치 사학(斯學)에 대하여 무슨 참신한 새로운 경지를 발명했을 듯싶지만, 그런 것은 아니다. 솔직히 말한다면 지난날의 촌학당(村學堂) 중, 학구(學究)들처럼 시간과 규칙을 무시하고 오로지 '다독(多讀)' · '다작(多作)'만으로서 능사가 다한 듯이 생각하던 낡은 방법을 일체 청산하고 주로 '문자' 원류의 고찰, '문법' 체계의 성립, '해석' 문제의 연구, '문체' 변천의 나눔, '원전(原典)' 뽑기의 정확 등에 중점을 두어 이를 아무쪼록 현대화함에 전력하였을 뿐이다. '한문'하면 읽기도 전에 벌써 딱딱하고도 어려운 듯이 생각한다. 그리하여 어떤 이는 '한문은 진부했다'느니, 또는 '한문은 문법도 없다'느니 하고들 법석대는 것이 일쑤이다.

　그러나 그들은 이에 대하여 아무런 노력도 없이, 강구도 없이 뜬 말로 배척해 버림에 지나지 않는 것이다. 그러니까 우리는 이에 대하여 해결할 방법을 제시하지 않으면 안 될 것이다.

　나는 어려서부터 이 '한문자(漢文字)'를 배웠고, '한문학(漢文學)'을 연구했고, 또 '한문'으로 된 '시(詩)' · '문(文)'의 작품을 내어본 적이 있었다. 그리하여 이 '한문'에서 많은 고통을 겪은 나머지 많은 쾌락도 맛본 적이 없지 않았다. 그것은 실로 우리의 '한문'에는 '청아(淸雅)' · '천면(芊眠)'한 정서를 느꼈으며, 중국의 그것에는 '웅혼(雄渾)' · '광막(廣漠)'한 경지를 발견했기 때문이다.

　그렇다고 해서 나는 누구에게도 '한문'을 결코 배우기 쉽다고 강조해

본 적은 없었다. 왜냐하면 사학(斯學)의 경지는 너무나 깊고, 높고, 넓고, 멀어서 더듬기가 자못 어려운 까닭이다. 그리고 오늘날 우리가 가위 전폐된 이 '한문'을 다시금 배우지 않으면 안 되는 당면의 과업은 아직도 한 개의 만만치 않은 숙제이기 때문이다. 그러나 오늘날 우리가 '한문'을 배우려는 목적은 오로지 정지상(鄭知常)·이제현(李齊賢)의 '시'나, 허균(許筠)·박지원(朴趾源)의 '문'과 같은 작품을 낳겠다는 것이 아니고, 다만 유구 수천 년을 써내려오는 도중에 많은 저적(著籍)이 남아 있어서 우리의 '방고(邦故)'·'조의(祖懿)'를 올바르게 인식, 또는 연구하려면 이를 해독하지 못하고는 안 될 것이며, 아울러 '동양학'의 원천을 깊이 더듬어 보려고 해도 역시 이를 닦지 않고는 무엇에도 착수할 수 없겠기 때문이다.

그리하여 나는 이제 부끄러움을 무릅쓰고 이 책을 내어놓는다. 혹은 나의 얕음을 웃을 이도 있겠지만, 혹은 나의 고충을 양해해줄 이도 없지 않으리라고 믿어 마지않는다. 이 책의 엮음에 있어서는 '문자'는 졸고「漢文 文字의 研究」, '문법'은「漢文 文法의 研究」, '문체'는「漢文 文體의 分類的 研究」등 세 편의 논문을 요약하였고, 거기에다가 '해석'과 '원전'을 덧붙여 놓았다. 각기 나누어 보아도 해롭지는 않으리라 생각된다.

그 중, 여러 편에는 대체로 편찬의 내용이 소개되어 있는 만큼 이에 췌언할 필요가 없거니와, 특히 '원전'에 대해서 두어 마디 말해둔다. 이는 앞서 몇 대학에서 강독으로 쓰던 노트「漢文學散鈔」·「韓中詩文小鈔」등을 합하여 엮은「漢文李選」170편 중에서 또 140편을 뽑은 것이다. 이의 특색은 우리나라의 작품과 중국의 그것과를 꼭 편편마다 비교·대치시켰으며, 또 현존한 우리나라 작가의 것 6·7편을 실었으니, 이도 역시 종전 선가(選家)의 상고(尙古)·천금적(淺今的)인 잘못을 시정하려는 의도에서이다. 그리고도 오히려 수십 가의 것을 뽑지 못해서 '창해유주(滄海遺珠)'의 느낌이 없지 않다.

끝으로 '문법'에 대하여 전적으로 교감을 보아주신 박지홍(朴智弘)님과, 자료의 수집·정서에 시간을 아끼지 않아주신 문동선(文童嬋)님에게 경의를 표하며, 아울러 한 묶음 난고(亂藁)를 깨끗한 활자로 옮겨준 신구문화사의 발전을 충심껏 빌어마지않는 바이다.

1960년 5월 19일

청매자주관(靑梅煮酒館)에서 저자

일러두기

- 본서는 주로 대학 강의의 체제에 맞추어 엮은 것이나 한문에 뜻을 둔 일반인이나 중·고교학생도 자습할 수 있도록 하였다.

- 본서는 크게 문법편과 원전편으로 구성되어 있다. 기존의 문법·해석·문자·문체·원전의 다섯 편 가운데 세 편을 제하여, 보다 압축적인 교재가 되도록 하였다.

- 해석에나 원전(1)에 쓴 부호는 인명·지명 등의 고유명사에는 _____ 표를 썼다.

- 원전은 셋으로 나누었다. 1강에서는 쉬운 주석과 부호를, 2강에서는 주석의 난이도를 높이고, 경우에 따라서는 인례(引例)의 출전을 제시하였으며, 3강에서는 현토를 빼서 점차 원전에 접근할 수 있도록 하였다.

목차

개정판 서문…3
저자 서문…5
일러두기…8

서언 / 17

문법편文法篇

제1강 품사론品詞論 / 23

제1장 서설 ……………………………………………………………… 23

제2장 품사 ……………………………………………………………… 27

  Ⅰ. 명사 ……………………………………………………………… 27

    1. 명사의 용법…28 / 2. 불완전명사…30 / 3. 전성명사…30

  Ⅱ. 대명사 …………………………………………………………… 31

    1. 인칭대명사…32 / 2. 지시대명사…33 / 3. 의문대명사…38

    4. 가시대명사(假示代名詞)…39

  Ⅲ. 형용사 …………………………………………………………… 40

  Ⅳ. 동사 ……………………………………………………………… 43

    1. 자동사(自動詞)…44 / 2. 타동사(他動詞)…45

    3. 존재동사(存在動詞)…46 / 4. 지정동사(指定動詞)…47

    5. 전성동사(轉成動詞)···47 / 6. 동사의 용법···49

  Ⅴ. 보조사(補助詞) ·· 51

    1. 보조사의 분류···52

  Ⅵ. 부사 ··· 58

    1. 본래부사···60 / 2. 전성부사···60 / 3. 부사의 분류···61
    4. 부사의 부정···67

  Ⅶ. 전치사 ··· 69

    1. 객어 뒤에 얹히는 전치사···70 / 2. 부사어를 만드는 전치사···72

  Ⅷ. 조사 ··· 78

    1. 본래조사···78 / 2. 전성조사···79 / 3. 조사의 용법···80

  Ⅸ. 접속사 ··· 82

    1. 본래접속사···83 / 2. 전성접속사···84
    3. 부사적 접속사의 용법···86

  Ⅹ. 종결사 ··· 91

    1. 시간종결사···92 / 2. 지정종결사···92 / 3. 한정종결사···93
    4. 의문종결사···94 / 5. 감탄종결사···96 / 6. 종결사의 연용···96

  Ⅺ. 감탄사 ··· 97

  Ⅻ. 품사연습 ··· 97

제3장 단어의 구성 ··· 99

    1. 단사(單詞)···99 / 2. 복합사(複合詞)···99 / 3. 겸사(兼詞)···100

제2강 구문론 / 101

제1장 문장의 조직 ··· 101

Ⅰ. 주부(主部) · 설명부(說明部) ································· 101

Ⅱ. 성분 ··· 101

　1. 주어 · 설명어···101 / 2. 객어···102 / 3. 수식어···103

　4. 독립어···104

Ⅲ. 절 ··· 104

　1. 주어절···104 / 2. 설명절···105 / 3. 객어절···105

　4. 수식절···105 / 5. 대립절···106

제2장 문장의 형태 ·· 106

　1. 정치법(正置法)···106 / 2. 도치법(倒置法)···107

　3. 생략법···110

제3장 문장의 구조상의 종류 ································· 110

　1. 단문···110 / 2. 복문···112

제4장 문장의 성질상의 종류 ································· 113

　1. 서술문···113 / 2. 의문문···114 / 3. 명령문···114

　4. 감탄문···115

제3강 응용편 / 116

Ⅰ. 구두점 치기 ·· 116

Ⅱ. 문법과 번역 ·· 118

Ⅲ. 문법과 실제 ·· 133

Ⅳ. 문법 연습 ·· 151

원전편原典篇

제1강 원전(1) / 187

1. 鸞郞碑序 崔致遠 ……………………………………………… 187
2. 論語 鈔 佚名氏 ……………………………………………… 188
3. 哈爾濱歌 安重根 …………………………………………… 190
4. 太息 陸游 …………………………………………………… 191
5. 示二子家誡 鈔 丁若鏞 …………………………………… 192
6. 訓儉示康 鈔 司馬光 ……………………………………… 193
7. 西都 鄭知常 ………………………………………………… 195
8. 江南 佚名氏 ………………………………………………… 196
9. 與朴在先齊家書 李德懋 ………………………………… 196
10. 答王院亭書 尤侗 ………………………………………… 198
11. 練光亭次鄭知常韻二首 李家煥 ………………………… 200
12. 淸平調三首 李白 ………………………………………… 201
13. 奉月沙書 柳夢寅 ………………………………………… 202
14. 辭郡辟讓申屠蟠書 蔡邕 ………………………………… 203
15. 返俗謠 薛瑤 ……………………………………………… 204
16. 陌上桑 秦羅敷 …………………………………………… 204
17. 陶山十二曲跋 李滉 ……………………………………… 206
18. 大學章句序 朱熹 ………………………………………… 207
19. 鑄鍾銘 權近 ……………………………………………… 211
20. 成都卽位告天文 劉備 …………………………………… 211
21. 北學辨 朴齊家 …………………………………………… 213

22. 致兪蔭甫樾書　李鴻章 ················215

23. 淵生書室銘 幷序　卞榮晚 ················215

24. 詩經 鈔　佚名氏 ················217

25. 古芸堂筆記　柳得恭 ················219

26. 中國小說史略序言　周樹人 ················221

27. 動亂中脫至海上與親友見　成樂熏 ················222

28. 五噫歌　梁鴻 ················222

29. 東湖問答 鈔　李珥 ················223

30. 答司馬諫議書　王安石 ················225

31. 登岳陽樓歎關山戎馬　申光洙 ················226

32. 思美人　屈平 ················228

33. 許生　朴趾源 ················230

34. 荊軻　司馬遷 ················237

35. 過松江墓有感　權韠 ················245

36. 秋風辭　劉徹 ················246

37. 赤壁賦　蘇軾 ················247

38. 新婚別　杜甫 ················249

39. 善戲謔　李瀷 ················250

40. 湖寺僧卷次韻　李達 ················251

41. 橫塘渡　袁宏道 ················252

42. 夏夜訪燕巖丈人記　李書九 ················252

43. 始得西山宴游記　柳宗元 ················254

44. 山中雪夜　李齊賢 ················255

45. 泊秦淮　杜牧 ················256

46. 與李士賓書　安鼎福 ················256

47. 與寥幼卿書　陸九淵 ·······················257

48. 詠史六首 選二　洪奭周 ·······················258

49. 梁甫吟　佚名氏 ·······························260

50. 與曹孟德論酒禁第二書　孔融 ···········260

51. 歸去來辭　陶潛 ·······························261

제2강 원전(2) / 264

52. 進學解　韓愈 ·······························264

53. 浮碧樓　李穡 ·······························267

54. 將進酒　李白 ·······························268

55. 答李生書　許筠 ·······························268

56. 先妣事略　歸有光 ·······················272

57. 金官竹枝詞 選　李學逵 ·················275

58. 後赤壁賦　蘇軾 ·······························276

59. 使日本旅懷　鄭夢周 ···················277

60. 飲馬長城窟行　佚名氏 ·················278

61. 與吳質書　曹丕 ·······························278

62. 古詩十九首 選四　佚名氏 ···········281

63. 鶯鶯傳　元稹 ·······························282

64. 雜詩　許楚姬 ·······························289

65. 虎叱　朴趾源 ·······························289

66. 景陽岡武松打虎　施子安 ·············294

67. 中和道中　林悌 ·······························298

68. 長干行　崔顥 ·······························299

69. 孔方傳　林椿 ··299

70. 楮先生傳　張潮 ··302

71. 高靈歎　李建昌 ··304

72. 木蘭辭　佚名氏 ··306

73. 溫達　金富軾 ··307

74. 劉伶　劉義慶 ··309

75. 題寶蓋山寺壁　柳夢寅 ······························310

76. 采薇歌　伯夷叔齊 ··311

77. 歌者宋蟋蟀傳　李鈺 ····································311

78. 左忠毅公逸事　方苞 ····································313

제3강 원전(3) / 315

79. 涵碧亭贈申老人　黃玹 ································315

80. 招隱　左思 ··315

81. 聞安重根報國讎事　金澤榮 ························316

82. 出塞　王昌齡 ··317

83. 清代學術槪論自序　梁啓超 ························317

84. 別蘇暘谷　黃眞伊 ··319

85. 白頭吟　卓文君 ··320

86. 講製文臣設置敎　李祘 ································320

87. 上太公尊號詔　劉邦 ····································321

88. 流民歎　魚無迹 ··322

89. 自京赴奉先縣詠懷五百字　杜甫 ················323

90. 六蠹　李漢 ··325

91. 大同與小康　佚名氏 ……………………………………326

92. 東萊孟夏有感　李安訥 …………………………………327

93. 秋聲賦　歐陽脩 …………………………………………328

94. 書經集傳序　蔡沈 ………………………………………329

95. 君子行　佚名氏 …………………………………………330

96. 花王戒　薛聰 ……………………………………………331

97. 出師表　諸葛亮 …………………………………………332

98. 田家　聶夷中 ……………………………………………334

99. 太子河　姜瑋 ……………………………………………335

100. 悲歌　佚名氏 …………………………………………335

101. 蔣生傳　許筠 …………………………………………335

102. 煮酒論英雄　羅本 ……………………………………337

103. 自題小照　金正喜 ……………………………………339

104. 孫文贊　章炳麟 ………………………………………339

105. 輓宮媛　李希輔 ………………………………………340

106. 北方有佳人　李延年 …………………………………340

107. 兩班傳　朴趾源 ………………………………………341

108. 夏日卽事　李奎報 ……………………………………343

작품색인…345
인명색인…348

서언

말 사람의 생각을 소리로 나타낸 것을 「말」이라 한다.

생각은 본디 형태도 없고 소리도 없어 바깥에서 도무지 알아볼 수가 없는 것이다. 이제 생각이 소리로써 수단을 삼아, 사람의 귀청을 울리어 남에게 알리게 된 것이 곧 말이다.

즉 말이란 생각과 소리가 서로 일정한 관계를 가지고 연결된 것이다. 만약 생각과 소리가 따로 있어 그러한 관계가 없으면 아직 말이 될 수가 없다. 생각이 말에 필요한 것이로되 생각만으로는 말이 될 수 없고, 소리만으로는 말이 될 수 없다. 그러므로 생각의 학문이 따로 있고, 소리의 학문이 따로 있는 것과 마찬가지로 말의 학문 또한 따로 있다.

글 사람의 생각에 형태를 주어 눈에 보이도록 하기 위하여 부호로써 나타낸 것을 「글」이라 한다. 사람의 생각에 소리를 붙여서 귀에 들리게 한 것이 말이고, 또 꼴을 주어서 눈에 보이고 읽을 수 있도록 한 것이 곧 글이다. 글자에는 대체로 두 가지가 있으니 말의 소리를 적는 글자를 「음성문자」라 하며, 생각을 (직접적으로) 눈에 보이도록 적는 글자를 「표의문자」라 한다. 일본의 「가나」, 서양의 「알파벳」, 우리의 「한글」은 음성문자이며 중화민국의 「한자」, 옛 이집트의 「상형문자」는 표의문자이다.

글자를 연구하는 일은 「문자학」이란 다른 갈래의 학문이 있으므로 여기에서는 그것에 대하여 말하지 않는다.

문법 어느 나라의 글에든지 각기 일정한 법이 있으니 그 법을 「문법」
이라 한다.

말이 다름에 따라 법 또한 다르다. 영어에는 영어의 법이 따로 있고,
한국어에는 한국어의 법이 있듯이 한문에는 한문의 법이 있다. 여기
이 글은 한문의 법을 연구하는 글이다. 그러므로 남의 나라 문법을 공
부해서 한어(漢語) 문법의 연구에 참고로 삼음은 괜찮을 뿐 아니라 응
당 해야만 할 일이겠지마는, 남의 말본(문법: 편자주)만을 지나치게 따
라 한어의 특유한 성질과 법칙을 무시해서는 안 될 것이다.

그러면 한문의 일정한 법이란 대체 무엇인가?

한문 낱낱의 단어도 이미 세계 사람에게 공통적인 생각을 특히 한인
(漢人)의 방식으로 표현한 것이겠지만, 그 단어로만은 사람의 생각과
느낌을 완전히 나타낼 수 없다. 생각과 느낌을 나타내기 위해서는 여
러 단어를 서로 얽어 붙여서 써야 하니, 문법은 단어를 부리어 「말」을
만드는 데에서 생기는 것이다.

어떤 갈래의 단어는 다른 어떤 갈래의 단어와 도무지 서로 이어지지
않는다든가, 또는 어떤 갈래의 것은 어떤 다른 갈래의 것과 잘 이어진
다든가, 또는 서로 이어짐에 있어 일정한 차례가 있어서 어떤 것은 앞
에 가고 어떤 것은 뒤에 간다든지, 또는 그 이어짐에 있어 형태상 변화
가 생긴다든지 하는 따위의 공통적 법칙이 있는 것이다.

이것이 곧 문법의 연구대상이다. 문법학은 그 연구의 주안점이 이
다름에 따라 두 부분으로 나누어지니 단어를 연구하는 부분을 「품사
론」이라 하고, 문(文)을 연구하는 부분을 「구문론」이라 한다.

품사론은 생각의 낱낱의 조각조각을 나타낸 단어를 문(文)의 구성 재
료로 보아서 연구하는 것으로 그 성질에 따라 단어의 종류를 갈라서

그 여러 종류의 형식과 문의 구성상의 작용을 연구한다. 그러므로 품사론은 문법학의 주요부분이 되는 것으로 문법 연구의 대부분이 이에 속한다.

그러나 단어가 문(文) 전체가 아니며, 문법은 단어를 부려서 문을 이루는 데에 성립하는 것이므로 단어를 연구하는 품사론은 다만 구문론의 연구를 위한 준비가 될 뿐이지, 그 자체가 문법학은 아니다. 문법은 확실히 구문론에서 그 임무를 다 이루는 것이다. 곧 구문론은 품사론에서 연구한 단어가 어떻게 서로 얽혀서 완전한 사상을 나타내게 되는가의 운용 관계를 종합적으로 연구하는 것이다. 여기서는 그것을 몇 가지 요소로 나누어 그 성질과 작용에 대한 연구를 주안으로 삼았다.

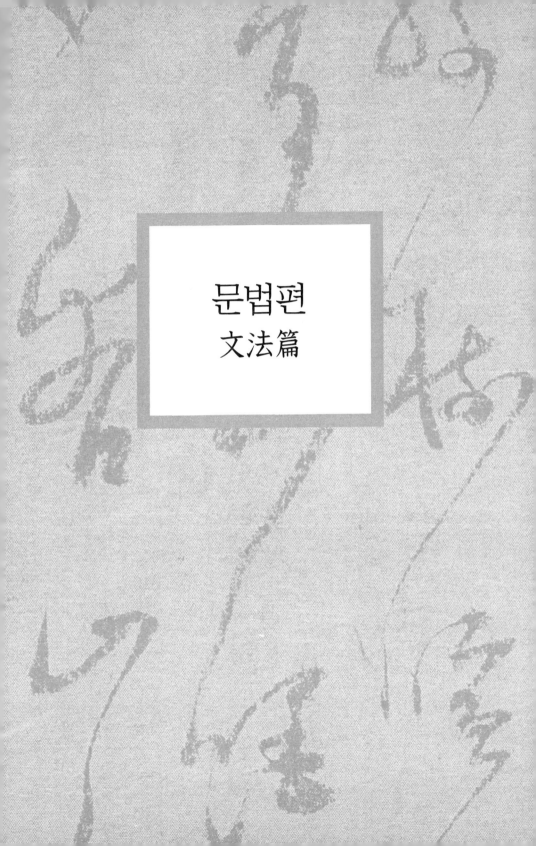

문법편
文法篇

제1강 품사론品詞論

제1장 서설

(1) **문**(文) 어떤 하나의 뭉뚱그려진 사상을 나타내는 말을 「문」이라 한다. 문은 그 주체가 되는 주부(主部)와, 주부의 설명이 되는 설명부(說明部)로 되어 있다. 문(文)은 반드시,

> 무엇이 어찌한다. 花開
> 무엇이 어떠하다. 水清
> 무엇이 무엇이다. 舜臣, 忠臣也

의 세 형식으로 되어 있다. 이 때 <u>무엇이</u>에 해당되는 말이 주부, 어찌한다·어떠하다·무엇이다에 해당되는 말이 설명부이다.

> 志不立, 如無舵之舟　뜻이 확립되지 않음은 키 없는 배와 같다

에 있어 「志不立」은 주부, 「如無舵之舟」는 설명부이다. 다음은 모두 문이다.

> ① 花, 開　꽃이 핀다
> ② 鳥, 啼　새가 운다

③ **越, 擊吳**　월이 오를 친다
④ **賜也, 爾愛其羊**　賜여, 너는 그 염소를 사랑하는가?

　花·鳥·越·爾는 주부, 開·啼·擊吳·愛其羊은 설명부, ④의 賜也는 하나의 독립된 말로 독립부(獨立部)이다.

(2) **성분**　문을 그 직책으로 보아 몇 조각으로 나눈 것을 「성분」이라 한다. 한문의 성분은 그 구실에 따라 주어·설명어·목적어·객어·보어·관형어·부사어·접속어·독립어로 나누어진다.

① <u>萬物</u>(主語), 育　만물이 육성된다.
② 月, <u>明</u>(說明語)　달이 밝다.
③ 兄, <u>讀書</u>(客語 = 目的語)　형이 책을 읽는다.
④ 舜臣, <u>在海上</u>(客語)　순신은 해상에 있었다.
⑤ 子游, <u>爲武城宰</u>(客語 = 補語)　자유가 무성의 원이 되었다.
⑥ <u>此</u>(冠形語)花, <u>甚</u>(副詞語)美　이 꽃이 심히 아름답다.
⑦ 敎師<u>及</u>(接續語)學生, 往釜山　교사와 학생은 부산에 갔다.
⑧ 嗚呼, 痛哉　아아, 마음이 아프다.

　전치사와 후치사는 우리 국어의 조사에 해당되는 것으로 이는 국어에서와 마찬가지로 명사와 더불어 성분이 된다. 「問禮於老子」 등에 있어서도, 「於老子」가 하나의 성분이 된다.

　한문의 성분을 분류하면 이렇다.

성분	주어
	설명어
	수식어(관형어, 부사어)
	객어(객어, 목적어, 보어)
	접속어
	독립어

④의 *海上*은 객어이다. 한문에서는 명사, 또는 전치사+명사로 형성
된 부사어를 특히 객어라 한다. ⑤의 *爲*는 보어로, *爲*는 *宰*가 없이는
완전한 설명이 되지 못한다. 이와 같이 어떤 성분을 보충하는 객어를
특히 보어라 한다.

객어라 할 때는 목적어·보어를 통틀어서 하는 말이니 유의해야 한다.

(3) **절**(節) 문의 한 부분으로서 주어와 설명어를 가지고 있는 것을 「절」
이라 한다. 절에는 주어절·설명절·객어절·관형절·부사절·독립절
이 있다.

> ① **士處世, 若錐處囊中** 선비가 세상에 처함은 송곳이 주머니 속에
> 있음과 같다.
> ② **君子之交, 淡若水** 군자의 사귐은 맑기가 물과 같다.
> ③ **無憂者, 其惟文王乎** 근심이 없는 이는 오직 문왕일 것이다.
> ④ **三人行, 必有吾師焉** 셋이 함께 가면 반드시 내 스승이 있다.

①의 *士處世*(선비가 세상에 처함)는 *士*가 주어, *處*가 설명어이니 주어절,
②의 *淡若水*(맑기가 물과 같다)는 *淡*이 주어, *若*이 설명어이니 설명절,
③의 *無憂*(근심이 없는)는 *無*는 설명어, *憂*는 주어이니 관형절, ④의 *三人
行*(셋이 함께 가면)은 *三人*이 주어, *行*이 설명어이니 부사절이다.

(4) **단어** 말의 단위로서 따로따로 어떠한 생각을 가지고서 말과 문을 이루는 직접적 재료가 되는 것을 「단어」라 한다.

> ① *孝者, 百行之本也*   효는 온갖 행실의 근본이다.
> ② *月落, 烏啼, 霜滿天*   달이 떨어지고 까마귀 울고, 서리는 하늘에 가득 찼다.
> ③ *是故, 君子必愼其獨也*   그러므로, 군자는 반드시 그가 홀로 있을 때를 삼간다.
> ④ *道莫大乎仁義*   道는 仁義보다 큼이 없다.

百行·是故·君子·仁義는 숙어이나, 문법 상은 단어이다. 者(는)·也(이다)·乎(보다) 등도 하나의 단어이다. ③의 獨也의 也는 종결사로서이도 하나의 독립품사이나 역할은 그저 말을 맺어줄 뿐이다.

(5) **품사** 단어를 그 문법 상 성질에 따라 나눈 것을 「품사」라 한다.
한문의 품사에는 명사·대명사·동사·형용사·부사·접속사·보조사·전치사·조사·종결사·감탄사 등의 열한 가지가 있다.

명사와 대명사를 어울러서 말할 때는 체언이라 하고 동사와 형용사를 어울러 말할 때는 용언이라 한다. 한문법에서는 오히려 어울러서 말할 경우가 많다. 한문은 교착어이므로 형태소(곧 조사·어미)가 없다. 예를 들면 「人殺虎」의 경우 우리말에서는 「사람이 범을 죽인다」고 하여 **이·을·ㄴ다** 등이 붙는데, 한문에는 그것이 없다. 그러므로 한문의 품사는 형태로써 구별 지을 수는 없다.

우리말에서는 조사 위에 서는 것(사람이·사람을···)은 체언이요, 어미를 가지는 것(먹는다·먹어라···)은 용언이며, 조사도 어미도 없는 것은 수식어·독립어로 확인되나, 한문은 그렇지 않다. 之에 대해서 생각해 보면 이 단어는 「이것」이라는 뜻으로 대명사로도 쓰이며 「간다」의 뜻으로 동사로도 쓰인다.

　독자는 언제나 그것이 무슨 품사라고 속단하지 말고 단어가 무슨 품사로 쓰였나를 잘 생각해야 할 것이다.

제2장 품사

Ⅰ. 명사

사물의 이름을 나타내는 품사를 명사라고 한다.

　① <u>顏淵</u>, 死　안연이 죽다.
　② <u>舜臣</u>者, <u>韓國人</u>也　순신은 한국인이다.
　③ 雲長, 鶴飛　구름이 길고 학이 난다.
　④ 勿食河豚湯, 勿登<u>白雲臺</u>　복국은 먹지 말고 백운대에는 오르지
　　말라.

　①의 顏淵, ②의 舜臣, 韓國人, ④의 白雲臺는 고유명사, 다른 것은 보통명사이다. 한문의 명사에는 아무런 변화가 없으니, 이 정도로서 충분하다.

　⑤ 回也, 聞<u>一</u>而知<u>十</u>　回는 하나를 들으면 그것으로써 열을 안다.
　⑥ 蕭何<u>第一</u>, 曹參<u>次之</u>　蕭何가 첫째요, 曹參이 다음이다.

　⑤⑥은 수사(數詞)이다. 수사는 흔히 형용사로 다루는 이가 많지만, 그것은 옳지 않을 것 같다. 수사는 명사에 넣는 것이 타당하다. 수사의 역할은 명사와 같다. 「君十卿祿」의 十 등은 수사가 아니고 동사이니

주의해야 한다. 「君은 卿祿을 十倍한다」의 뜻이다.

1. 명사의 용법

1) 문장의 주어가 된다.

  ① 秦兵, 强   진병은 굳세다.
  ② 私事, 輕, 公事, 重   사사는 가볍고, 공사는 무겁다.

2) 문장의 관형어가 된다.

  ① 子游, 爲武城宰   子游가 武城의 원이 되다.
  ② 乙支文德, 韓國之武將也   을지문덕은 한국의 무장이다.
  ③ 海東元曉投板, 救三千人   해동 원효가 판을 던져 삼천인을 구하다.

①의 武城, ②의 韓國之, ③의 海東은 모두 관형어이다.

3) 문장의 객어가 된다.

  ① 士見危, 致命   선비는 위험을 보면 목숨을 바친다.
  ② 豹死留皮, 人死留名   표범은 죽으면 가죽을 남기고, 사람은 죽으
     면 이름을 남긴다.
  ③ 士, 貴於獨立自信   선비는 독립 자신을 존중한다.
     ※ 於는 우리말의 조사에 해당되는 전치사이다.
  ④ 臣事君   신하는 임금을 섬긴다.
  ⑤ 成三問, 在家   성삼문은 집에 있었다.

4) 문장의 보어가 된다.

  ① 金春秋, 爲新羅王   김춘추가 신라왕이 되다.
  ② 淸兵, 號十萬   청병이 십만이라 한다.

③ **君子有德, 容貌如愚** 군자가 덕이 있으면, 용모가 어리석은 사람
과 같다.

新羅王·十萬·愚(어리석은 사람) 등은 爲·號·如의 보어이다. 「爲」
한 단어로서는 그저 「되었다」란 뜻으로 무엇이 되었는지 알 수가 없
다. 爲에다가 新羅王이란 말을 보충해서 「爲新羅王」이라고 해야 비로
소 하나의 완전한 서술이 되는 것이다.

「號十萬」, 「如愚」도 이와 마찬가지이다. 容貌如愚의 如를 보조사
(※보조사에 대해선 보조사 항목 참조)로 보는 이가 있다. 왜냐하면 如가
형용사라면 형용사는 전치사 없이 객어(보어는 객어중의 하나)를 가질
수 없기 때문이라 한다.

그러나 형용사도 전치사 없이 보어를 취할 수 있다고 보면 된다. 규
범문법에서는 그렇게 해결 짓는 것이 훨씬 타당하다.

5) 문장의 설명어가 된다. (이 때는 대체로 종결사가 붙는다)
① **忠孝者, 臣子之大節也** 충효는 신하와 자식의 큰 절개이다.
② **從我者, 其由也與** 나를 따르는 사람은 그 由이다.

보조사나 종결사 없이 명사 혼자서 설명어가 되는 일이 있다.

君君, 臣臣 君은 君이요, 臣은 臣이다.

가 그것이다. 이런 경우의 君·臣 등은 명사가 동사로 전성(轉成)되었다
고 보려는 사람이 있다. 그러나 역시 명사가 설명어가 된 것으로 보는
것이 온당하다.

6) 문장의 독립어(부름말)가 된다.

賜也, 非爾所及也 賜여! 네 미칠 바가 아니다.

이 문장의 주어는 爾이다. 也는 조사로서 賜와 더불어 독립어가 되었다. 也는 호격조사, 所는 불완전명사로 이 명사는 관형어를 뒤에 취하는 것이 그 특징이다.
所及의 所는 「바」이고, 及은 동사 「미치다」가 관형어로 쓰였으니 「미칠 바」가 되는 것이다.

2. 불완전명사

명사 중에는 혼자서 능히 독립하지 못하고, 반드시 뒤에 관형어를 취하는 것이 있다. 이것을 불완전명사라 한다.

① **愚民, 有所欲言** 어린 백성이 말하고 싶은 것이 있다.
② **師者, 所以傳道也** 스승은 도를 전하는 때문이다.
③ **羊鹿攸伏, 爲遊樂之地** 염소와 사슴이 누운 곳이 유락지이다.

所·攸는 「바·것·일·곳」 등의, 所以는 「까닭·때문」 등의 뜻이다. 불완전명사 「所」는 欲을 관형어로, 「攸」는 伏을 관형어로서 취하고 있다. 이 때 관형어가 부사를 취할 때는 그 바로 앞에 취하니 유의해야 한다.
「王之所大欲」(王이 크게 하고자 하는 것)에서 大가 欲 앞에 자리 잡음과 같다.

3. 전성명사

동사·형용사가 전성되어서 명사로 쓰이는 일이 있다. 이러한 명사를 전성명사라 한다.

①　**君子, 食無求飽**　군자는 먹을 때에 배부름을 구함이 없다.
②　**如行遠, 必自邇**　멀리에 감에 반드시 가까이로부터 함과 같다.

①의 飽는 「배부르다」는 동사이다. 그러나 여기서는 전성명사로서 타동사 「求」의 객어가 되어 있다. ②의 遠은 형용사인데, 여기서는 동사 「行」의 객어가 되어 있고, 邇도 형용사인데, 전성하여 명사가 되어 전치사 「自」를 취하고 있다.

Ⅱ. 대명사

명사 대신으로 사용되며 이들을 지시하는 명사를 대명사라 한다. (대명사의 용법은 대체로 명사와 같으므로 형태의 변화 면에서는 굳이 명사와 분류할 필요를 느끼지 않는다.)

①　**我, 善養吾浩然之氣**　나는 나의 호연지기를 잘 기른다.
②　**予, 爲此憫然**　내 이를 위하여 불쌍히 여기다.
③　**君, 不見管鮑貧時之交**　너는 관중, 포숙의 가난할 때의 사귐을 보지 않았느냐.
④　**彼童子之師, 隱者也**　저 동자의 스승은 은자이다.
⑤　**學而時習之**　배우면서 때때로 그것을 익힌다.
⑥　**項氏, 所以失天下者何**　항씨가 천하를 잃은 까닭이 무엇이냐.
　* ①의 我-주어 吾-관형어 ②予-주어 ③君-주어 ④彼-관형어 ⑤之-객어 ⑥何-설명어.

대명사와 명사가 다른 점은 대명사는 조사 之를 취하지 않는 것과 부름말이 없는 것이다. 대명사에는 인칭대명사, 지시대명사, 가시(假

示)대명사, 의문대명사의 네 종류가 있다. ①의 我·吾, ②의 子, ③의 君은 인칭대명사, ④의 彼는 지시대명사, ⑤의 之는 가시대명사, ⑥의 何는 의문대명사이다.

우리 문법에 비교하면 지시대명사는 사물대명사에 해당되고, 의문대명사는 사물대명사의 부정칭(不定稱)에 해당된다. 우리 문법에는 가시대명사가 없다. ④의 彼는 우리 문법적으로 생각하면 얼핏 관형사 같으나 「彼一時, 此一時」(그것도 한 때이요, 이것도 한 때이다)에서 彼는 문장의 주어가 되어 있는 것이다.

1. 인칭대명사

사람의 이름 대신 쓰이는 대명사를 인칭대명사라 한다.

① **我讀書** 나는 책을 읽는다.
② **女知論語乎** 그대는 논어를 아느냐.
③ **而忘越人之殺而父耶** 그대는 월나라 사람이 그대의 아버지를 죽였음을 잊었느냐.
④ **彼以其爵, 我以吾義** 그는 그 벼슬로써 하고, 나는 나의 義로써 한다.

인칭대명사에는 다음의 세 가지가 있다.

일인칭: 我·吾·余·予·己·朕·寡人
이인칭: 汝·女·而·爾·乃
삼인칭: 彼

「我」와 「吾」의 차이는 「我」는 「彼」에 대해서 하는 말이요, 「吾」는 독자적으로 하는 말이다. 吾는 관형어로 많이 쓰이고 我는 주어로 많이 쓰이나 일정하지 않다.

> 如有用我者, 我往之 만일 나를 쓰는 사람이 있으면 나는 거기에 갈
> 것이다.

곧 「누가 나를 쓴다면(대타적) 나는 거기에 갈 것이다(독자적)」로서
대타적·독자적 뜻이 있는 것이다.

2. 지시대명사

사람·물건·사건·시간·처소 등을 지시하는 대명사를 지시대명사
라 한다. 대명사는 이것·저것·그것 등 직접 지시한다. 대명사에는 근
칭·중칭·원칭 등이 있다.

> ① 予爲此憫然 내가 이들을 위해서 불쌍히 생각하다.
> ② 夫子至於是邦也, 必聞其政 공자가 이들 나라에 이르면 반드시
> 그 정치를 묻는다.
> ③ 夫老人者, 以爲子房才有餘 저 노인은 자방의 재주는 남음이 있
> 다고 생각한다. (以爲-생각하다.)
> ④ 吾聞之也, 君子不多言 나는 그것을 들었다. 군자는 말을 너무
> 많이 하지 않는다는 것을.

지시대명사에는 다음과 같은 종류가 있다.

> 근칭: 是, 此, 斯, 之, 玆, 焉, 諸
> 중칭: 其
> 원칭: 彼, 夫
> 총칭: 근칭과 같음.

「是」는 「此」와 같되 是가 일반적이며 추상적인데 비하여 此는 구체적이다. 是는 此보다 가벼우며 널리 쓰인다. 「玆」는 「此」와 비슷하며 대체로 객어로 쓰이나 때로는 之於의 준말로 쓰인다. 「焉」은 於此, 於是의 생략으로 쓰인다.

①의 此, ②의 是는 근칭이요, ④의 之는 총칭이다. 是와 此의 차이는 「是」가 대체로 추상적으로 쓰이는데 대해서 「此」는 「彼」와 대치해서 쓰이며 구체적으로 사물을 가리킨다.

① 國賓至於是邦也, 必訪學者 국빈이 이들 나라에 이르면 반드시 학자를 찾는다.
② 君子成人之美, 小人反是 군자는 남의 아름다운 덕을 이루고, 소인은 이와 반대된다.
③ 聖人百世之師也. 伯夷叔齊是也 성인은 백세의 스승이니 백이·숙제가 이것이다.

是·此는 둘 다, 흔히 주어, 관형어로 사용되나 목적어로 쓰일 경우에는 대개 「此謂知本(이것을 근본을 안다고 한다)」에서와 같이 동사 위에 간다. 국문을 한역할 때에 유의해야 할 점이다.

是와 此와의 의미 차이는 다음 두 예로써 알 수 있다.

① 夫子至於是邦也, 必聞其政
② 今王田獵於此山(지금 왕이 이 산에서 사냥한다)

이 문장에서 是邦은 공자가 이른 어느 나라이지만, 此山은 어떤 산을 분명히 가리킨다. 「有德, 此有人」 등의 此는 접속사로 전성된 것으로 「덕이 있으면 곧 사람이 있다」의 뜻이고, 「富與貴, 是人之所願」 등의 是는 전성접속사로 주어인 富與貴를 강조하는 조사와 같은 역할을 하며 「부와 귀는 사람이 하고자 하는 것이다」의 뜻이다.

「之」는 「是」, 「此」보다 뜻이 가볍고 가장 널리 사용된다.

① 臣欺其君者, 有之 신하로서 그 임금을 속이는 자 그런 자가 있다.
② 天下之民, 皆悅而願爲之氓 천하의 백성이 모두 기뻐하며 그 백성이 되기를 원한다.
③ 夫差取其尸, 盛以鴟夷, 投之江 부차가 그 시체를 취하여 치이에 싸서 그것을 강에 던졌다.

①은 주어, ②는 관형어, ③은 객어이다. 之는 목적어로 쓰이는 일이 가장 많고 설명어로 쓰이는 일은 없다. ①에서와 같이 之가 주어로 되는 경우는 「有」 및 「無」가 설명어로 사용되어 그 위에 진짜 주어가 있을 경우에 한정된다.

곧, 「臣欺其君者, 有之」를 보통 쓰이는 형식으로 쓰면 「有臣欺其君者 = 신하로서 제 임금을 속이는 자가 있다」가 된다. 有를 뒤로 돌리고 그 밑에 之를 둔 것은 의미를 세게 하기 위해서이다.

③에서와 같이 「之」가 목적어(객어의 하나로서 「무엇을」에 해당되는 말)로 사용되어 그 아래에 객어가 쓰일 경우에는 목적어와 객어 사이에 전치사가 들어가지 않는 일이 많다. 그러나 다음과 같은 예도 결코 적지는 않다. 예를 들면,

其友死, 則擧而委之於壑 그 벗이 죽으면, 들어서 그것을 구렁에 버린다.

이 문장에 목적어와 객어 사이에 전치사 於가 들어 있음과 같다. 이는 「글자의 수효를 맞추기 위해서」라든가, 「읽기의 관계」, 「문법 의식의 명시」 등을 위해서 표시된 것으로 생각된다. 이러한 경우에는 「之」

대신에 「諸」를 쓰는 일도 있다.

「斯」는 약간 감동적으로 내면적으로 쓰인다.

① **逝者如斯夫, 不舍晝夜** 아아, 가는 것은 이와 같으냐, 밤낮을 쉬
　　지 않는구나.
② **斯, 吾之所謂道也** 이것이야말로 내가 말하는 도이다.
③ **如琢如磨, 其斯之謂與** 다듬는 것 같고 가는 것 같다 함, 그것은
　　진정 이것을 말하는 것이냐.

①은 객어, ②는 주어, ③은 객어(목적어)이다. 「斯」가 주어로 되는
예는 거의 없다. ②와 같은 예는 특별한 것이다.

「斯」는 내시적(內示的), 「此」는 외시적(外示的)인 것으로, 다음 예로
알 수 있다.

　　此四者天下之窮民, 而無告者, 文王必先斯四者. 이 넷은 천하의 궁
　　민으로서 고할 곳이 없는 사람이다. 문왕은 반드시 이 넷을 먼저
　　구하였다.

그러니 「斯」와 「此」에 대해서는 너무 유의할 필요가 없다.

①의 夫는 감탄을 나타내는 종결사, 숨는 止와 같은 뜻이다. ②의 之
는 조사로서 이 경우의 之는 우리말의 주격조사에 해당한다. ②의 所謂
의 所는 불완전명사이니 謂는 관형어이므로 所謂는 '말하는 바', 곧 '말
하는'의 뜻이 된다. ③의 其는 대명사이다. 그리고 與는 종결사로, 謂
에 붙어서 謂를 끝맺어 주고 있다.

①②③에서 강조점으로 표시한 바와 같이 「斯」는 감탄의 뜻을 가지
고 있다. 斯가 감탄접속사로 쓰이면 다음과 같다.

一鄕之善士, 斯友一國之善士. 한 고장의 착한 선비는 실로 한 나라의 착한 선비로 벗한다.

「玆」의 의미는 「此」와 거의 같다. (그리고 玆는 대개의 경우 객어로 쓰인다.)

文王旣沒, 文不在玆乎 문왕이 이미 돌아갔으나, 文은 여기에 있지 아니하냐.
* 「玆」는 객어, 「乎」는 반문(反問)의 종결사이다.

「諸」는 「之」와 같으나, 때로는 「之於」가 생략된 경우에 쓰이며, 「焉」은 「於此」, 「於是」의 생략으로서 쓰인다.

① 堯舜, 其猶病諸 요와 순도, 역시 이것을 근심했다.
② 君子求諸己, 小人求諸人 = 君子求之於己, 小人求之於人 군자는 그것을 자기에게서 구하고, 소인은 그것을 남에게서 구한다.
③ 心不在焉, 視而不見 = 心不在於此, 視而不見 마음이 여기에 있지 아니하면 보아도 보이지 않는다.
④ 上有好者, 下必有甚焉者矣 = 上有好者, 下必有甚於是矣 위에 좋아하는 자가 있으면 밑에 반드시 이것보다 심한 자가 있다.

①의 諸는 객어(목적어), ②의 諸는 객어로서 之於의 뜻, ③의 焉은 於此, ④의 焉은 於是의 뜻이다.
焉은 대명사로 쓰이는 경우 이외에 부사·조사·종결사 및 접어로도 쓰인다. 여기에 대해서는 뒤에 각 항목에서 다시 설명하기로 한다.

「其」는 주어와 관형어로 사용된다.

① 其行己也恭, 其事上也敬　그는 자신을 행동함에 겸손으로 하고, 윗사람을 섬김에 공경으로 한다.
② 天下之農皆悅, 而願耕於其野矣　천하의 농민이 모두 기뻐하면서 그의 들에서 농사할 것을 원하였다.

①은 주어, ②는 관형어이다. 앞에서도 이미 설명했지만, 其는 주어(그것이), 관형어(그)로 밖에 쓰이지 않으며, 객어일 때는 다른 대명사가 쓰인다. (대체로 之가 쓰인다.)

3. 의문대명사

의문의 뜻을 나타내는 대명사를 의문대명사라고 한다. 의문대명사는 그것이 객어로 쓰일 경우일지라도 서술어 위에 놓인다.

① 誰採崑山玉　누가 곤륜산 옥을 캐어 내었느냐.
② 衛君待子而爲政, 子將奚先　위(衛)의 임금이 선생님을 기다려서 정치를 하겠다고 합니다. 선생님은 장차 무엇을 먼저 하시렵니까.
③ 有牽牛, 而過堂下者, 王見之曰, 牛何之　소를 몰고 집 밑으로 지나가는 사람이 있었다. 왕이「저 소가 어디로 가느냐」라고 말하였다.
④ 念我之獨, 誰其與歸　나의 외로움을 생각하니 그 누구와 함께 돌아갈꼬.

①의 誰는 주어, ②의 奚는 객어(목적어), ④의 誰는 객어 歸를 한정한다. ④의 其는 강조를 나타내는 접속사로, 誰其는「그 누구와」등의 뜻이다. ①②③④에서 이미 익힌 바와 같이 의문대명사는 주어가 되든 관형어가 되든 서술어가 되든 그 자리는 내내 한 가지이다.

의문대명사는 부사어로 쓰이지 않는다. 그것이 부사어로 된 것처럼 보이는 것은, 대명사가 아닌 의문부사이다. 곧,

何前倨而後恭也 어째서 앞에서는 거만하면서 뒤에서는 공경하느냐.

에서의 何(어째서)는 대명사가 아니라 부사이다.

의문대명사에는 사물을 가리키는 것과 인간을 가리키는 것의 두 종류가 있다.

인간: **誰 · 孰**
사물: **何 · 奚 · 焉 · 孰**
＊孰은 인간을 가리킬 때는 「누구」, 물건을 가리킬 때는 「무엇」의 뜻이 된다.

4. 가시대명사(假示代名詞)

어떤 사물을 속으로 생각하면서, 그것을 가리키는 대명사를 가시대명사라 한다.

① **不以其道得之, 不處也.** 그 道로써 그것을 얻지 아니하면 처하지 아니한다.
② **人, 非生而知之者.** 사람은 나면서 그것을 아는 것이 아니다.
③ **予, 將以斯道覺斯民.** 내 장차 이 길로써 이 백성을 깨우치려 한다.
④ **天之將降大任於是人, 必先苦其心志.** 하늘이 장차 대임을 그 사람에게 내리려면 반드시 먼저 그의 마음과 뜻을 괴롭힌다.
⑤ **食夫稻, 衣夫錦, 於女安乎.** 그 벼를 먹고 그 비단을 입어도 너에게는 편안하느냐.

가시대명사는 본래 「仁」 또는 「仁義」를 가리키는 대명사이다. 여기서 쓰인 가시대명사들은 「仁」 또는 「仁義」를 가리킨다. ①은 仁義의 道, ②의 之도 仁義, ③의 斯道 · 斯民은 仁義의 道, 仁義의 民이요, ④의 是人도 仁義의 人이다. ①③④⑤는 관형어, ②는 목적어이다.

그러나 가시대명사는 이밖에, 마음속으로 생각하고 있는 것을 가리키는 일도 있다. 곧, 지시대명사가 구체적 사물을 가리키는 데 비해서 가시대명사는 다만 추상적 사물(심중에 생각하고 있는 것)을 가리키는 것이다. 예문⑤의 夫稻·夫錦의 夫가 그것이다. 其·斯·是·夫는 ①③④⑤에서처럼 관형어가 되며, 목적어가 될 경우에는 之를 사용한다. 此·彼가 가시대명사로 쓰이는 일은 거의 없다.

Ⅲ. 형용사

사물의 성질·상태를 나타내는 말을 형용사라 한다. 형용사는 체언을 수식하는 일(곧 문장에서 관형어가 됨), 문장의 서술어가 되는 일의 두 가지 역할을 한다. 형용사와 동사는 대체로 그 역할이 비슷하므로 이를 한꺼번에 용언(用言)이라 한다.

① **海濶縱魚躍, 天空任鳥飛**. 바다가 넓으니 고기가 멋대로 뛰고, 하늘이 비었으니 새가 자유로이 날게 둔다.
② **去益深山**. 갈수록 깊은 산이다.
③ **水水山山, 處處奇**. 물마다 산마다 곳곳이 기이하다.
④ **秋淨長湖碧玉流**. 가을은 맑은데 긴 호수에 벽옥이 흐른다.

①의 濶(너르다)와 空(비다)는 서술어, ②의 深(깊은)은 관형어, ③의 奇(기이하다)와 ④의 淨(맑다)은 서술어, 長(긴)은 관형어이다.

한문의 형용사는 그것이 관형어일 때는 深山·美人·貴童·長湖 등에서와 같이 굳어서 하나의 복합명사가 되었으므로, 형용사의 용법은 서술어의 경우로만 고정시켜 생각해도 무리는 없을 것 같다.

관형어가 될 수 있는 것은 형용사뿐이 아니다. 곧,

不義而富且貴, 於我如浮雲. 의롭지 아니하고서 부유하고 귀함은
　　나에게 있어서는 뜬구름과 같다.

에서 浮는 동사로서 관형어가 되어있다. 이 역시 浮雲을 하나의 복합
명사로 다루는 것이 편하겠다.

　그리고 長湖, 浮雲 등을 비교해 보면, 동사와 형용사는 거의 같은
품사임을 알 수 있다. 이 두 품사를 합해서 용언이라 함은 무리가 없
겠다.

　형용사가 서술어로 되어 그 아래에 객어를 취할 때, 그 객어는 비교
를 나타내는 전치사를 취함이 원칙이다.

　① 霜葉, 紅於二月花.　서리 맞은 잎은 이월의 꽃보다 붉다.
　② 國之語音, 異乎中國.　우리나라 말이 중국과 다르다.
　③ 水, 靑于藍.　물은 쪽빛보다 푸르다.

　①의 於, ②의 乎, ③의 于는 모두 전치사로서 비교를 나타내며, 二月
花·中國·藍과 함께 하나의 성분이 되어있다.

　그러나 형용사의 객어로 전치사를 취하지 않는 것이 하나 있다. 앞
에서 예로 든 일이 있지만, 형용사 「如」는 전치사를 취하지 않는다.

　歲月如流.　세월은 흐름과 같다.(세월은 흘러가는 물과 같다.)

【특수형용사特殊形容詞】

　(1) 難·易

　'難', '易'가 서술어로 될 경우에 이에 해당하는 주어를 뒤에 가진다.

少年易老, 學難成. 소년은 늙기 쉽고 학문은 이루어지기 어렵다.
　설부　　설부

(2) 多·少

'多'와 '少'가 서술어로 될 경우, 이들이 주어의 앞에 놓이는 경우가 많다.

① **多男子, 則多懼.** 남자가 많으면 두려움이 많다.
② **放於利而行, 多怨.** 이익에 따라 행하면 원망이 많다.
③ **詩人, 少達而多窮.** 시인은 통달함이 적고 궁함이 많다.
④ **噫, 菊之愛, 陶後鮮有聞.** 아아, 국화를 사랑함은 도연명이 죽은 후, 나는 들음이 있음이 적다.(아아, 나는 도연명이 죽은 후 국화를 사랑한다는 말을 거의 들은 적이 없다.)
⑤ **失道者, 寡助.** 도를 잃은 사람은 도움이 적다.

多·少(鮮·寡)의 多는 '많다', 少는 '적다'의 뜻으로 양을 나타낸다. 동사 有가 주어를 그 뒤에 취하는 경우와 좋은 대조가 된다.

得道者, 多助. 도를 얻은 사람은 도움이 많다.
　　　설 주
南原, 有梁生者. 남원에 양생이란 사람이 있었다.
　　　설　　주

①의 多, ②의 多, ③의 少·多, ④의 鮮, ⑤의 寡는 모두 서술어로서 각각 주어 '懼'·'怨'·'達'·'窮'·'有聞'을 앞에 취하고 있다. '有聞'은 주어가 아니라 주어절이다.

　　　　　　　　　주어절
鮮, 有聞. 들음이 있음이 적다.
설　주어절　주　　설　　설

다음과 같은 경우에는 '少'·'多'가 주어 뒤에 온다. 곧 ㉠주어를 중히 하여, 앞에 지시하고 뒤에 종결사를 붙이는 경우, ㉡다른 말과 대구로 사용되는 경우, ㉢부사를 덧붙이는 경우가 그것이다.

㉠ 其爲人也孝悌, 而好犯上者鮮矣. 그 사람됨이 효도하고 우애 있 으면서, 윗사람을 범하는 이는 적다.

㉡ 食少, 事煩. 먹을 것은 적고, 일은 번거롭다.

㉢ 可樂者常少, 而可悲者常多. 즐거워할 만한 일은 언제나 적고 슬 퍼할 만한 일은 언제나 많다.

다음과 같은 경우의 '多'·'少'는 형용사가 아닌 부사이다.

甲嘗與乙賈, 分其利, 甲多與乙. 갑이 일찍이 을과 장사를 하여 이 익을 나누는데 갑이 을에게 많이 주었다.

Ⅳ. 동사

사물의 동작과 존재를 나타내는 품사를 동사라 한다. 동사는 자동 사·타동사·존재동사·지정동사·전성동사의 다섯으로 나누어진다. 어느 나라의 문법이든 동사처럼 까다로운 것은 없다. 그러나 한문은 앞에서도 이미 언급하였지만 그것이 형용사와 거의 같으므로, 그 문법 은 극히 간단하다. 동사가 형용사와 다른 점은 타동사가 목적어를 취 하는 정도이다.

① 擊鼓催人命. 북을 쳐서 사람의 목숨을 재촉한다.

② 黃泉無一店. 황천에는 하나의 가게도 없다.

③ 洛東江上始逢君. 낙동강 언덕에서 처음으로 그대를 만났다.

④ **有肥肉.**　기름진 고기가 있다.

①의 擊・催, ③의 逢은 동사로서 동작을 나타내고 있으며, ②의 無, ④의 有는 동사로서 존재를 나타내고 있다.

1. 자동사(自動詞)

주어의 동작이 상대에게 미치지 않고 자기에게서만 그치는 동사를 자동사라고 한다.(자동사에는 객어를 가지는 것과 가지지 않는 것의 두 가지가 있다.)

① **烏飛, 梨落.**　까마귀 날자, 배 떨어진다.
② **匹夫而爲百世師.**　필부로서 백세의 스승이 되다.
③ **諸侯朝於天子, 曰述職.**　제후가 천자에게 뵘을 술직이라 한다.
④ **令名顯于後世.**　이름이 후세에 드러나다.
⑤ **不敬莫大乎是.**　불경이 이것보다 큼이 없다.

①의 飛・落, ②의 爲, ③의 朝・曰, ④의 顯, ⑤의 大는 모두 자동사이다. 이중에서도 ①의 飛・落, ③의 朝, ④의 顯, ⑤의 大는 혼자서 주어를 서술하고 있으나, ②의 爲, ③의 曰은 혼자서 주어를 설명하지 못하고 '百世師', '述職' 등의 객어로 더불어 주어를 서술하고 있다. (이러한 객어를 특히 보어(補語)라고 한다.) 이와 같이 반드시 객어를 지녀야 주어를 설명할 수 있는 이러한 자동사를 불완전자동사라고 한다. 불완전자동사가 보어를 취할 때에 보어는 전치사를 취하지 않는다. ③의 朝, ④의 顯, ⑤의 大는 각각 객어 '於天子', '于後世', '乎是' 등을 취하고 있으나, 이는 반드시 객어를 취할 필요는 없는 자동사이니 완전자동사이다.

2. 타동사(他動詞)

주어의 동작이 자기에게서 마치지 않고 상대에게 미치는 동사를 타동사라 한다. 타동사는 반드시 목적어를 가진다.

① 飯疏食, 飲水.　거친 밥을 먹고, 물을 마시다.
② 舜流共工于幽州.　순이 공공을 유주에 귀양 보내다.
③ 金庾信乃敎人兵法.　김유신이 곧, 사람들에게 병법을 가르친다.

타동사는 목적어만을 취하는 것과 목적어와 객어를 둘 다 취하는 것이 있다. 이때 목적어만 취하는 것을 완전타동사, 목적어·객어를 둘 다 취하는 것을 불완전타동사라 한다. ①의 飯·食은 완전타동사, ②의 流, ③의 敎는 불완전타동사이다.

완전타동사 - <u>飯</u> <u>疏食</u>
　　　　　　　동 목적어
불완전타동사 - <u>舜</u> <u>流</u> <u>共工</u> 于幽州
　　　　　　　　　동 목적 　객

②에서와 같이 불완전타동사가 목적어와 객어를 취할 때, 목적어는 객어 앞에 오며, 객어는 전치사를 취한다. 그러나 ③의 예와 같이 직접목적어와 객어(간접목적어)가 도치될 때는 전치사가 없어지는 것이 원칙이다.

㉠ 庾信乃<u>敎</u> <u>兵法</u>于<u>人</u>. ⇒ ㉡ 庾信乃<u>敎</u> <u>人</u> <u>兵法</u>.

곧, ㉠에는 전치사 '于'가 있는데, ㉡에는 없다.

3. 존재동사(存在動詞)

사물이 있고 없음을 나타내는 동사를 존재동사라고 한다. 이 동사를 특히 한 항목을 두어서 설명하는 것은 이 동사는 다른 동사와 달라서 원칙적으로 주어를 그 뒤에 취하기 때문이다. 無는 형용사로, 有는 동사로 보는 것이 옳다고들 하나, 無는 의미상 有의 부정어이고, 형태상 有와 같으니 동사로 봄이 타당하다. 우리말이나 일본말에서 無를 형용사로 본다고 해서 한문에서까지 그렇게 생각할 까닭은 없을 것 같다.

① 親朋無一字, 老病有孤舟. 친한 벗으로부터 글 한 자 없고, 늙고
   병들어 외로운 배만 있다.
② 有朋, 自遠方來, 不亦樂乎. 벗이 있어 멀리서 오니 어찌 즐겁지
   아니하냐.
③ 君子有終身之憂, 無一朝之患也. 군자는 종신의 근심은 있어도
   하루아침의 근심은 없다.

①의 주어는 '一字'이며 '親朋'이 아니다. 親朋은 객어로서 주어 앞에 온다. 곧,

南原有梁生者. 남원에 양생이 살았다.

라는 문장으로 생각해 보면, 이것이 일반 형식의 문이라면 '梁生者有南原'이라야 한다. 그런데 有를 서술어로 가진 관계로 다음과 같이 도치되어 '南原有梁生者'이란 문이 된 것이다.

①의 親朋無一字 역시 無가 서술어인 관계로 一字無親朋이 도치된
것이다. ①②의 有, ③의 有·無는 모두 같다.

'無'에는 거의 예외가 없지만 '有'는 때로는 주어의 뒤에 오는 일이
있다. 곧 ㉠의문대명사가 주어일 경우, ㉡바로 앞에 부사가 얹혀 있을
경우, ㉢감탄문으로서 아래에 종결사를 가지는 경우 有와 無가 종결사
로 쓰이는 일이 있다.

㉠ 家中何有.　집에 무엇이 있느냐.
㉡ 千里之馬常有, 而伯樂不常有.　천리를 가는 말은 언제나 있다.
　　그러나 백락은 언제나 있지는 아니하다.
㉢ 君子而不仁者, 有矣夫.　군자로서 어질지 아니한 사람이 있을까.

4. 지정동사(指定動詞)

사물을 무엇이라고 지정하는 동사를 지정동사라 한다. 여기에는
爲·非(匪) 등이 있다. 爲·非는 반드시 '무엇이'에 해당하는 객어(보어)
를 취한다.

德爲聖人, 尊爲天子.　德은 성인이요, 尊은 천자이다.
子非三閭大夫與.　선생은 삼려대부가 아닙니까.(선생은 삼려대부이
　　지요.)

5. 전성동사(轉成動詞)

명사·형용사·부사·보조사·전치사 등이 전성해서 동사로 쓰이는
일이 있다. 이러한 동사를 특히 전성동사라 한다.

① **左右欲兵之, 太公曰, 此義人也.** 좌우가 그를 죽이려 했다. 태공은 "이분은 의인이다."라고 말하였다.

② **近墨者黑.** 먹을 가까이한 자는 검다.

③ **天可必乎, 天不可必乎.** 하늘은 반드시 그렇게 할 것이냐, 하늘은 반드시 그렇게 하지 않을 것이냐.

④ **句讀之不通, 或問焉, 或不焉.** 구두를 알지 못함을 혹은 묻기도 하고 혹은 그러지 않기도 한다.

⑤ **造次必於是.** 잠깐 사이도 반드시 이에 있어서 한다.

①의 兵은 병사·무기 등의 뜻을 가진 명사이나, 여기에서는 전성되어 '죽이다'의 뜻의 동사이다. ②의 近은 '가깝다'의 뜻으로 형용사이나 여기서는 전성되어 '가까이하다'의 뜻의 동사이다. ③의 必은 '반드시'의 뜻으로 부사이나 여기서는 전성되어 '반드시 그렇게 하다'의 뜻의 동사이다. ④의 不은 보조사로 '아니하다'의 뜻이나, 여기서는 '그러지 아니한다'의 뜻의 동사이다. 보조사는 우리 문법의 보조용언에 해당하는 품사이다. 이에 대해서는 뒤에 그 항에서 상세히 설명하겠지만 우선 우리말의 보조용언 정도로 생각해둘 것이다.

德, 不孤. 덕은 외롭지 아니하다.
　　보형　　　　형　　보

⑤의 於는 '에서' 등의 뜻으로 쓰이는 전치사이다. 그러나 여기서는 전성되어 '있어서 한다'의 뜻으로 동사이다.

곧 ①은 명사→동사, ②는 형용사→동사, ③은 부사→동사, ④는 보조사→동사, ⑤는 전치사→동사이다.

6. 동사의 용법

한문에서는 피동·사동·시제(미래) 등은 대체로 전치사 또는 보조사의 힘을 빌어서 나타난다. 그러나 때로는 문장의 뜻을 세게 하기 위해서 동사만으로 나타내는 일이 있다. 그리고 명령·추측은 언제나 동사만으로 나타낸다.

1) 피동

法之不行, 自上犯之. 법이 행해지지 아니함은 위로부터 그것을 침범하기 때문이다.

2) 사동

右手招人, 飮酒於堂下. 오른손으로 사람을 불러 술을 당 아래에서 마시게 한다.

3) 미래

擇門下文武備具者二十人, 與之俱. 문하의 문무 겸비한 사람 스물을 가려 그들과 함께 할 것이다.

4) 명령

入云則入, 坐云則坐. 들어가라고 말하거든 들어가고, 앉으라고 말하거든 앉아라.

5) 추측

苟爲善, 後世子孫, 必有王者. 진실로 착한 일을 하면 후세의 자손에 반드시 왕이 될 자가 있으리라.

피동·사동·미래에 대해서는 다시 전치사 및 보조사의 항에서 풀이하겠으나 동사만으로 표기할 경우는 전후의 관계로써 잘 판단해야 한다.

【'云'에 대해서】

云과 같은 뜻의 글자에는 曰·言·謂·道 등이 있다. 曰과 云은 통용하나, 대체로 曰은 현재의 서술에 쓰이고 云은 과거에 말한 것을 인용한 곳에 쓰인다.

> 玄德曰, 聖人云, 迅雷風烈必變. 현덕은 말하였다. 성인이 말하기를 迅雷風烈에는 반드시 변한다고.

言은 자기가 생각하는 바를 말한다는 말이며, 謂는 뜻이 言에 가까우나, '이름 짓다', '비평하다', '상대에게 말하다' 등의 뜻으로 쓰인다.

> 夫人不言, 言必有中. 그 사람은 말하지 않는다. 말하면 반드시 맞힘이 있다.
> 形於上者, 謂之天, 形於下者, 謂之地. 위를 형성하는 것을 하늘이라 하고 아래를 형성하는 것을 땅이라 한다.
> 或謂子曰, 子奚不爲政. 어떤 이가 공자에게 일러 말하였다. "선생님은 어째서 정치를 하지 않습니까."라고.

道는 '규범의 말'을 이른다. 선전(宣傳)의 뜻이 있다.

> 仲尼之徒, 無道桓文之事者. 중니의 무리로선 桓·文의 일을 말하는 사람이 없다.

V. 보조사(補助詞)

　동사·형용사를 보조하여 그 뜻을 완전히 하는 품사를 보조사라 한다. 보조사는 보조사를 돕기도 한다. 일본사람들은 보조사를 조동사라고 했으나, 나는 그것을 취하지 않았다. 왜냐하면 조동사란 동사를 돕는다는 뜻인데 이는 형용사도 돕기 때문이다.

　보조사는 문장에서 서술을 도와 동사·형용사·보조사의 앞에 놓인다. 그리고 목적어를 대명사로 취할 경우 부정보조사(否定補助詞)는 대명사를 바로 뒤에 취한다. 부사는 보조사 앞에 놓인다.

> ① 非禮勿視.　예가 아니거든 보지 말라.
> ② 不高耶, 父母之恩.　높지 아니하냐, 부모의 은혜는!
> ③ 萬人不汝棄.　만인이 너를 버리지 아니한다.
> ④ 不可讀頹廢小說.　퇴폐한 소설은 읽을 수 없다.

　①의 勿은 동사 視를 보조하는 보조사, ②의 不은 형용사 高를 보조하는 보조사이다. ③의 不은 부정보조사이므로 목적어 汝를 바로 뒤에 취하고 있다.

> 萬人, 不棄福童.
> 　　　1 2 3
> 萬人, 不汝棄.
> 　　　1 2 3

　④의 不과 可는 각각 보조사이다. 그러나 보조사가 어울릴 때는 하나의 복합보조사가 된다.

1. 보조사의 분류

보조사는 그 기능으로 보아 당위·미래·지정·가능·사동·피동·부정·금지의 여덟 가지로 나누어진다.

1) 당위

朋友者<u>可</u>互助.　벗은 서로 도와야 한다.

讀書<u>須</u>百遍.　독서는 백 번 해야 한다.

汝<u>當</u>思祖國之恩.　너는 조국의 은혜를 생각해야 한다.

志修養之人, <u>宜</u>反求諸己.　수양을 뜻하는 사람은 제 몸을 반성해야
　　한다.

可·須·當·宜 등은 당연·추측·의무 등을 나타낸다. '可'는 '옳다'는 뜻으로(互는 부사이므로 본용언과 보조사 사이에 들어간다.) 可助는 '도우는 것이 옳다'는 뜻으로, '須'는 '모름지기'의 뜻으로 須百遍은 '모름지기 백번 읽어야 한다', 곧 '백번 읽는 것이 요긴하다'는 뜻, '當'은 '마땅히'의 뜻으로 當思는 '마땅히 생각해야 한다'는 뜻, '宜'는 '좋다'의 뜻으로 宜反은 '반성함이 좋다'는 뜻이다.

'應'은 추측에 쓰인다.

당위보조사는 국어의 당위보조용언에 해당한다.

- 너는 반드시 그것을 읽<u>어야 한다</u>.
- 그 일을 꼭 해<u>야 한다</u>.

2) 미래

我<u>將</u>遊于京都.　내가 서울에 가려 한다.

今吾尚病, 病愈, 我<u>且</u>往見.　나는 아직 앓는다. 병이 나으면 내가

가서 뵈려 한다.

山雨<u>欲</u>來, 風滿樓. 산비가 오려 하여 바람이 누각에 가득찼다.

將은 '장차'의 뜻으로, 將遊는 '장차 유학하려 한다'는 뜻. 且의 용법은 將과 같다. 將은 동사·명사·접속사로도 쓰인다.

陛下善<u>將將</u>. 폐하는 잘 장수를 거느린다.
　　　　_{동 명}

以君命<u>將</u>之. 군명으로써 이것을 행한다.
　　　　_동

<u>將</u>從大人, 以成名乎. 또한 대인을 따라 이름을 낼 것이냐.
_접

미래보조사는 국어의 욕망보조동사에 해당한다.

　－ 나는 가<u>려 한다</u>.
　－ 밥을 먹으<u>려 한다</u>.

'~려 한다'는 보조동사로서 주어의 행동목적을 나타내고 있다.

3) 지정(指定)

雖婦人小子, 皆知其爲祥也. 비록 부인이나 작은 아이들이라도 모두 그가 상서함을 안다.

지정보조사에는 爲 하나가 있다. 이는 문에서 尊爲天子(높은 것은 天子이다)에서와 같이 동사가 되는 일이 많다. 爲는 우리말의 '하다'에 속한다. 지금 우리 문법에서는 '하다'를 접미어로 보고 있으나,

나는 그렇게 생각을 한다
나는 그렇게 생각도 한다

등에서 보듯이 「생각」은 조사를 버젓이 취하므로 단독품사로서 명사이고, '하다'는 보조용언이다. 곧, 지정보조사는 우리말의 서술보조용언 '하다'에 해당된다.

4) 가능

我能食之. 나는 그것을 먹을 수 있다.
猿雖疾, 足捉之. 원숭이가 비록 재빠르다 하더라도 그 놈을 잡을 수 있다.
終得伸其情者, 多矣. 마침내, 그 뜻을 펼 수 있는 사람이 많다.
家雖貧, 酒能常得. 집이 비록 가난하나 술은 언제나 얻을 수 있다.

我能食之의 能은 본디는 부사이다. 可以, 足以, 得以 등은 나눌 수 없는 어휘이니, 주의할 일이다.

力足以擧百鈞, 明足以察秋毫之末. 힘은 백 균을 들 수 있고, 밝기는 털의 끝을 살필 수 있다.
可以託六尺之孤. 六尺의 孤를 부탁할 수 있다

한문의 보조용언은 모두 우리말에서도 보조용언이 되어 있는데, 가능보조용언은 그렇지 않다. 그러나 일본어에서는 이것이 가능의 조동사가 되어 있으니, 퍽 흥미로운 일이다.

5) 사동

㉠ 每夜使人讀書. 밤마다 사람들에게 글을 읽게 한다.

ⓛ 令學生鍛鍊於心身. 학생들에게 심신을 단련하게 한다.
ⓒ 敎急來. 급히 오게 한다.

사동보조사가 쓰일 때는 이 보조사와 본용언 사이에 간접목적어(~에게)가 들어간다.

使 人 讀書
輔助 間目 本用

使는 전치사(에게)와 보조사(~게 한다)를 겸한 보조사이다. 곧, 「…에게…게 한다」의 뜻이다.

사동보조사는 우리 문법의 사동보조용언에 해당된다.

6) 피동
匹夫見辱, 拔劍而起. 필부가 봉변을 보면(당하면) 칼을 빼어서 일어선다.
所殺者, 赤帝之子. 살해된 사람은 적제의 아들이다.
爲悅於父母. 부모에게 즐거워하심을 받았다.
被信于友. 벗에게 믿어지다.(벗에게서 믿음을 입다.)
戰終, 而爲君所賞. 싸움이 끝나자 임금에게 포상을 받다.

「爲…所」는 두 글자가 어울려서 피동이다. 그리고 이 두 글자 사이에 간접목적어가 들어간다.

우리말의 피동은 몹시 충분치 못하다. '~지다', '~되다'와 같은 보조용언에 '보다', '입다', '받다', '당하다'와 같은 동사를 사용한다. '보다', '입다'는 한문의 보조사 見, 被에서 들어온 말이요, '당하다', '받다'는 한문의 동사에서 들어온 것 같다. 국어에도 피동이 '지다', '되다' 둘이 있으면서 피동이 통일되지 못한 것은 한문의 피동이 산만했기 때문으로 해석된다.

7) 부정

不動其心. 그 마음을 움직이지 아니한다.

其花不美. 그 꽃이 아름답지 아니하다.(그 꽃이 아름답지 못하다.)

飢者弗食. 굶주린 사람은 먹지 아니한다.(굶주린 사람은 먹지 못한다.)

「不」와「弗」은 같은 뜻으로,「~지 아니하다. ~지 못하다」의 뜻으로 부정보조사이다. 不動의 不는 동사를 부정, 不食도 역시 동사를 부정, 弗美의 弗은 형용사를 부정하였다. 이들은 우리말의 이 계열의 부정보조용언에 해당된다.

부정보조사는 이 밖에도 未, 盍 등이 있는데, 이는 부사를 겸한 부정보조사이다.

未-(아직 …지 아니하다), (아직 …지 못하다)

未見蹈仁而死者也. 아직 仁을 밟고서 죽은 이를 보지 아니하였다(못하였다)

盍-부사 何와 보조사 不이 어울리어서 된 단어이다.

盍各言爾志. = 何不各言爾志. 어째서 각각 너희들의 생각을 말하지 아니하느냐

【전성부정사(轉成否定詞)】
　　㉠ 生旣無以報陛下.　살아서는 이미 폐하께 보답함이 없습니다(보답
　　　할 수 없습니다)
　　㉡ 人皆有是心, 賢者勿喪耳.　사람이 모두 이 마음이 있으나 현자만
　　　이 잃음이 없을 뿐이다 = 사람이 모두 이 마음이 있으나 현자만이
　　　잃지 아니할 뿐이다
　　㉢ 何莫由斯道也.　어째서 이 길을 경유함이 없느냐 = 어째서 이 길
　　　을 경유하지 아니하냐
　　㉣ 毋自欺.　스스로 속임이 없음이다 = 스스로 속이지 아니함이다
　　㉤ 未之難矣.　이것을 어려워함이 없다 = 이것을 어려워하지 아니한다
　　　　* 之는 객어
　　㉥ 吾未如之何.　나는 어떻게 함이 없다 = 나는 어떻게 할 수 없다

　　無, 勿, 莫, 未 등은 다 없다는 뜻의 否定이다. 그러나 이는 「～지
아니하다」, 「～할 수 없다」로 해석된다.
　　이 밖에도 罔, 靡, 亡, 蔑 등이 있다.

　　㉦ 方今世俗, 奢侈罔極, 靡有厭足.　지금 세속에 사치가 끝이 없고
　　　충분 있음이 없다.

　　이 형태의 보조사들은 모두 「없다」의 부정이다. 그러나, ㉠㉥은
「～할 수 없다」, ㉡㉢㉣㉤은 「～지 아니하다」로 보는 것이 타당하겠
다. ㉦의 罔, 靡는 존재동사로 보는 것이 규범문법에서는 타당하다.
　　부정이 겹쳐질 때는 긍정이 된다.

　　普天之下, 莫非王土.　넓은 하늘 아래 왕토가 아님이 없다 = 널리 하
　　　늘 아래는 모두 왕토로다

이중부정 사이에 명사가 들어가면 그 명사는 '으로서'란 조사를 붙여서 해석한다.

逐氣尋香, 無處不到. 기운을 좇고 향기를 찾아 곳으로서 이르지 아니함이 없다

이중부정의 경우, 부사는 그 사이에 들어간다.

臣不敢不以正對. 신은 감히 정대한다.

8) 금지
母友小人之輩. 소인의 무리를 벗하지 말라.
過則勿憚改. 잘못하거든 고침을 꺼리지 말라.
無道人之短. 남의 단점을 말하지 말라.

금지보조사에 毋, 勿, 無 셋이 있다. 毋, 勿은 부정의 보조사도 되고 無는 존재동사, 부정보조사도 된다. 존재동사가 될 때는 명사 위에 얹힌다.

VI. 부사

부사, 동사, 형용사를 수식 한정하는 품사를 이른다. (그런데, 부사는 설명어로 사용된 명사, 구나 문 및 다른 부사를 수식한다.)

① 彼旣去矣. 그는 이미 가버렸다.
② 松菊猶存. 소나무와 국화가 아직 있었다.

③ 有功亦誅, 無功亦誅. 공이 있어도 또한 죽이고, 없어도 또한 죽인다.

④ 外貌甚美. 외모가 심히 아름답다.

⑤ 採菊東籬下, 悠然見南山. 국화를 동쪽 울타리 아래에서 따다가 유연히 남산을 바라본다.

①의 旣는 동사 死를 한정.

②의 猶는 동사 存을 한정한다. 猶는 尙과 같은 뜻으로 '아직'의 뜻이다. 尙은 동사로 쓰일 때는 「낫다」「존중한다」「더하다」의 뜻이지만, 부사일 때는 「아직」의 뜻이다.

③의 亦은 흔히 「도, 또」의 뜻으로 해석하고 있다. 又는 「첨가」, 復은 「다시」, 還은 「주기적으로 다시」의 뜻이다.

> 世子自楚反, 復見孟子. 세자는 楚로부터 돌아와서 다시 맹자께 뵈었다.
>
> 物盛則必衰, 有隆還有替. 사물이 성하면 반드시 쇠하고 융성하면 다시 교체된다.

④의 甚은 형용사 「美」를 한정하는 부사이다.

⑤의 悠然은 煥乎, 莞爾, 羊羊焉 등과 같이 부사에 접어가 붙은 것이다. (煥乎=빛나는 모양, 莞爾=빙그레, 羊羊焉=자유로운 모양)

다음과 같이 접속사가 붙는 경우가 있다. 이런 경우의 부사는 접속사를 건너서 동사를 수식한다.

> 予亦悄然而悲, 肅然而恐. 나 또한 초연히 슬퍼하며, 숙연히 두려워한다.

① 唯人則有言語, 分明宣達情意. 오직 인간만은 언어를 가지고 있

어 분명히 자기의 정의를 펴 전한다.

② **如禽獸, 徒有聲音, 僅通意響耳**. 새짐승과 같은 것은 오직 聲音만이 있어, 간신히 기분을 통달한 뿐이다

③ **苟爲不蓄, 終身不富**. 만약에 쌓지 아니하면, 한평생 아무것도 얻을 수 없다.

唯는「人則有言語」를, 徒는「文」을, 苟는「爲不蓄」을 한정한다.

① **始舍之圉圉焉, 少則洋洋焉**. 처음 놓았을 때에는 어리어리하더니, 조금 뒤에는 양양하더라.

1. 본래부사

본디부터 부사인 품사를 특히 본래부사라고 한다.

① **此事必成**. 이 일은 반드시 이루어진다.
② **金剛山最爲美**. 금강산이 가장 아름답다.
③ **聞訃而甚悲**. 부고를 듣고서 심히 슬퍼하였다.
④ **吾嘗行, 見月**. 내가 일찍이 가다가 달을 보았다.

①의 必, ②의 最, ③의 甚, ④의 嘗 등은 본디부터 부사로 본래부사이다. 嘗은「맛보다」, 「시험하다」의 뜻일 경우는 동사이며, 일찍이의 뜻일 경우에는 부사이다. 이런 것은 전성부사는 아니다. 전성부사는 뜻은 같고, 형태적으로만 달리 쓰인다.

2. 전성부사

형태적으로 다른 품사가 부사로 바뀐 부사를 전성부사라 한다.

① **物質文明, 東來已久.** 물질문명이 동으로 온 지가 이미 오래되었다.
② **後世可餘存.** 후세에 남을 수 있다.
③ **幸有之.** 다행히 그것이 있었다.
④ **何有此事.** 어찌 이런 일이 있소.
⑤ **吾與爾並行.** 나와 너는 함께 간다.
⑥ **急追敵.** 급히 적을 쫓는다.
⑦ **大施恩愛.** 크게 은애를 베푼다.
⑧ **學者多歸於此.** 학자는 많이 여기에 돌아간다.

①의 東, ②의 後世, ③의 幸은 명사가 부사로 전성한 것, ④의 何는 대명사가 부사로 전성한 것(의문대명사→의문부사), ⑤의 並, ⑥의 急은 동사가 부사로 전성된 것이며 急(서둘다, 재촉하다)→ 急히(빨리), ⑦의 大, ⑧의 多는 형용사가 부사로 전성된 것이다.

3. 부사의 분류

부사는 시간, 처소, 정도, 분량, 가정, 희망, 의문, 반어, 강조, 감탄, 응답 등의 문법 범주를 나타낸다.

1) 시간

時方十月–現在 때는 바야흐로 十月이다.
吾嘗讀書–過去 나는 일찍이 글을 읽었다.
彼旣去 –過去 그는 이미 떠났다.
終夜而戰–繼續 밤 내내 싸웠다.
明日可行–未來 내일 갈 것이다.

方, 嘗, 旣, 終夜, 明日 등은 시간부사이며, 이 중 終夜와 明日은 전성부사이다. 우리말에서도 「내일」, 「어제」, 「그저께」 등이 전성부사로 쓰이니, 일반문법에 있어서 이는 하나의 좋은 대조로 흥미 있는 것이다.
어쨌든 시간을 나타내는 명사는 부사로 전성할 수 있다.

朝開, 夕凋. 아침에 피고 저녁에 시든다.

의 朝, 夕은 부사이기 때문에 동사 위에서 이를 꾸미고 있는 것이다. 만일에 朝, 夕이 명사 같으면, 「開於朝, 凋於夕」으로 되어야 할 것이다. 또, 그렇지 않으면 「朝開, 夕凋」는 「아침이 피고, 저녁이 시든다」란 얼토당토아니한 말이 된다.

시간부사에는 今(이제), 方(바야흐로), 嘗(일찍이), 曾(일찍이), 既(이미), 已(이미), 業(이미), 鄕(먼저), 嚮(먼저), 終(마침내), 初(처음), 久(오래) 등이 있다. 미래를 나타낼 때는 부사적 보조사인 將, 且, 未 등으로 흔히 나타낸다. 이것은 보조사의 항목에서 설명하기로 한다. 이와 같이 한문의 시제는 극히 불완전하다.

2) 처소

前向而端坐. 앞으로 향하여 단정히 앉는다.
曹操南下. 조조가 남으로 내려온다.
北進至浿水. 북으로 나아가서 패수에 이르렀다.

前, 南, 北은 처소를 나타내는 부사이다. 더 엄격히 말하면, 이들은 경우에 따라서는 처소부사가 되고 또 방향부사로 된다. 「앞에」「북에」의 뜻일 때는 처소이지만 「앞으로」「북으로」의 경우일 때는 방향이다. 그러나 이는 형태적으론 나눌 필요가 없겠기로 여기서는 같이 처소로서 다루었다. 또, 前은 처소, 방향 이외에 前日의 뜻으로 시간부사도 된다.

3) 정도, 분량

　　彼甚富.　그는 아주 부자이다.

　　汎通經學.　널리 경학에 통한다.

　　三顧臣於草廬之中.　세 번 신을 초려 속에 찾다.

　　孔明以奇計, 屢屢破魏.　공명은 奇計로써 종종 위를 깨쳤다.

　甚, 汎은 정도를 나타낸다. 어느 정도의 부자인가, 어느 정도 경학에
통했느냐를 나타내는 것이다. 「三」과 「屢屢」는 분량이다. 「세 번」이라
든가, 「종종」은 분량을 나타낸다.

4) 가정

　　若不獻也, 燔灼而喫.　만약에 바치지 아니하면 구워서 먹겠다.

이 때 若은 가정을 나타내는 부사이다.

5) 희망

　　願先生語之.　원컨대, 선생은 그것을 말씀하시라(부디 말씀해 주십
　　　시오).

願은 희망, 원망을 나타내는 부사이다.

6) 의문

　　子非三閭大夫歟, 何故至於斯.　선생은 삼려대부가 아닙니까. 어째
　　　서 여기에 왔습니까.

　　許子奚爲不自織.　허자는 어째서 스스로 짜지 아니하느냐.

　　何前倨而後恭也.　어째서 앞에서는 거만하고 뒤에서(안보는 데서)는
　　　공경하느냐.

<u>何如</u>, 斯可謂之士. 어찌하면 곧 이를 선비라 할 수 있겠느냐.

何故, 奚爲, 何, 何如 등은 의문부사이다. 의문대명사와 의문부사의 차이는 앞 것은 무엇인가를 속으로 지시하며, 그것을 가리켜 의문을 나타내지만, 뒤의 것은 그저 「어째서」란 의문의 뜻을 나타낼 뿐이다. 직능으로는 의문대명사는 주어, 설명어, 객어, 관형어가 되며, 의문부사는 다만 부사가 될 뿐이다.

何如(如何, 奈何, 若何)가 설명어로 되는 일이 있는데 이는 극히 예외적인 사용법이다.

  ㉠ **騅不逝兮<u>可奈何</u>**. 오추마는 나아가지 않구나, 어떻게 할꼬.
  ㉡ **虞兮虞兮<u>奈若何</u>**. 우여 우여, 너를 장차 어찌할꼬.
      * 若=너

  ㉢ **月白風淸, <u>如此良夜何</u>**. 달은 밝고, 바람은 맑은데, 이 좋은 밤을
      어떻게 할꼬.
  ㉣ **以五十步, 笑百步, 則<u>何如</u>**. 오십보로써 백보를 웃음은 무엇이냐.

㉡의 若, ㉢의 良夜는 목적어이다. 如何는 특별한 用法이니 주의하라. 「箜篌引」의 「墮河而死, 將奈公何」의 奈何, 「左傳」의 「信讒臣而棄忠臣, 若諸侯何」(참신을 믿고서 충신을 버리면 제후는 어떻게 할 것이냐)의 奈何도 모두 이것이다.

何는 의문대명사, 또는 의문부사로 쓰인다. 奚도 何와 같은 뜻으로 쓰이지만, 何는 단순한 의문을 나타내는데 대하여 奚는 「속으로 이상스레 생각하고 있는 의문」을 나타낸다. 何爲와 奚爲는 何, 奚에 준한다.

何如의 종류에 如何가 있다. 何如는 상태를, 如何는 방법을 묻는 것이다.

何如, 可謂之鄕原矣. 어떠하면 이 이를 향원이라 할 수 있겠느냐.

何如, 斯可謂之士. 어떠하면 이 이를 선비라 할 수 있겠느냐.

如何則可. 어떻게 하면 좋을까.

7) 반어

王侯將相, 寧有種乎? 왕후장상이 어찌 씨가 있겠느냐.(씨가 없다)

公詎能入乎? 공이 어찌 능히 들어갈 수 있겠느냐.(도저히 들어갈 수 없다)

彼蒼者天, 曷其有極? 저 푸른 하늘이여, 어찌 끝이 있겠느냐.(끝이 없다)

何其惜之乎? 어찌 그것을 아끼겠느냐.

子貢曰, 何爲其莫知子也? 자공은 말하였다. 어찌 선생을 앎이 없겠습니까.

寧, 詎, 曷는 반어의 부사이다. 반어부사는 종결사를 취함이 보통이다. 何爲는 다음과 같이 여러 가지로 쓰이므로 주의할 일이다.

㉠ 且君之欲見之也, 何爲也哉? 또한 군이 그것을 보려 함은 무엇을 위함(=무엇 때문)이냐.

㉡ 羽笑曰, 迺天亡我, 何渡爲? 관우는 웃으면서 말했다. 즉 하늘이 나를 망친다. 어찌 건넘을 하리오.

㉢ 何爲則民服? 무엇을 하면 백성들이 복종하겠느냐.

㉠과 ㉢의 何는 목적어로 대명사로서 도치된 꼴이요, ㉡의 何는 반어부사이다. ㉡의 爲가 목적어의 밑에 온 것은 중요한 어순으로 이는 渡가 爲의 위에 옴으로 해서 何爲와의 혼동을 피하려 한 것인 듯하다.

如何가 반어부사로 쓰일 때는 如之何의 형태를 취한다.

君臣之義, <u>如之何</u>其廢之? 군신의 의, 어찌 그것을 없애겠느냐.(군
　　신의 의는 없앨 수 없다)

반어부사에는 何, 奚, 胡, 曷, 詎, 安, 庸, 烏, 惡, 焉, 寧, 豈, 何爲,
奚爲 등이 있다.

君子<u>何</u>患乎無兄弟也? 군자가 어찌 형제 없음을 근심할 것이냐.
田園將蕪, <u>胡</u>不歸? 전원이 바야흐로 거칠어지려 한다. 어찌 돌아가
　　지 아니하겠느냐.
燕雀<u>安</u>知鴻鵠之志哉? 연작이 어찌 홍곡의 뜻을 알겠느냐.
此天所置, <u>庸</u>可殺乎? 이것은 하늘이 둔 것이니, 어찌 죽일 수 있겠
　　느냐.
以小易大, 彼<u>惡</u>知之? 작은 것으로써 큰 것을 바꿈을 그가 어찌 그
　　것을 알겠느냐.
割雞<u>焉</u>用牛刀? 닭을 잡는데, 어찌 소 잡는 칼을 쓰겠느냐.

8) 강조

禽獸<u>且</u>知恩, 況於人乎? 짐승도 또한 은혜를 알거든, 하물며 사람에
　　있어서랴.
身長<u>甚</u>大, 外貌尚小. 키는 아주 큰데, 외모는 오히려 작다.
有朋自遠方來, <u>不亦</u>樂乎! 벗이 멀리서 오니, 어찌 즐겁지 아니하냐.

且, 甚, 尚, 不亦은 강조부사로서 각각 知, 大, 小, 樂을 한정하고
있다. 강조를 나타내는 부사는 이 밖에도 많다.

① 감탄

夫子, 聖人與! <u>何其</u>多能也. 공자는 성인이냐! 어쩌면 그렇게 다능
　　하냐.

漢皆已得楚乎! 何楚人多也. 한이 이미 모두 초나라를 얻었느냐, 어쩌면 그렇게 초나라 사람이 많으냐.

何는 감탄부사이다. 감탄부사에는 何 하나뿐이며, 종결사 也를 취하는 일이 많다.

② 응답

諾, 我必行. 응, 내가 꼭 가겠다.
否, 此事決不可然. 아니야, 이 일은 결코 그렇게 할 수 없어.
然, 此最可爲. 그래, 이것이 가장 할 만하다.

이들은 문장에서 독립어가 되므로 감탄사로 봄 직하나, 한문의 감탄사는 우리말과 달라서 모두 감탄만 나타내므로 이는 부사에 넣는다. 또 한문에는 형태 변화가 없으니, 응답어의 역할은 부사와 같다.

4. 부사의 부정

부사의 뒤에 부정조동사가 오면 절대부정이 되고, 부사 앞에 부정조동사가 오면 조건부정이 된다.

1) 절대부정

勇者必不有仁. 용자는 반드시 어짊이 있지 아니하다.
風采甚不揚. 풍채 심히 오르지 아니하다.
千里馬當不有. 천리마는 언제나 있지 아니하다.

2) 조건부정

勇士不必有仁. 용사는 반드시는 어짊이 있지 아니하다.

風采<u>不甚</u>揚.　풍채가 심히는 오르지 아니한다.

千里馬<u>不常</u>有.　천리마는 언제나는 있지 않다.

吾<u>不復</u>夢見周公.　나 또 다시는 꿈에 周公을 보지 못한다.

　절대부정과 조건부정으로 되는 것에는 必不－不必, 皆不－不皆, 常不－不常, 俱不－不俱, 復不－不復 등이 있다. 그러나 惟不－不惟 등은 그렇지 않다. 不惟는 첨가를 나타낸다. 이 또래에는 不唯, 不啻, 不徒, 不但, 不特 등이 있다.

　　<u>不惟</u>擧之於口, 而又筆之於書.　그것을 입에 올릴 뿐 아니라, 또한 그것을 글에 쓴다.

　　<u>不啻</u>若自其口出, 寔能容之.　그 입에서 나옴과 같이 할뿐더러 실로 잘 이것을 용납한다.

「不惟」의 형은 아래에 皆, 寔, 而又 등의 단어를 취한다.

　敢은 이들 중에서 예외로, 不敢이면 절대부정이 되고, 敢不은 긍정으로서 반문이 된다.

　　身體髮膚受之父母, <u>不敢</u>毁傷, 孝之始也.　몸과 터럭은 이것을 어버이께서 받았다. 이것을 절대로 헐고 상하게 하지 아니함이 효도의 시작이니라.

　　百獸之見我, <u>敢不</u>走乎.　모든 짐승이 나를 보면, 어찌 달아나지 않겠느냐.

　부정이 겹쳐질 때는 부사가 있으면 이는 그 사이에 들어가는 일이 있다.

① **上好義, 則民莫敢不服.** 上이 義를 좋아하면, 백성이 절대로 복종하지 아니하지 못한다.

② **戰未曾不尅, 攻未曾不取.** 싸우면 이기지 아니함이 없고, 공격하면 뺏지 아니함이 없었다.

③ **學者不可懶不修身.** 배우는 이는 게을러서 몸을 닦지 않아서는 안 된다.

이중부정은 긍정이 된다. ①은 「上이 義를 좋아하면, 백성이 절대로 복종한다」는 뜻, ②는 「싸우면 반드시 이기고, 공격하면 반드시 빼앗다」의 뜻, ③은 「배우는 이는 반드시 몸을 닦아야 한다」는 뜻이다.

不亦, 不以, 無乃 등 형태는 반문이 된다.

學而時習之, 不亦說乎? 배워서 때때로 이것을 익히면 어찌 즐겁지 아니하겠느냐.

三月無君則弔, 不以急乎? 석 달 임금이 없으면 조상함이 너무 급하지 아니하겠느냐.

居簡而行簡, 無乃大簡乎? 간소함에 살면서 간소함을 행하면 어찌 너무 간소하지 않겠느냐.

반문이 될 경우는 대체로 종결사를 취한다. 亦不은 절대부정이다. 無乃의 乃는 접속사이나, 이는 본디 부사적인 성질이 농후하므로 흔히 부사로 전성된다. 여기의 乃는 부사이다.

Ⅶ. 전치사

객어 위에 놓여서 설명어와의 관계를 명확히 하며, 또한 체언 앞에 와서 이들과 어울려 수식어가 되는 품사를 전치사라 한다.

① 見<u>於</u>月. 달을 본다.

② 在<u>於</u>此. 여기에 있다.

③ 遊學<u>于</u>歐洲. 구주에 유학하다.

④ 星明<u>乎</u>月. 별이 달보다 밝다.

⑤ 人民<u>自</u>四方來. 인민이 사방으로부터 온다.

⑥ <u>以</u>王命行. 왕명으로 행하다.

⑦ <u>與</u>文字, 不相流通. 문자로써 서로 잘 통하지 아니한다.

①은 객어(목적어), ②③④는 객어 위에 얹혔으며, ⑤⑥⑦은 명사에 얹혀서, 명사로 더불어 수식어가 되어 있다.

전치사는 크게 다음의 두 가지로 나누어진다.

객어 앞에 얹히는 것…於, 乎, 于

수식어 앞에 얹히는 것…從, 由, 自, 以, 爲, 與, 雖, 此, 每 등

1. 객어 뒤에 얹히는 전치사

이 전치사는 동작의 표준, 시간, 처소, 기점, 비교, 피동 등을 나타낸다.

1) 동작의 표준

㉠ 業精<u>于</u>勤. 업은 부지런함에서 정미해진다.

㉡ 其心安<u>於</u>爲善. 그 마음은 선을 함에서 편안하다.

㉠과 ㉡의 于, 於는 동작을 하는 데에 있어서는 표준을 나타내고 있다.

2) 처소, 시간

㉠ 彼居<u>於</u>釜山. 그는 부산에 산다.

㉡ 伯夷叔齊, 餓<u>于</u>首陽山. 백이, 숙제는 수양산에서 굶주렸다.

ⓒ 鷄鳴相聞, 而達乎四境. 닭 울음이 서로 들리며, 사경에 달한다.
ⓔ 孔孟之法, 傳於千萬世. 공·맹의 법이 천만세에 전하다.

ⓐⓑⓒ의 於·于·乎 등은 처소를 나타내는 전치사, ⓔ의 於는 시간을 나타내는 전치사이다.

3) 동작의 기점

吉再起於龜尾. 길재는 구미에서 일어났다.
靑出于藍. 청은 쪽에서 나온다.

동작의 기점은 주로, 於·于·乎가 나타낸다. 그러나 전치사 由·自·從을 쓰는 일도 있다.

自南門出 남문으로부터 나오다.

4) 비교

季氏富於周公. 계씨는 주공보다 부하다.
所惡, 有甚於死者. 싫어함이 죽음보다 심한 것이 있다.
吏逸德, 烈于猛火. 관리가 덕을 잃으면, 맹화보다 사납다.
敎莫正乎禮樂刑政. 교는 예악 형정보다 바름이 없다.

於·于·乎가 비교를 나타낼 때는 대체로 그 앞에 형용사가 설명어로서 사용된다. 그러나 이들이 기점으로 사용될 때는 대체로 동사가 설명어로 된다.

5) 피동

庾信用於新羅, 則麗濟危矣 유신이 신라에 쓰이면 고구려와 백제가 위험할 것이다.

不順乎親, 不信乎朋友矣 부모님께 불순하면 친구들에게 믿어지지
않는다 = 부모님께 불순한 사람은 친구들에게서 신임을 받지 못
한다.

已而去魯, 放乎宋衛 이미 魯를 떠나 宋·衛에 추방되다.
 * 已而 : 부사

피동을 나타내는 일은 이 밖에도 동사의 경우, 보조사 見·被·爲…
所 등을 쓰는 경우가 있다. 여기에 대해서는 이미 동사와 보조사의 항
목에서 상세히 설명했으니, 참고하라.

於·乎는 동작의 표준·시간·처소·기점·비교·피동을 나타내는 전
치사로서 사용되는 이외에, 於는 동사, 乎는 종결사로도 쓰인다.

2. 부사어를 만드는 전치사

부사어를 만드는 전치사는 모두 전성전치사로서 기점·방향·병행·
비교·선택·이유·목적·재료·도수 등을 나타낸다.

1) 기점, 방향

步自聖堂, 將歸于學校. 걸어서 성당으로부터 학교에 가려 한다.
從外來. 밖으로부터 온다.
由堯舜至於湯, 五百餘歲 요·순으로부터 탕에 이르기 오백여세이다.
由儉入奢, 易. 검소로부터 사치에 들어가기는 쉽다.

自는 때로는 객어에 붙어 전치사처럼 쓰여, 동사 아래 사용되는 일
이 있다. 이는 뒤에 설명하기로 한다.

2) 병행

蘇氏與客泛舟. 소씨는 객과 더불어 배를 띄운다.

蘇氏는 주어가 되며, 客과 더불어 같은 동작을 한다. 그러나 똑같은 문장으로, 형태로서는 전혀 변동이 없이 與가 접속사도 된다. 이런 경우에는 전문을 읽은 뒤에 그 부분의 뜻을 잘 생각해 볼 일이다.

㉠ **蘇氏與客泛舟.** 소씨는 객과 배를 띄운다.
㉡ **蘇氏與客泛舟.** 소씨와 객이 배를 띄운다.

곧, ㉠의 與는 전치사, ㉡의 與는 접속사이다.

3) 비교·선택

㉠ **禮與其奢也, 寧儉.** 예는 사치함보다는 차라리 검소한 것이다 = 사치한 것보다 검소하게 하는 것이 예란 뜻이다.
㉡ **與其有樂於身, 孰若無憂於其心.** 몸에 즐거움이 있음과 그 마음에 근심이 없음과는 어느 쪽이 낫겠느냐
㉢ **而與其從辟人之士也, 豈若從辟世之士哉.** 그대 그 남을 피하는 선비에게 따름이 어찌 세상을 피하는 선비에게 따름과 같겠느냐.

㉡은 비교 및 선택을 나타내고 있으며, ㉠㉢은 각각 비교를 나타내고 있다.

「與」는 동사·부사·전치사·접속사·종결사가 된다.

管仲嘗與鮑叔賈, 分利多與之. 관중이 일찍이 포숙과 장사하여, 이익을 나누어 포숙에게 많이 주었다. (동사)

商也, 始可與言詩已矣. 상은 비로소 함께 시를 말할 수 있을 뿐. (부사)

舜之居山中, 與木石居. 순이 산중에 삶에 목석과 살았다. (전치사)

陳涉少時, 嘗與人耕. 진섭이 어릴 때 남 때문에 밭을 갈았다. (전치사)

富與貴, 是人之所欲. 부와 귀는 곧 사람들이 바라는 것이다. (접속사)

白雪之白, 猶白玉之白與? 백설의 희기가 한 가지로 흰 옥의 흼과 같으냐. (종결사)

　㉠의 「與…寧(孰若·豈若)」에 있어 與는 前置詞, 寧(孰若·豈若)은 부사이다. 그리고 與와 寧(孰若·豈若)은 호응이 되어 있다. 「與…寧(孰若·豈若)」을 접속사로 보는 이도 있다. 다음엔 其가 붙는다. ㉢에서와 같이 주어는 與 위에 온다.

4) 이유

爲養小以失大也. 小를 길러 써, 大를 잃었기 때문이다.

强秦不加兵, 徒以吾兩人在也. 굳센 진나라가 군대를 보내지 않음은 오직 우리 두 사람이 있기 때문이다.

　「爲人謀而不忠」에 있어서 「爲」를 일본 학자 중에는 전치사로 전성된 것으로 보는 이가 있으나, 이는 동사이다.

　　爲人謀, 而不忠乎 남을 위하여 꾀해서 충성되지 않았느냐

　물론 이 경우, 爲는 人과 어울려서 부사어가 되어서 謀를 수식하고 있으니, 형태론으로 보아, 爲를 전치사로 봄직하다.

```
㉠ 爲 人 謀
       └──┘
㉡ 從 外 來
   └────┘
㉢ 自釜山 至
   └──────┘
```

  곧, ㉠㉡㉢의 爲人·從外·自釜山은 다 같이 부사어가 되어서 동사
謀·來·至를 꾸미고 있다. 그러나, 爲는 「위하여」, 從自는 「으로부터」
로 보아, 「위하여」는 동사, 「으로부터」는 전치사로 봄이 간편하다. 곧
爲人謀는 爲人而謀로 그 사이에 접속사 而가 생략된 것으로 보는 것이
가장 타당하다.

  爲는 부사로 쓰이는 일이 있다.

  姬爲言昭王, 而得釋. 희는 때문에 소왕에게 말하여 석방함을 얻었다.

5) 목적·재료

  ㉠ **以食活我.** 밥으로써 나를 살린다.
  ㉡ **以忠於國爲根本.** 나라에 충성함으로써 근본을 삼는다.

㉠의 以는 재료, ㉡의 以는 목적을 나타내고 있다.
以는 명사·동사·전치사·부사·조사·접속사로도 쓰인다.

  古人秉燭夜遊, 良有以也. 옛사람이 촛불을 쥐고 밤에 노는 것은 진
    실로 까닭이 있다. (명사)
  彼以其富, 我以吾仁. 그는 그의 富를 가지고 하고, 나는 나의 仁을
    가지고 한다. (동사)
  木若以美. 나무가 심히 아름다운 것 같으냐. (부사)
  君子義以爲質. 군자는 의로써 질을 삼는다. (조사)

引一觴以自飮. 술 한 잔을 당겨서 그리하여 스스로 마신다. (접속사)

6) 도수

每朝常稱病. 아침마다 언제나 병을 칭하다.

「比及三年」의 比를 전치사로 보는 이가 있으나 이는 동사로, 「3년에 이르기에 앞서」의 뜻이다.

【붙임】

1) 전치사의 동사에의 전성

㉠ 庾信曰, 孰自, 欽春曰, 自官昌. 유신은 누가 먼저할 것이냐고 말하였다. 흠춘은 관창이 먼저 할 것이다고 말하였다.

㉡ 樹之以桑. 그것을 심는데, 뽕나무를 가지고 하다.

㉢ 爭利者, 於市. 利를 다투는 자는 시장에서 한다.

㉣ 古之學者, 爲己, 今之學者, 爲人. 옛날의 학자는 자기를 위해서 하고, 오늘날의 학자는 남을 위해서 한다.

㉤ 子行三軍, 則誰與? 선생께서 삼군을 행하면 곧 누구와 함께 할 것입니까.

㉠의 孰自는 自孰라야 할 것이 孰가 의문대명사인 까닭으로 도치되었다. ㉡의 樹之以桑을 以桑樹之로 하면 뒤의 以는 전치사이다. 여기서는 도치되어서 동사로 전성되었다. 그것이 뜻이 굳세다.

2) 전치사가 생략되어 있는 경우

㉠ 以天地爲一朝, 萬年爲須臾. ＝以天地爲一朝, 以萬年爲須臾. 천지로써 하루아침으로 삼고, 만년으로써 잠깐을 삼다.

ⓛ 將士思歸, 多道亡. = 將士思歸, 多于道亡. 장사가 돌아감을 생
각하여 많이들 길에서 도망한다.

ⓒ 惟坐而待亡, 孰與伐之? = 惟坐而與待亡, 孰與伐之? 오직 앉아
서 망하기를 기다림보다 이를 침이 어떠하냐?

㉠에는 以, ⓛ에는 于, ⓒ에는 與가 생략되어 있다. ㉠의 萬年爲須臾
는 爲萬年須臾라 해도 좋지만 위에 따라「以萬年爲須臾」의 형태를 취
한다. 여기에서는 그 위에 다시 以가 생략된 것이다.

이 경우에는 萬年을 목적어로 봄직하다. 이런 일은 또 있다.

事孰爲大, 事親爲大 일은 무엇이 크냐, 부모님께 섬김이 크다.

爲大의 爲는 계사(繫詞)이니「爲大」는「크다」가 된다.

3) 본래전치사와 전성전치사가 반대로 쓰이는 경우
㉠ 子於是日哭, 則不歌 공자는 이 날에 곡하면 곧 노래하지 않았다.
ⓛ 夏五月, 孔至自楚 여름 오월에 공이 楚로부터 이르렀다.

㉠ⓛ을 보통의 어순으로 하면 다음과 같이 된다.

子哭於是日, 則不歌.
夏五月, 孔自楚至.

於는 후치사가 되는 경우가 있다.

衣食於奔走. 의식에 분주하다.

Ⅷ. 조사

조사는 학자에 따라서는 후치사라고도 하니 전치사와 같은 역할을 하며 전치사와는 반대로 명사·대명사의 뒤에 붙기 때문이다. 곧 조사는 명사(구) 또는 부사의 아래에 붙어서 그 뜻을 강조하거나 보태는 품사이다.

> ㉠ 君子之過也, 如日蝕焉.　군자의 허물은 일식과 같다.
> ㉡ 集大成也者, 學問之大業也.　집대성이란 학문의 대업이다.
> ㉢ 仕非爲貧也, 而有時乎爲貧.　벼슬은 가난을 위함이 아니다. 그러나 때에 있어서는 가난을 위해서 한다. = 벼슬하는 것은 가난하기 때문에 하는 것은 아니다. 그러나 때로는 가난하기 때문에 하기도 한다.
> ㉣ 及其無窮也, 日月繫焉.　그 무궁함에 미쳐서는 해와 달이 매어진다.

㉠의 之는 명사, 也는 명사구 君子之에 붙었고, ㉡의 也者는 명사에, ㉢의 乎는 부사구 有時에, ㉣의 也는 부사구 及其無窮에 붙었다. 「時」는 부사이므로 존재동사 有의 위에 얹히는 것이 상례이나 여기에서는 아래에 놓여 있으니 주의할 일이다.

1. 본래조사

> ㉠ 宋象賢者, 壬亂之忠臣也.　송상현은 임란의 충신이다.
> ㉡ 春秋之去國, 庾信爲流涕.　춘추가 나라를 떠나매 유신이 눈물을 흘리다.
> ㉢ 光陰者, 百代之過客.　광음은 백대의 과객이다.

㉠의 者, ㉡의 之, ㉢의 者는 모두 뜻을 강조한 것이다.

畫虎不成, 反畫狗者也. 범을 그려서 이루지 못하면 도리어 개를 그
　　　리는 것이다.

의 者는 畫狗를 명사로 만드는 접어이다.
　者·之는 다음에 오는 말과의 혼동을 피하기 위해서 쓰이는 일이 있
다. 〈, 〉처럼 생각할 일이다.

　　昔者, 有顏回者. 옛날에 안회란 사람이 있었다.
　　不殺者, 爲楚國患. 죽이지 아니하면 초나라의 우환이 될 것이다.
　　此之謂也. 이것을 이름이다.

之·者 이 외에도 也 등이 있다.

　　今也亡 이제야 망하였다.
　　* 今 = 부사

2. 전성조사

　　㉠ **此日也, 天氣晴朗.** 이 날은 날씨가 맑았다.
　　㉡ **今也則亡.** 이제야 망하였다.
　　㉢ **仁義是修.** 인의를 닦다.
　　㉣ **信以得之.** 신의로써 그것을 얻다.
　　㉤ **衣食於奔走.** 의식에 분주하다.
　　㉥ **夷狄斯膺.** 이적을 응징하다.

㉠의 也, ㉡의 也, ㉢의 是, ㉥의 斯는 강조를 나타낸다.
* 전성전치사는 뜻을 강조함이 원칙이다.

3. 조사의 용법

1) 주어에 붙임

　　㉠ 鳥之將死, 其鳴也哀.　새가 죽으려 할 때는 그 소리가 슬프다.
　　㉡ 光陰者, 百代之過客.　세월은 백대의 지나가는 손이다.
　　㉢ 道也者, 不可須臾離也.　道는 비록 잠깐이라도 떠날 수 없다.
　　㉣ 國有道, 貧且賤焉恥也.　나라에 도가 있으면 가난하고 천함은 수
　　　치이다.

㉠에서처럼 단문이 독립절이 되지 못하고 종속절이 될 때에는 앞절
의 주어 아래에 주격조사 之를 붙이는 일이 많다. 곧, 鳥將死란 글이
단문이면 之가 필요 없고 문장의 절이면 之가 필요하게 된다.
㉡의 者·也者는 강조를 나타내는 주격조사로 「~이란·~란」의 뜻으
로도 쓰인다.

　　騅者, 羽平日所乘駿馬也.　오추마란 항우가 평일 타던 준마이다.
　　友也者, 友其德也.　벗이란 그 덕을 벗함이다.

所乘과 같이 불완전명사 所는 뒤에 오는 용언으로 더불어 관형어가
된다. 所乘馬를 '타는 바의 말'로 보지 말고, '타는 말'로 하여 관형어로
봄이 간편하다.
者가 부사 아래 붙을 때는 者를 〈 , 〉로 볼 것이다.

　　昔者, 禹治水而平天下.　옛날, 우는 물을 다스려 천하를 평안히 했다.

㉣의 焉도 강조를 나타낸다.
문장에는 조사를 두기도 하고 없애기도 하는데, 이에는 일정한 법이
없는 것 같다.

같은 문장에도 이런 일이 있다.

    君之視臣如手足, 則**臣視君如腹心**. 임금이 신하를 봄을 수족과 같
    이 하면, 신하는 임금을 봄을 복심과 같이 한다.

2) 부사어에 붙는 경우
    ㉠ **昔者文王之治岐也**, 耕者九一. 옛날에 문왕이 기를 다스림에 밭
       가는 자 아홉에 하나였다.
    ㉡ **今之爲仁者**, 虛僞也. 지금에 仁을 하는 사람은 허위이다.
    ㉢ **苟志於仁矣**, 無惡也. 진실로 仁에 뜻하면 나쁨이 없다
    ㉣ **聽其言而觀其行**, 於予與改是. 그 말을 듣고서 그 행동을 보면
       내게 있어서는 이를 고친다.

㉠의 者는 부사 昔에, 也는 부사구 治岐에 붙었다. ㉡의 之는 부사
今에 붙었다. ㉢의 矣는 부사구 苟志於仁에 붙었다. ㉣의 與는 부사구
於予에 붙었다. 이들 조사는 모두 강조하는 뜻의 조사이다.
  다음의 矣는 조사가 아니고 종결사이다.

    甚矣, 吾衰也! 심하도다, 나의 쇠약함이여.

이는 「吾衰也, 甚矣」가 도치된 것으로 也가 조사이다.

3) 관형어에 붙는 경우
    ㉠ **一人之心**, 萬人之心也. 한 사람의 마음이 만 사람의 마음이다.
    ㉡ **以思人之心**, 行思人之政. 남을 생각 하는 마음으로써 남을 생각
       하는 정치를 한다.

관형어를 만드는 조사는 之 뿐이다. ㉠은 명사에, ㉡은 구에 붙은
예이다. ㉠은 생략할 수도 있으나 ㉡은 절대로 생략 할 수 없다.

4) 독립어에 붙는 경우
   由也, 女聞六言矣乎?　由여, 너 육언을 들었느냐?
   參乎, 吾道一以貫之.　參이여, 나의 도는 하나로서 꿴다.

由, 參은 물론 명사이며 어울려서 독립어가 된 것이다.

5) 특수용법
   堯舜之與桀跖, 其性一也.　요·순과 걸·척과는 그 성품이 같다.
   帝之與王, 其號各殊.　제와 왕과는 그 호가 각각 다르다.

之與는 「~과 ~과」, 「~와 ~와」로 새긴다.
之는 접속사도 되고 극히 드물게 전치사 於와 같은 뜻도 된다.

   人之其所親愛而辟焉　사람은 그 친애함에서 편벽된다.

所는 불완전명사이니, 所親愛는 「親愛한 바」로 해석할지나, 「親愛
함」으로 해석함이 좋다. 곧 所는 불완전명사, 및 용언의 명사형·관형
사형이 된다.

IX. 접속사

단어와 단어, 구와 구, 문과 문을 접속한다든지, 또는 문을 일으키는
말을 접속사라 한다.

접속사에는 다만 접속의 구실만을 하는 것과 부사의 구실을 겸한 것이 있다.

　　㉠ 富與貴, 人之所欲也. 부와 귀는 사람들이 바라는 것이다.
　　㉡ 戰敗而不屈. 싸워서 졌다. 그러나 굴복하지 않았다.
　　㉢ 吾少也賤, 故能多藝. 나는 어려서 천했다. 그러므로 여러 기예에 능하다.

㉠은 단어와 단어, ㉡은 구와 구, ㉢은 문과 문을 이은 것이다.
夫天地者, 萬物之根源 (대저 천지는 만물의 근원이다)에서 夫를 발어사라 하여 접속사로 보는 학자가 있으나, 이는 접속사가 아니라 부사이다.

1. 본래접속사

1) 접속만 하는 것

百年之後, 汝與我俱無矣. 백년 후에는 너와 나는 함께 없어질 것이다.

仁且智, 聖人矣. 어질고 슬기로우니 성인이다.

汝及我共亡. 너 및 나는 함께 망한다.

2) 부사적인 것

到山亭, 則讀古書. 산 정자에 이르러 곧 옛 책을 읽는다. = 산 정자에 이르면 옛 책을 읽는다.

戰不利而見滅. 싸워서 불리하였다. 그리하여 멸망되었다. = 싸워 불리해서 멸망되었다.

花潭, 即敬德號也. 화담이 곧 경덕의 호이다.

將萬兵, 乃攻長安. 만병을 거느리고 이에 장안을 쳤다.

古人有德, 故行善政. 고인에게 덕이 있었다. 그러므로 선정을 행하였다.

於是, 張良至城門. 이에 장량이 성문에 이르렀다.

由是觀之, 無國之人, 非人. 이로써 보면, 나라가 없는 사람은 인간
이 아니다.

2. 전성접속사

대명사 및 전치사 以에서 전성된 것이다. 강조하는 뜻을 나타낸다.
대명사로서 접속사로 전성한 접속사는 강조하는 뜻의 조사처럼 생각
함이 해석에 편하다.

此·爰·斯는 則과 같은 뜻이나, 지시적인 뜻이 강하다.

> **有德, 此有人.** = **有德, 則有人.** 덕이 있으면 이에 사람이 있다.
>
> **父沒爰乃千戈.** = **父沒則乃千戈.** 아버지가 돌아가서 이에 싸움이 미
> 치다
>
> **一鄉之善士, 斯友一國之善士.** = **一鄉之善士, 則友一國之善士.** 한
> 고을의 착한 선비는 이에 한 나라의 선비를 벗한다.

是·此·其·夫는 주어 밑에 붙어서 감탄적으로 주어를 강조한다.

> ㉠ **名與德, 是人之所望也.** 명예와 덕은 사람들이 바라는 것이다.
>
> ㉡ **樂善不倦, 此天爵也.** 선을 즐겨하며 게을리 하지 아니함, 이는
> 하늘이 준 작이다.
>
> ㉢ **十目所視, 十手所指, 其嚴乎?** 열 눈이 보는 것, 열 손이 가리키
> 는 것이 엄하지 않으냐.
>
> ㉣ **內省不疚, 夫何憂?** 안으로 돌아보아 앓지 않으면, 그 무엇을 근
> 심하겠느냐.

감탄이 아니면서 접속사가 주어 밑에 붙어 있는 것이 많다. 그러나 이는 올바르게 놓은 형태가 아니라 도치형이다.

㉠ 山有木, 工則度之.　산에 나무가 있으면 공장이 곧 이를 잰다
㉡ 山有木, 則工度之.　산에 나무가 있으면 공장이 이를 잰다

이는 工의 뜻을 강하게 하기 위해서 도치한 것이다. 이러한 접속사에 주의해야 한다. 이는 우리 국어의 접속사 설정에도 크게 유의할 만하다. 곧 ㉠「산에 나무가 있으면 공장이 곧 이를 잰다」, ㉡「산에 나무가 많으면 곧 공장이 이를 잰다」에서와 같이, ㉠과 ㉡의 사이에서 곧이 자리 바꿈을 한다. 이는 한문의 영향이다.

앞서 ㉣의「內省不疚」에서는 夫가 주어 밑이 아니라 구와 구 사이에 든 것 같으나, 실은 주어가 생략되어 있다.

內省不疚, 夫何憂? = 內省不疚, 吾夫何憂?

之·是는 객어가 제시어로 쓰일 때 객어 아래 붙어서 감탄을 나타낸다.

㉠ 古者言之不出, 恥躬之不逮也.　옛 사람이 말을 내지 아니함은 자신이 그에 미치지 못함을 부끄러워해서이다.
㉡ 戎狄是膺.　戎狄을 응징하다.
㉢ 何必公山氏之之也?　어째서 꼭 公山氏에게 갈 것이냐.

㉠㉡은 목적어의 예, ㉢은 객어의 예이다.

*「天命之謂性」외 「之」등은 두 가지로 해석된다.

㉠ **天命之謂性**　天命을 性이라 한다.
　　㉡ **天命之謂性**　天命, 이것을 性이라 한다.

에 있어서, ㉠은 접속사, ㉡은 대명사이다.

　以(전치사)가 접속사로 쓰이면, 而와 같이 쓰이나, 뜻은 而보다 강하다.

　　引杯酒以自酌.　한 잔 술을 당기어 그리하여, 스스로 마신다.
　　幸而得之, 坐以待旦.　다행히 이를 얻으면 앉아서 그리하여 새벽을 기다린다. = 다행히 이것을 얻으면 앉아 새벽을 기다린다.

3. 부사적 접속사의 용법

1) 則

대체로 조건의 부사구를 받는 일이 많으며, 주어를 받을 때는 그 뜻을 강하게 한다.

　　㉠ **人雖至愚, 責人則明.**　사람은 비록 지극히 어리석더라도, 남을 책망하면 분명하다.
　　㉡ **居廟堂, 則憂其民.**　묘당에 살면서 그 백성을 걱정한다.
　　㉢ **景來之事, 則嘗聞之矣.**　경래의 일, 곧 일찍이 이것을 들었었다.
　　㉣ **得鳳棄鷄, 則非人情也.**　봉을 얻어 닭을 버림은 곧 인정이 아니다.

　㉠은 어미「~면」으로, ㉡은 어미「~면서」로 새기며, 모두 위 구절의 조건을 받고 있다. ㉢의 景來之事는 목적어이나 여기서는 제시어로서 의미상의 주어가 되어 있다.

2) 卽

물건이면 「곧」, 시간이면 「곧(즉시)」의 뜻으로 쓰인다.

　　㉠ 元曉者, 卽海東佛教之宗也.　원효는 곧 해동 불교의 종조이다.
　　㉡ 妃見敵兵, 卽逃亡.　비가 적병을 보자 즉시 도망한다.

㉠은 물건, ㉡은 시간을 나타내고 있다. 卽은 이 밖에도 若과 같은 뜻으로 쓰여 부사가 된다. 부사가 될 때는 만일에의 뜻이다.

3) 乃

「이에」 또는 「그러나」의 뜻으로 쓰인다. (迺 = 乃)

　　㉠ 寶姬, 乃賣文姬夢.　보희는 이에 문희에게 꿈을 판다.
　　㉡ 書樓, 乃與南山齊.　서루가 이에 남산과 높이를 같이 한다.

4) 輒

「곧」 또는 「언제나」의 뜻으로 사용된다.

　　㉠ 出而望之, 輒引車避匿.　나와서 바라보면 곧 차를 끌고 비껴 숨는다.
　　㉡ 有一徙之者, 輒予五十金.　한 사람이라도 이를 옮기는 이가 있으면 곧 오십 금을 준다.

5) 便·曾·載

便은 輒이나 卽의, 曾은 乃의, 載는 「…하기도 하고 …하기도 한다」의 뜻으로 쓰인다.

㉠ 每有意會, 便欣然忘食. 언제나 뜻이 맞음이 있으면 곧 흔연히 먹을 것을 잊는다.

㉡ 有酒食, 先生饌, 曾是以爲孝乎? 술·밥이 있으면 선생에게 드린다고 해서 곧 이로써 효라 이르겠느냐.

㉢ 乃瞻衡宇, 載欣載奔. 이에 형우를 보고 기뻐도 하고 달리기도 하고 한다.

* 先生饌의 饌은 先生을 설명하는 사동사이다. 여기서는 성분이 도치되어 있다. 이에 대해서는 「구문론」에서 설명하기로 한다.

6) 而

부사 및 부사어에 붙어 다음 말과 접속하든지 또는 대등한 혹은 종속적인 두 구·문을 접속한다.

㉠ 幼而學之, 老而成之. 어려서 이것을 배워 늙어서 이를 이룬다.

㉡ 蹴爾而與之, 乞人不屑也. 차면서 그것을 주면 거지도 받지 않을 것이다.

㉢ 飛羽觴而醉月. 우상을 날리며 그리하여 달에 취한다.

㉣ 侶魚而友鹿. 고기를 벗하고 그리하여 사슴을 벗한다.

㉤ 靑出于藍, 而靑於藍. 청은 남에서 나온다. 그러나 남보다 푸르다.

㉥ 秦人不哀, 而後人哀之. 진나라 사람들은 슬퍼하지 않았다. 그러나 훗날 사람들이 이것을 슬퍼한다.

㉠은 부사어, 幼·老에 붙은 예, ㉡은 부사에 붙은 예, ㉢㉣은 대등의 예, ㉤㉥은 종속의 예이다.

而가 주어 아래 붙어서 '로서'의 뜻을 나타내는 일이 있다.

管氏而知禮, 孰不知禮? 관씨로서 예를 알면, 누가 예를 알지 못하랴.

而가 있어야 할 곳에 이가 없는 경우—없는 쪽이 의미에 절박감이 있으며, 있는 쪽이 여유가 있다.

> 發憤(而)亡息, 樂以忘憂. 발분하여 먹을 것을 잊고, 낙으로써 근심을 잊다.

부사어에 而가 붙는 예를 하나 더 들면 다음과 같다.

> 人非生而知之者. 사람은 나면서 그것을 아는 것이 아니다.

7) 然則·然而·而後·然後
　㉠ 進亦憂, 退亦憂, 然則何時而樂耶? 나아가서도 걱정하고 물러가서도 걱정한다. 그러면 언제 즐거워할 것이냐.
　㉡ 世有伯樂, 然後有千里之馬. 세상에는 백락이 있고, 그 후에 천리마가 있다.
　㉢ 君子修身, 而後修學. 군자는 몸을 닦아, 그 후에 학문을 닦는다.
　㉣ 黎民, 不飢不寒, 然而不王者, 未之有也. 백성이 굶주리지 않고, 떨지 않고서, 그리하여 임금 되지 못한 이는 일찍이 있지 아니하다.

然而는 그 뜻으로 보아서는 역접이므로, 然則·然而·後然(然後가 뒤집혔음.)와 같은 종류가 아닐 것 같으나, 순접으로 곧 그리하여로 보아도 무방하겠기로 여기서 풀이한다.

8) 於是·由是·是以(是用)·以是·是故
　㉠ 於是, 三問訪彭年. 이에 삼문이 팽년을 찾다.
　㉡ 由是感激, 遂許其罪. 이로써 감격하여 드디어 그 죄를 용서하다.
　㉢ 是以地無四方, 人無異國. 그러므로 땅에는 사방이 없고 사람에

게는 이국이 없다.

　　㉣ **是故我常讚彼.**　그러므로 나는 늘 그를 칭찬한다.

是以와 以是에 있어서는 以是가 그 뜻이 是以보다 강하다.

9) 由是觀之 · 由此觀之

　　㉠ **由是觀之, 無惻隱之心, 非人也.**　이로써 보면 측은한 마음이 없음은 사람이 아니다.

　　㉡ **由此觀之, 猶有剛强, 人不能忍之氣.**　이로써 보면 오히려 강강하여 남으로서는 견딜 수 없는 기개가 있는 것 같다.

㉠의 是, ㉡의 此의 차이에 대해서는 대명사의 항목에서 상세히 설명해 두었으니, 그 항목을 보기 바란다. ①에서 ⑨까지는 모두 순접의 접속사이다.

10) 而 · 然 · 何則

　　㉠ **忠臣常有, 而圃銀不常有.**　충신은 언제나 있다. 그러나 포은은 언제나는 있지 않다.

　　㉡ **然菩薩視衆生, 必流涕.**　그러나 보살은 중생을 보면 반드시 눈물을 흘렸다.

　　㉢ **何則, 不以私害公.**　왜냐면, 私로써 公을 해하지 않기 때문이다.

㉢의 何則은 「왜냐면 …기 때문이다」의 호응으로 이유를 설명한다.

11) 不然 · 雖然

　　㉠ **不然, 臣赴東海而死耳.**　그렇잖으면 신은 동해에 가서 죽을 뿐.

　　㉡ **國王棄我, 雖然, 丹心有未沫.**　왕이 나를 버리나, 그렇더라도 丹

心은 아직 꺼지지 않았다.

⑩~⑪은 역접이다.

이 밖에 다음과 같은 것을 전개라든가 억양이라 하나, 역시 하나의
순접이다.

> **禽獸且知恩, <u>而況於人乎</u>?** 짐승도 또한 은혜를 아는데 하물며, 사람
> 이겠느냐.

X. 종결사

반드시 문(文)의 끝에 붙어서, 시간·지정·한정·의문·감탄 등의 뜻
을 나타내는 품사이다.

> ㉠ **見義不爲, <u>無勇也</u>.** 의를 보고 하지 못함은 용기가 없기 때문이다.
> ㉡ **吾嘗終日而<u>思矣</u>.** 내 일찍이 종일 생각하였다.
> ㉢ **然則王之所大欲, <u>可知已</u>.** 그러면 왕이 크게 하고 싶어 하는 것을
>   알 수 있을 뿐.
> ㉣ **吾畏<u>死耶</u>?** 내가 죽음을 두려워하겠느냐.
> ㉤ **<u>賢哉</u>! 回也.** 회는 어질도다.

㉠은 지정, ㉡은 시제, ㉢은 한정, ㉣은 의문, ㉤은 감탄을 나타낸다.
㉣의 耶는 邪의 속자, ㉠의 也는 조사로도 쓰인다. 그러나 조사의 경우
는 종결사가 전성된 것이다. ㉤의 현재, 賢哉! 回也는 주부와 설명부가
도치된 형태이다. 이를 바로 잡으면,

> **回也, 賢哉!** 회는 어질도다.

가 된다. 곧 也가 조사이고, 哉가 종결사이다. 조사는 단어나 구에 붙고 종결사는 문의 끝에 붙어, 확연히 구별된다. 다음 같은 예도 도치형이니 정치형(正置形)으로 바로잡아 생각할 일이다.

> 若是乎, 賢者之無益於國也.(도치) 이와 같으냐! 어진이가 나라에 무익함이여
>
> 賢者之無益於國也, 若是乎.(정치) 어진이가 나라에 무익함이 이와 같으냐

乎가 종결사, 也가 조사이다.
종결사는 다음과 같이 분류된다.

> 시간 : 矣
> 지정 : 矣·也·焉
> 의문 : 乎·耶·與·諸·哉·也
> 한정 : 耳·(爾)·已·而·已
> 감탄 : 哉·夫·乎·矣

1. 시간종결사

矣는 보통 과거를 나타내나 때로는 미래를 나타내기도 한다.

> ㉠ 未聞之矣. 아직 그것을 듣지 못하였다.
> ㉡ 明日彼必來矣. 내일 그는 반드시 올 것이다.

2. 지정종결사

矣·也는 둘 다 결정적인 지정을 나타내지만, 矣는 어세가 강하고 也는 연하다.

㉠ 吾聞其語矣. 나는 그 말을 들었다.

㉡ 吾未見其人也. 나는 그 사람을 보지 못하였다.

* ㉠은 실제로 들었으니, 결정의 뜻이 강하므로 矣가, ㉡은 보통 글이므로 그저 연하게 也가 쓰여 있다.

也는 주격조사로서 주어절에도 붙는다.

其事上也敬. 그 위를 섬김이 공경이다.

焉은 위의 어구를 지시하여 부드러운 느낌을 준다.

㉠ 天下言哉, 四時行焉, 百物生焉. 하늘이 어찌 말하랴마는, 사시가 (이에서) 행해지고, 백물이 (이에서) 생긴다

㉡ 凡人, 不能聽焉. 범인은 (그것을) 들을 수 없다

종결사 焉은 새기지 않는다. 다만 속으로 생각할 뿐이다. 焉은 「이에·이에서·이것을, 그것에·거기서 그것을」의 뜻을 가졌다. 새기면 대명사가 된다. 焉은 접미어로서 부사를 만들기도 한다. 忽焉(문득).

3. 한정종결사

耳와 爾는 같은 뜻으로 '~뿐'으로 새긴다.

㉠ 便於日用耳. 일용에 편할 뿐.

㉡ 惟謹耳. 오직 삼갈 뿐.

已는 耳·爾보다 가벼우며, 而已는 더 부드럽다.

王之所欲, 可知爾. 왕이 하고 싶어 하는 것을 알 수 있을 뿐.

有婦人焉, 九人而已. 부인이 있는데, 아홉일 뿐.

已는 동사도 되고 부사도 된다.

人皆謂我毁明堂, 毁諸已乎? 남들이 모두 나더러 명당을 헐라고 한
다. 헐 것이냐 그만둘 것이냐.

三年之期, 已久矣. 삼년기는 이미 오래이다.

4. 의문종결사

모든 의문종결사는 반어종결사도 된다. 乎는 극히 가볍게, 邪(耶)는
무겁게 사용된다.

㉠ 知我者, 其惟哲洙乎! 나를 아는 이는 그 오직 철수이냐.

㉡ 人不知而不慍, 不亦君子乎! 남이 알지 못하여도 불평하지 않으
면 어찌 군자가 아니겠느냐.

㉢ 其行事, 類君子邪, 小人邪? 그가 일을 함이 군자에 들 것이냐,
소인에 들 것이냐.

㉣ 此豈非人之所謂賢豪之士耶? 이것이 어찌 사람들의 이른바 현인
과 호걸의 선비가 아니겠느냐.

＊ ㉠㉢은 의문의 예, ㉡㉣은 반문의 예이다.

乎는 접미어로서 부사를 만든다.

煥乎有其文章. 그 문장이 훌륭히 갖추어져 있었다.

煥乎는 「반짝이는 모양」을 나타내는 부사이다.

與(歟)는 가장 무거운 의문이며, 때로는, 표면으로는 의문의 형식을 취하며, 이면으로는 감탄적으로 확신을 나타내고 있다.

   ㉠ 其志, 亦將以求食與? 그 뜻은 또한 장차 먹을 것을 구하려 함이냐.
   ㉡ 不知天下, 治歟不治歟. 천하가 다스려지는가, 다스려지지 않는가를 알지 못한다.
   ㉢ 子非三閭大夫與? 선생은 삼려대부가 아니요?
   ㉣ 孝悌也者, 其爲仁之本與! 효제는 그 인을 행하는 근본인저.
   * ㉠은 의문, ㉡도 의문(자문), ㉢은 반문, ㉣은 감탄이다. 의문은 상대적이고, 감탄은 자발적이다. 歟는 오랜 옛날에는 모두 與를 썼다. 곧 『논어』·『맹자』에는 與로 되어 있는데 『당송팔가문』·『동문선』에는 歟가 많다.

也·哉는 의문대명사, 또는 의문·반문부사의 호응으로서 쓰이는 종결사로 의문·반문을 나타낸다.

   ㉠ 奚不去也? 어찌 떠나지 아니하느냐.
   ㉡ 焉知來者之不如今也? 어찌 오는 사람이 지금과 같지 않음을 알겠느냐. - 후세 사람이 지금 사람보다 낫다.
   ㉢ 君所謂踰者, 何哉? 너의 이른바 유란 무엇이냐.
   ㉣ 其間相去, 何遠哉? 그 사이가 서로 떨어져 있음이 얼마나 멀겠느냐.

㉠㉢은 의문, ㉡㉣은 감탄이다.

諸는 之乎의 준말이다.

   ㉠ 雖有粟, 吾得食諸? = 雖有粟, 吾得食之乎? 곡식이 있더라도 우리가 이것을 먹을 수 있겠느냐.
   ㉡ 文王之囿, 方七十里, 有諸? = 文王之囿, 方七十里, 有之乎? 文

王의 울이 사방 칠십리라고, 이것이 있느냐―이것이 사실이냐.

* ㉠은 반문, ㉡은 의문이다

諸는 之於의 준말로도 쓰인다. (之는 대명사, 於는 전치사)

投諸渤海(投之於渤海) 이것을 발해에 던진다.

5. 감탄종결사

哉·夫의 哉는 무겁게 명확히, 夫는 가벼이 여운이 있다.

㉠ **放其心而不知求, 哀哉!** 그 마음을 놓아버리고 구하지 않다니, 슬프구나!

㉡ **逝者如斯夫, 不舍晝夜.** 가는 것은 이와 같구나! 밤낮을 쉬지 않는다.

乎·矣도 감탄을 나타내는 종결사로 쓰인다. 이 경우, 문(文)은 대개 도치된다.

久矣, 吾不復夢見周公. 오래구나! 내 다시는 꿈에 주공을 보지 못함이.

信乎! 孔子之言. 미덥구나! 공자의 말씀은.

6. 종결사의 연용

종결사가 겹쳐질 때가 있다. 이때는 종합적인 뜻을 생각해서 풀이할 것이다.

㉠ 夫子之道, 忠恕而已矣.　부자의 도는 충성과 용서뿐.
㉡ 女得人焉爾乎?　너는 사람을 얻었느냐.
㉢ 寡人之於國, 盡心焉耳矣.　나는 나라에 있어, 마음을 다하고 있을 뿐.

종결사의 중점은 뒷 단어에 있다. 焉耳(焉爾)는 耳의 강조, 乎哉·也哉·焉哉는 哉에 중점이 있으며, 감탄, 또는 의문을 나타낸다. 也已·也已矣는 다만 승낙을 나타내고, 焉耳矣·而已矣도 승낙을 나타내며, 「~뿐」으로 새긴다. 矣乎는 乎와 같고, 也與는 與와 같다.

XI. 감탄사

감탄이나 부르짖음을 나타내는 말을 감탄사라 한다.

嗚呼! 國恥民辱, 乃至於此.　아아! 나라가 수치를 입고 백성이 욕됨이 이에 여기에 이르다.
噫! 天喪予.　아아! 하늘이 나를 망하게 하는구나.

감탄사에는 이 밖에 佥·唉·于嗟·嗟呼(嗟乎)·嗟·嘻·啞·於戲·唉·吁 등이 있는데 모두 우리말의 감탄사 '아아'에 해당된다.

XII. 품사연습

문(文)이라든가 품사를 분석해 보는 것은 한문의 조직에 대한 정확한 지식을 더하게 하며, 해석할 때나, 작문 할 때 크게 유익하다. 품사를 분류할 때에는 언제나 문의 성분에 대해서 유의하지 않고 그저 외형에만 구애된다면 정확한 분석은 되지 않는다. 그러므로 언제나 이에 유의하기 바란다.

이제 『논어』의 맨 처음에 나오는 문장을 분석해 보기로 한다.

子曰, 學而時習之, 不亦說乎?
대동 동접부동대 보부형종

공자님께서는 말하셨다. 배운 것을 때로 익히면, 어찌 기쁘지 아니하겠느냐.

有朋自遠方來, 不亦樂乎?
동명전 명 동 보부형종

벗이 있어, 먼 곳으로부터 오면, 어찌 즐겁지 아니하겠느냐.

人不知而不慍, 不亦君子乎?
명보동접보동 보부 명 종

남이 알아주지 아니하여도 불평하지 아니하면, 어찌 군자가 아니겠느냐.

有子曰, 其爲人也孝悌, 而好犯上者鮮矣.
명 동 대동명조동형 접동동명명형종

유자는 말하였다. 그 사람(이) 됨이 효도하고 우애 있으면서 윗사람을 침범함을 좋아하는 이는 적다.

子曰, 巧言令色, 鮮矣仁.
대동 동명동명 형종명

공자님께서 말씀하셨다. 말을 교묘히 하고 얼굴을 꾸밈은 仁이 적으니라.

曾子曰, 吾日三省吾身.
명 동 대부동 대명

증자는 말씀하셨다. 나는 하루내 몸을 세 번 살핀다.

__與朋友交__, __而不信乎__?
전 명 동 접보동종

벗과 사귀어서 믿어지지 아니하였느냐.

제3장 단어의 구성

1. 단사(單詞)

글자 하나로써 한 단어가 되어 있는 것을 단사라고 한다. 한문의 단어는 대부분이 단사이다.

人·鳥·山·雲·花·夢
步·泣·立·死·生·笑
大·小·多·美·醜·奇 등

2. 복합사(複合詞)

글자가 둘 이상 겹쳐서 된 단어를 복합사라 한다. 복합사엔 첩어(疊語)·숙어(熟語)·접사어(接辭語)·성구어(成句語)가 있다.

① 첩어 – 같은 단사가 둘 이상 겹쳐진 것.
   洋洋·日日·兢兢·家家·年年
② 숙어(복합어) – 다른 단사가 모여서 한 단어가 된 것, 단사로 더불어 한문단어의 대부분이 됨.
   君子·先生·嗚呼·美麗 등
   寒翁馬·海棠花·春香傳
   資治通鑑·中華民國 등
③ 성구어 – 하나의 성구가 한 단어로 된 것.

不忍之心・由是觀之・花朝月夕 등

人間萬事, 寒翁馬 등

④ 접사어 – 음조·어감을 조성하기 위해 대개의 경우, 무의미한 말의 단어를 전후에 붙여서 복합사를 만든 것.

접사어에는 다음과 같은 것이 있다.

然・焉・如・爾・若・乎 등

㉠ 전접사어 – 有虞・有衆・所期・所望 (동사·형용사를 명사로 전성) 등

㉡ 후접사어 – 突如・忽焉・彼等 등

3. 겸사(兼詞)

단사이면서 의미가 간단하지 않고 두 가지의 다른 뜻을 겸해 있는 것이 있다. 이것을 겸사라 한다.

焉(=於此・於他), 之(=於是・於他), 諸(之於・之乎)

青麻頭伏焉.　청마두가 거기에 엎드려 있었다.

淵深而魚生之.　못이 깊어 고기가 거기에 생긴다.

投諸東海岸.　이것을 동해안에 던지다.

제2강 구문론

제1장 문장의 조직

Ⅰ. 주부(主部)·설명부(說明部)

문장은 크게 둘로 나누어진다. 곧 문장의 주제가 되는 부분을 주부라 하고 주부를 설명하는 부분을 설명부라 한다.

> * 주부(=주어) ﹏﹏﹏ / 설명부(=설명어) ﹍﹍﹍
>
> 孔夫子, 聖人也. 공부자는 성인이다.
>
> 君子之交, 淡若水. 공자의 사귐은 맑기가 물과 같다.
>
> 霜葉, 紅於二月花. 서리 맞은 잎은 2월의 꽃보다 붉다.
>
> 古之欲明明德於天下者, 先治其國. 옛날, 명덕을 천하에 밝히려 하는 이는 먼저 그 나라를 다스린다.
>
> 誰歟, 創此禍者? 누구냐, 이 재화를 시작한 이는.

Ⅱ. 성분

1. 주어·설명어

주부 중에서 가장 중심이 되는 단어를 주어, 설명부 중에서 가장 중심이 되는 단어를 설명어라 한다.

문장은 주어와 설명어만으로 형성될 수도 있다.

孔夫子, 聖人也.
君子之交, 淡若水.
霜葉, 紅於二月花.
古之欲明明德於天下者, 先治其國.
誰歟, 創此禍者?

2. 객어

설명어의 목적 대상이 되는 성분을 객어라 한다. 객어 중에서도 타동사의 목적이 되는 성분을 목적어라 하며 불완전자동사를 보충하는 말을 보어라 한다.

① 飮水.　물을 마시다.
② 君子, 務本.　군자는 근본을 삼간다.
③ 人死留名.　사람은 죽어서, 이름을 남긴다.
④ 臣事君.　신하는 임금에게 섬긴다.
⑤ 時習, 在金鰲.　시습은 금오에 있었다.
⑥ 士, 貴於獨立.　선비는 독립을 존중한다.
⑦ 靑出于藍.　청은 남에서 나온다.

①②③⑥은 타동사의 목적어인 예, ④⑤⑦은 객어의 예이다. 어떻든 객어는 전치사를 더불어, 혹은 단독으로서는 그 설명부의 뒤에서 설명어를 한정한다.

설명어가 객어를 둘 가질 때는, 목적어가 다른 객어의 앞에 놓인다.

孔子, 問禮於老子. 공자가 예를 노자에게 묻는다.
　　　目　객

王, 移其民於河東. 왕이 그 백성을 하동으로 옮긴다.

新羅, 請救于高句麗. 신라는 구원을 고구려에 청했다.

　직접목적어와 간접목적어가 도치될 때는 전치사가 생략되며 이 경우, 설명어는 수여동사(준다/받는다의 뜻을 가진 동사)가 쓰인다.

陽貨, 歸孔子豚. 양화가 공자에게 돼지를 보낸다.

師授弟子書. 스승이 제자에게 책을 준다.

林巨正敎部下兵法. 임거정은 부하에게 병법을 가르친다.

善德女王, 與之指環. 선덕여왕은 그에게 가락지를 주었다.

　설명어가 불완전동사로서 보어를 취하는 것에는 다음과 같은 것이 있다. 학자에 따라서는 苛政猛於虎(가혹한 정치는 범보다 무섭다)의 於虎를 보어라고 하나 그것은 객어이며, 보어가 아니다.

子游爲武城宰. 자유가 무성의 원이 되다.
　　　보

元兵號十萬. 원병이 십만이라 한다.

其人非學者. 그 사람은 학자가 아니다.

世人謂彼爲天才. 세인은 그를 천재라 한다.

3. 수식어

주어·설명어·객어의 위에 얹혀 이들 성분의 뜻을 수식 또는 한정하는 성분을 수식어라 한다.

無比聖帝, 洽施如水之恩惠于禽獸之夷狄. 비길 데 없는 성제는 물
과 같은 은혜를 금수와 같은 오랑캐에게 흡족히 베풀었다.

주어구　　　　설명어구　　　　목적구　　　　객어구

無比　　聖帝,　　洽　　施　　如水之　恩惠　于禽獸之　夷狄

(수식어)　(주어)　(수식어)　(설명어)　(수식어)　객어　(수식어)　(객어)
　　　　　　　　　　　　　　　　　　　　(목적어)

4. 독립어

문장의 성립에 직접적인 관계가 없이 쓰이는 성분을 독립어라 한다.
감탄사·접속사가 이에 속한다.

① 嗟呼! 燕子安知大鵬之志哉. 아아! 제비가 어찌 대붕의 뜻을 알겠
느냐.
② 玉出于石, 而美于石. 옥은 돌에서 난다. 그러나 돌보다 아름답다.
③ 快哉! 舜臣大破敵軍. 통쾌하다! 순신이 적군을 크게 깨쳤다.

①③은 감탄사의 예이요, ②는 접속사의 예이다.

Ⅲ. 절

1. 주어절

문장의 주어가 되는 절을 주어절이라 한다.

歲月流去者, 早矣. 세월이 흘러감이 빠르다.
　주어절

歲月은 주어절의 주어, 去는 주어절의 설명어로 이것이 어울려서 歲月去者가 큰 주어가 되고 있다.

2. 설명절

문의 설명어가 되는 절을 설명절이라 한다.

君子之交, <u>淡若水</u>.　군자의 사귐은 맑기가 물과 같다.
　　　　　설명절

淡은 설명절의 주어이고 若은 설명절의 설명어로서, 이것이 어울려서 淡若水가 큰 설명어가 되고 있다.(水=보어)

3. 객어절

문장의 객어가 되는 절을 객어절이라 한다.

乘客待<u>列車之來</u>.　승객이 열차 오기를 기다린다.

列車는 객어절의 주어, 來는 객어절의 설명어로서 어울려서 列車之來가 큰 객어가 되고 있다.

4. 수식절

문장의 수식어가 되는 절을 수식절이라 한다.

① <u>無憂者</u>, 其惟文王乎!　근심이 없는 이는 오직 문왕이야.
　수식절

곧, 無憂는 者를 수식하므로 憂는 수식절의 주어이고, 無는 수식절의 설명어이며, 어울려서 無憂가 큰 수식어가 되고 있다. 이 無憂는 더 상세히 말하면 수식절 중에서도 관형절이다.

② 無窮花, 色姸, 滿發. 무궁화는 빛이 곱게 활짝 피었다.

이 문장은 다 같은 수식절이라도 엄격하게 분류하면 부사절이 된다.

5. 대립절

아래의 문장에 대해서 반독립으로 대립하는 절을 대립절이라 한다.

月明, 星稀. 달은 밝고, 별은 드물다.

月은 대립절의 주어, 明은 대립절의 설명어로서, 이들이 어울려서 星稀와 서로 대립되어 있다. 그러므로 이러한 절을 대립절이라 한다.

제2장 문장의 형태

1. 정치법(正置法)

문장의 구문에 있어서 위치가 정상적인 것을 정치라고 한다. 곧 다음과 같은 것이 정치법이다.

주어 + 설명어
주어 + 설명어 + 객어
주어 + 설명어 + 목적어 + (전)객어

1) 주어+설명어

  ① 心, 廣.　마음이 넓다.

  ② 秦兵, 强.　진병은 굳세다.

  ③ 國, 治.　나라가 다스려지다.

  ④ 夫子之道, 至大.　선생님의 도는 지극히 크다.

  ⑤ 誠者, 天之道也.　誠은 하늘의 도이다.

  ※ 우리가 우리의 생각을 나타내는 데는 마음의 세 가지 방법이 있다.

  (1) 무엇이(주어) 어찌한다(동사)

  (2) 무엇이(주어) 어떠하다(형용사)

  (3) 무엇이(주어) 무엇이다(객어)

③은 (1), ①②④는 (2), ⑤는 (3)에 속한다.

2) 주어+설명어+객어

  ① 新羅兵擊百濟.　신라병이 백제를 친다.

  ② 人殺虎.　사람이 범을 죽인다.

  ③ 魚躍於水.　고기가 물에 뛴다.

  ④ 淸兵號三十萬.　청병이 30만이라 한다.

3) 주어+설명어+목적어+(전)객어

  ① 新羅破百濟于黃山.　신라는 백제를 황산에서 부수다.

  ② 彼奉命於危機.　그는 명을 위기에서 받들다.

  ③ 孔子揚名於後世.　공자는 이름을 후세에 날린다.

2. 도치법(倒置法)

문장의 어조를 조정하고 어세를 굳세게 하기 위해서 문장의 성분의 위치를 바꾸는 일이 있다. 이를 문장의 도치라 한다.

1) 「주어+설명어」=「설명어+주어」

주어와 설명어가 도치되는 경우는 의문문과 감탄문에 많다.

① 誰歟! 創此禍者.　누구이냐! 이런 재화를 시작한 이는.
② 甚矣! 其人之好戲也.　심하구나! 그 사람이 장난을 좋아함이.
③ 何哉! 君所謂善.　무엇이냐! 네가 말하는 善이라고 하는 것은.

①②는 감탄문의 예이고, ③은 의문문의 예이다.
설명어 有가 도치되어서 쓰이는 경우도 많이 있다.

　苗而不秀者有矣夫.　싹 트고는 꽃 피지 않는 것이 있구려.
　臣弑其君者有之.　신하로서 제 임금을 죽이는 그런 자가 있다.

주어끼리 도치되는 예가 가끔 있다. 곧, 문장의 총주어와 절의 주어
가 도치되는 경우가 그것이다.

① 角者, 吾知其爲牛.　뿔을 가진 것은 내 그것이 소임을 안다.
② 鳥, 吾知其能飛.　새는 내 그것이 잘 낢을 안다.

①은 吾知其爲牛가 그 원형으로 角者가 제시되어서 문장 앞에 나타
난 것이고, ②는 吾知其能飛가 그 원형으로 鳥가 제시되어서 문장 앞에
나타난 것이다.

　吾知角者爲牛.　나는 뿔을 가진 것이 소임을 안다.
　吾知鳥能飛.　나는 새가 능히 낢을 안다.

이 문장의 제시로 인한 도치를 분석해 보면 다음과 같다. 곧 吾는

총주어이고, 角者·鳥는 목적절의 주어이다.

$$
\begin{array}{c}
\text{吾} \parallel \text{知} \\
\quad \text{角者} \parallel \text{爲} \mid \text{牛}
\end{array}
$$

$$
\begin{array}{c}
\text{吾} \parallel \text{知} \quad \text{能} \\
\quad \text{鳥} \parallel \quad \text{飛}
\end{array}
$$

2) 「설명어+객어」=「객어+설명어」

객어에 특히 중점을 두는 문장에서는 객어가 설명어 앞에 놓인다. 이때는, 객어 다음에 감탄접속사 之(此·是·斯), 혹은 대명사 之(此·是·斯)가 놓이는 경우가 있다.

    ① <u>水火</u>吾見蹈而死者矣.　수화는 내 밟고서 죽는 이를 봤다.
    ② <u>博愛</u>之謂仁.　박애는 인이라 한다.
    ③ <u>六臣之事</u>則嘗聞之矣.　육신의 일은 곧 일찍이 그것을 들었다.
    ④ <u>危邦</u>不入.　위험한 나라에 들어가지 않는다.
    ⑤ 惟<u>兄嫂</u>是矣.　오직 형수에게 의지한다.
    ⑥ <u>草</u>尚之風必偃.　풀은 이것에 바람을 주면 반드시 눕는다.

①②③은 목적어가 도치된 예이고, ④⑤⑥은 객어가 도치된 것이다. ②의 之와 ⑤의 是는 접속사이고, ③의 之와 ⑥의 之는 대명사이다.

3) 「목적어+(전치사)객어」=「객어+목적어」

이에 대해서는 앞에서 여러 번 상세히 설명했으므로 여기서는 예 하나를 들고 그치려 한다.

眞德女王, 遺, 唐太宗, 五言古詩. 진덕여왕은 당태종에게 오언 고
시를 보냈다.

3. 생략법

문장의 지루함을 피하고, 뜻을 확고하게 하기 위해서 성분을 생략하
는 일이 있다. 이것을 생략법이라 한다. 생략되는 성분에는 주어·설명
어·목적어가 있다.

① 未知生, 焉知死? 아직 삶을 알지 못하는데, 어찌 죽음을 알랴.
② 上好禮, 則民莫敢不敬. 윗사람이 예를 좋아하면 백성이 감히 공
　　경하지 않을 수 없다.
③ 客舍幷州已十霜. 객사 병주에서 이미 십년.

①은 我未知生, 焉知死가 원문이며 주어 我가 생략된 형태이다. ②
는 上好禮則民莫敢不敬上이 원문이며 목적어 上이 생략된 형태이다.
③은 客舍幷州已過十霜이 원문이며, 설명어 過가 생략된 형태이다.

제3장 문장의 구조상의 종류

1. 단문

주어와 설명어와의 관계가 단 한번만 성립하고 있는 문장을 단문이
라 한다. 주어와 설명어가 둘 이상 있어도 그 관계가 한번만 있는 것은
단문이다.

① 鳥, 啼. 　　　　　　새가 운다.
　　鳥 ‖ 啼

② 花, 美.　　　　　　　꽃이 아름답다.

　　花 ‖ 美

③ 舜臣者, 韓國人也.　　순신은 한국인이다.

　　舜臣者 ‖ 韓國人也

④ 金春秋, 爲新羅王.　　김춘추가 신라왕이 되다.

　　金春秋 ‖ 爲 ｜新羅王

⑤ 越, 擊吳.　　　　　　월이 오를 친다

　　越 ‖ 擊 ｜ 吳

　모두 단문이다. ①은 주어+설명어(동사), ②는 주어+설명어(관형사), ③은 주어+설명어(객어), ④는 주어+설명어 +객어(보어), ⑤는 주어+설명어+객어(목적어)로 된 문장으로 모두 주어와 설명어의 관계가 한 번만 성립한다.

① 此花, 甚美.　　　이 꽃이 심히 아름답다.

　　此 ｜　　　甚 ｜
　―――――――――――――
　　　 花 ‖　　　 美

② 長江, 急流.　　　긴 강이 급히 흐른다.

　　長 ｜　　　急 ｜
　―――――――――――――
　　　 江　　　　 流

③ 其人, 愛黃菊.　　그 사람이 누런 국화를 좋아한다.

　　其 ｜　　　黃 ｜
　―――――――――――――
　　　 人 ‖ 愛 ｜ 菊

　모두 수식어를 가진 문장이다. ①은 주어+설명어(동사)에, ②는 주어+설명어(형용사)에, ③은 주어+설명어(동사)+목적어에 수식어가 붙었다. 그러나 이들은 모두 단문이다.

① 乙支文德與李舜臣, 忠臣也. 을지문덕과 이순신은 충신이다.

```
乙支文德 │
      與 │  ‖忠臣也
李  舜臣 │
```

② 智異山, 高而險. 지리산은 높고 험하다.

```
          │ 高
智異山 ‖  │ 而
          │ 險
```

역시 단문이다. ①은 두 주어가 다 같이 설명어 忠臣과 관계를 맺었고, ②의 高·險은 다 같이 주어 智異山과 관계를 맺었으므로 단문이다.

2. 복문

주어와 설명어의 관계를 두 번 이상 가진 것을 복문이라 한다. 복문에는 안은문장·이어진문장·혼합문장이 있다.

1) 안은문장

대립절이외의 절, 곧 종속절을 가지고 있는 문장을 안은문장이라 한다.

○ 歲月流去, 多矣.
○ 君子之交, 淡若水.
○ 乘客, 待列車之來.
○ 無憂者, 其惟文王乎.

2) 이어진문장

대립절을 가진 문장을 이룬다.

○ 月明, 星稀.　달이 밝으니 별이 드물다.
○ 花開, 鳥啼.　꽃이 피고 새가 운다.

3) 혼합문장

안은문장·이어진문장이 뒤섞여서 보다 복잡한 문장이 된 것을 혼합
문장이라 한다.

○ 爲政以德, 譬如北辰居其所, 而衆星共之.　정치를 하는 데에는 덕
을 가지고 하라. 비유하면 북극성이 그곳에 있으면 뭇별이 여기를
향함과 같다.

爲政의 政은 목적어, 以德의 德도 목적어, 爲政·以德은 각각 구로
서 합해서 주어구가 된다. 北辰·居, 星共之에 있어서는 北辰·居는
星·共에 대해서 대립절이며 어울려서는 如를 수식하는 수식절(부사절)
이다.

제4장 문장의 성질상의 종류

1. 서술문

사실을 있는 그대로 서술하는 문장을 서술문이라 한다. 당연·부
정·미래·지정·가능·사동·피동·비교 등은 모두 서술문에 속한다.

劉備三顧, 乃得見諸葛亮. 유비는 세 번 가서 이에 제갈량을 볼 수
있었다.

擇乎中庸, 而不能期月守. 중용을 가려서 기월을 지킬 수 없다.

可與共患難, 不可與共安樂. 함께 환난을 같이할 수 있으나, 함께
안락은 같이할 수 없다.

乾坤有意生男兒, 歲月無情老丈夫. 천지가 뜻이 있어 사나이를 낳
았는데, 세월이 무정하여 장부를 늙힌다.

2. 의문문

의문의 뜻을 나타내는 문장을 의문문이라 한다. 반어와 의문이 여기
에 들어간다.

君不見, 管鮑貧時之交? 너는 보지 않았느냐, 관중과 포숙의 가난할
때의 사귐을.

叟不遠而千里來, 亦將有以利吾國乎? 어른께서 천리를 멀어하지
아니하시고 오시니, 또한 장차 써 내 나라를 유익하게 함이 있겠
습니까.

君子, 何患乎無兄弟也? 군자가 어찌 형제 없음을 근심하겠느냐.

王侯將相, 寧有種乎? 왕후와 장상이 어찌 씨가 있겠느냐.

3. 명령문

명령·금지를 나타내는 문장을 명령문이라 한다. 명령문에는 주어가
생략되는 일이 많다.

行有餘力, 則以學問. 행하여 남는 힘이 있거든 곧 글을 배워라.

入云則入, 坐云則坐. 들어가라고 하거든 곧 들어가고, 앉으라고 하
거든 곧 앉아라.

勿謂今日不學, 而有來日. 오늘 배우지 아니하고 내일이 있다고 말하지 말라.

所惡於上, 毋以使下. 위에서 싫어하는 것을 써 밑에 쓰지 말라.

4. 감탄문

감탄의 뜻을 나타내는 문장을 감탄문이라 한다.

嗚乎! 士窮乃見節義. 아아! 선비는 궁하여 곧 절의를 나타낸다.

大哉! 聖人之道, 洋洋乎發育萬物. 크구나! 성인의 도는 양양히 만물을 발육시킨다.

此非吾君也, 何其聲之似我君也? 이는 내 임금이 아닌데, 어쩌면 그렇게 소리가 내 임금을 닮았느냐!

孝悌也者, 其仁之本與! 효제란 그 인의 근본이야!

제3강 응용편

지금까지 우리는 한문의 문법에 대해서 상세히 공부해 왔다. 그러나 옛말에 이르기를 '구슬이 서 말이라도 꿰어야 보배라' 하듯, 이제부터 이론만을 공부해 온 것을 실제 문제와 마주치면서 문법을 응용해서 풀어 보기로 한다. 그것이 실로 문법을 배우는 보람일 것이다.

Ⅰ. 구두점 치기

구두점 치기는 문장의 해석을 끝내고 난 후에 하는 최후 완성 과정이다. 앞에서도 설명했듯이 구두점에는 고리점과 반점, 온점이 있다.

> 『西伯卒子發立是爲武王東觀兵至於盟津是時諸候不期而會者八百
> 皆曰紂可伐矣王不可引歸』

흔히 이와 같은 백문이 있으면 맨 먼저 구두점부터 치는 것을 순서로 생각하고들 있다. 그러나 그것은 큰 인식 부족이다. 구두점을 친다는 것은 해석을 끝냈다는 뜻이다. 해석을 끝내지 않고서는 구두점을 칠 수 없다. 곧 앞의 문장에,

> 西伯, 卒, 子發, 立。是, 爲武王。東觀兵, 至於盟津。是時, 諸候,
> 不期而會者, 八百。皆曰, 紂可伐矣。王, 不可, 引歸。

식으로 구두를 찍은 것은 이 문장의 뜻이,

> 서백이 죽고, 아들 발이 즉위하였다. 이분이 무왕이다. 동으로 군대
> 를 사열하고 맹진에 이르렀다. 이때에 제후로 기약하지 않고서 모인
> 사람이 팔백이었다. 모두 '주를 쳐야 한다'고 말하였다. 왕은 듣지 않
> 고서 (병사를) 거느리고 돌아갔다.

란 뜻을 알았기 때문에 점을 찍은 것이다. 이렇게 해석을 한 후라야
비로소 위와 같이 구두점을 찍을 수 있게 된다. 그 이유는 이렇다.

> 西伯, ① 卒, ② 子發, ③ 立。④ 是, ⑤ 爲武王。⑥ 東觀兵, ⑦ 至於
> 盟津。⑧ 是時, ⑨ 諸候, ⑩ 不期而會者, ⑪ 八百。⑫ 皆曰, ⑬ 紂可
> 伐矣。⑭ 王, ⑮ 不可, ⑯ 引歸。⑰

> ①③⑤⑪⑮는 주어점, ④⑥⑧⑫⑭⑰은 종결점, ⑦⑨⑩은 부사구를
> 나타내는 점, ②⑯은 설명어를 가진 부사구, 또는 절을 나타내는 점,
> ⑬은 인용부

　이상에서 본 바와 같이 구두점을 찍었다는 것은 긴 문장을 문법에
따라 쪼개었음을 말하는 것이다.
　그러나 한문의 실제 문장에서는 이렇게 복잡스럽게 구두점을 찍지
않고 생략하는 것이 원칙이다. 곧 부사 다음에 찍는 점은 모두 생략하
며, 주어점은 긴 구가 아닐 때는 생략함이 원칙이다. 이 문장을 실제
한문에서 사용하는 대로 구두점을 치면 다음과 같다.

> 西伯卒, 子發立。是爲武王。東觀兵, 至於盟津。是時諸候不期而會
> 者八百。皆曰, 紂可伐矣。王不可, 引歸。

어떻든 구두점은 해석만 할 수 있으면 찍을 수 있다. 그러므로 구두점에 대해서는 이 예 하나로써 그치기로 한다.

II. 문법과 번역

우리가 어떤 외국어를 번역하는 데 있어서, 만약에 그 외국어의 조직이 우리말과 완전히 다르다면 우리는 문법의 지식 없이는 한 구절도 번역하지 못할 것이다. 우리가 어떻게 추측이라도 해서 단어 지식만으로써 번역을 할 수 있는 것은 어느 정도 두 말의 조직이 비슷하기 때문이다. 그러므로 일본말은 번역하기 쉽고 한문은 어렵다.

이제 일본어와 한문과 우리말의 관계를 그림으로 나타내면 다음과 같다.

※ 세계어의 형태적인 분류 – 세계의 언어를 그 형태로 나누면 다음과 같이 된다.
교착어– 한국어, 일본어, 몽고어, 터키어 등
고립어– 중국어(한문), 베트남어 등
굴절어– 희랍어, 라틴어, 독일어, 프랑스어, 영어 등

[요지] 세계어의 계통적인 분류– 세계의 언어를 계통에 따라 나누면 다음과 같다.
인구어족– 영어, 독어, 불어 등
함셈어족– 아라비아어 등
우랄알타이어족– 한국어, 일본어 등
중국티베트어족– 중국어 등

이로 보아 한문과 우리말은 형태로서나 계통으로서나 전혀 다른 언

어이므로 문법 지식이 매우 필요하다.

『有所欲言』

여기 有所欲言이라는 말이 있다. 훈민정음에 나오는 말이다. 이것을
문법 지식 없이 마구 번역하면 다음과 같이 된다.

  '있는 것이 말을 하고자 한다.'
  '있는 곳이 말을 하고자 한다.'

이는 정말 얼토당토 않은 번역이다. 한문에서는 有와 無는 有人(사람
이 있다), 無人(사람이 없다) 등에서와 같이 주어를 뒤에 가지는 것이 원
칙이다. 그러므로 有의 주어는 所 이하라야 한다.

한문에서는 유, 무를 특히 존재동사라 한다. 듣자하니 말레이시아나
인도네시아의 말에서는 반드시 주어를 설명어 뒤에 놓는다고 한다. 만
약 그 나라 사람이 有를 새겼으면 맞게 새겼을 것이다.

이제 有가 존재동사임을 알고서 이것을 다시 번역해 보면 다음과 같
이 된다.

  '것이 있음이 말을 하고자 한다.'
  '곳이 있음이 말을 하고자 한다.'

역시 무슨 말인지 알 수 없다. 그것이 무슨 말인지 알 수 없다면 이
는 번역이 잘못된 것이다.

한문에서는 所는 所以, 攸로 더불어 불완전명사라 하여 관형어를 뒤
에 취하는 수가 많다. 所見(본 것), 所聞(들은 것)에서와 같다.

이제 이 지식까지 합해서 번역해 보면 다음과 같이 된다.

'말을 하고자 하는 것이 있다.'

이것으로써 비로소 이 구절은 바로 번역되었다. 문법이란 이렇게 중요한 것이다.

有所欲言을 분석하면 다음과 같다.

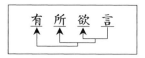

위에서 실증한 바와 같이, 만일 문장의 조직이 두 언어가 완전히 다르다면 문법의 지식 없이는 번역할 수 없게 되는 것이다. 대체로 짐작으로 번역이 된다는 것은 조직이 공통된 부분이 많음을 의미하는 것이다.

인류 언어란 서로 그렇게 아득하게 거리가 있는 것이 아니다. 가장 중요한 주부와 설명부를 보아도 알겠지만, 이들은 대체로,

君子之交, 淡若水. 군자의 사귐은 맑기가 물과 같다.

등에서와 같이, 주부와 설명부로 조직되어 있다. 요는 번역에 필요한 문법은 두 언어 사이에서 조직이 다른 부분의 연구이다.

이제 실례를 들어 문장을 하나 강의할까 한다.

楚有祠者賜其舍人巵酒舍人相謂曰數人飲之不足一人飲之有
餘請畫地爲蛇先成者飲酒一人蛇先成引酒且飲之乃左手持巵
右手畫蛇曰吾能爲之足未成一人之蛇成奪其巵曰蛇固無足子
安能爲之足遂飲其酒爲蛇足者終亡其酒　　　　　『戰國策』

이것은『전국책』중의 한 문장으로서 유명한 '蛇足'이란 숙어가 나오
는 출전이다.

한번 읽어보면, 대체로 다음과 같은 것은 한문자전의 의미에 따라
우리말과 형태가 같음이 짐작된다.

단어

楚(명): 초나라 / 有(동): 있다 / 賜(동): 주다 / 其(대): 그 / 酒
(명): 술 / 相(부): 서로 / 數人(명): 몇 사람 / 飲(동): 마시다 /
不足(명, 동): 부족, 부족하다 / 一人(명): 한 사람 / 飲(명,
동): 남음, 남다 / 請(명, 동): 청, 청하다 / 畫(명, 동): 그림, 그
리다 / 地(명): 땅 / 爲(동): 하다, 되다 / 蛇(명): 뱀 / 先(부): 먼
저 / 成(동): 이루다 / 引(동): 당기다 / 且(부): 또한 / 乃(접): 이
에 / 左手(명): 왼손 / 持(동): 가지다 / 右手(명): 오른손 / 吾
(대): 나 / 能(동): 능하다 / 足(명): 발 / 未(부): 아직 / 奪(동):
빼다 / 固(형): 굳다 / 無(형): 없다 / 子(명): 아들 / 安(형): 편안
하다 / 遂(부): 드디어 / 終(동): 마치다 / 亡(동): 잃다

다음으로 한 번 더 읽어보면, 한문을 초급정도만 배운 사람이면 다
시 다음 단어들은 짐작될 것이다.

者(명): 사람 / 曰(동): 말하다 / 之(조): 의

이상의 예비지식을 가지고 이 문장을 -곁에 자전을 두고- 풀어 보기로 한다. 그러면 우리는 어떻게 해야 할 것인가? 말할 것 없이 또 읽어 보아야 할 것이다. 세 번 이상 읽고 나면 다음의 단어에 대해서 주의가 간다.

有. 者. 請. 飮之. 爲蛇. 且. 乃. 未. 無. 子. 安. 能.

그리고, 번역할 때는 자연히 이들 단어에 유의하게 된다. 왜냐하면 이들은 모두 한문 문법에 있어 독특한 단어들이기 때문이다.

이제 번역을 위한 기초 준비는 끝난 셈이다. 그러면 같이 한 번 풀이해 보기로 한다. 맨 먼저, '楚有'의 두 단어가 나온다. 有는 특수단어로서 이것이 존재동사일 경우에는 뒤에 설명어를 가지게 된다. -물론 '何益之有(무슨 이익이 있겠느냐)'에서와 같은 의문문일 경우에는 다르지만. 有는 그것이 존재동사로서 '있다'의 뜻일 경우에는 뒤에 주어를 가지고, 타동사일 경우에는 앞에 주어를 가진다. 예를 들면, 有尾의 '有'를 자동사로 보면 '꼬리가 있다'로서 '尾'가 주어이고, '有尾'의 '有'를 타동사로 보면 '꼬리를 가지다'로서 '尾'가 목적어가 된다. 어떻든 이 글에서 '有'가 타동사이면 '楚有'는 '초나라에 …이 있었다'의 뜻이 될 것이요, '有'가 타동사이면 '초나라는 …을 가졌다'의 뜻이 될 것이다.

또, '有'가 형용사로 쓰이는 경우가 있는데, 이때는 반드시 '어떤'의 뜻으로서 반드시 관형어로만 쓰인다. 有神人降于檀木下(어떤 신인이 박달나무 아래에 내려왔다) 등의 '有'는 결코 동사가 아니고 형용사이다. 그

러나 이 글에서는 '有'는 형용사가 될 수는 없다.

祠者

祠는 뒤에 '者'가 있으니 '者'를 주격조사로 보면 '제사는'의 뜻으로 명사가 될 것이요, 명사로 보면 '제사 지내는 사람'의 뜻으로서 형용사가 될 것이다. 여기서는 응당 형용사로 보아야 할 것이다. 이상을 종합해서 번역해 보면,

'楚有祠者'는 '초가 제사 지내는 사람을 가졌다'는 뜻이 아니면, '초에 제사 지내는 사람이 있었다'가 된다. 문맥으로 보아 응당 후자가 맞을 것이다. 이로써 '楚有祠者'가 해결되었다. 이것을 자력으로 확실히 풀어 낼 수 있는 열쇠는 有가 특수용법임을 알아내는 데 있다. 祠는 '봄제사'의 뜻이요, '有…者'는 '…란 사람이 있다'는 호응이다. 잘 익혀 둘 일이다. 정확한 번역은 다음과 같다.

「초나라에 봄 제사를 지내는 사람이 있었다.」

다음에는 '賜'라는 동사가 나온다. 이 '賜'란 동사는 불완전 타동사이다. '<u>누구에게</u> 주었다' 하는 객어와, '<u>무엇을</u> 주었다' 하는 목적어가 뒤에 놓이게 될 것이다. 그리고 또 그들이 놓이는 차례는 다음과 같다.

1. 불완전 타동사 + 목적어 + (전)객어
2. 불완전 타동사 + 객어 + 목적어

이제 이 공식에 따라 '賜' 뒤에서 <u>무엇</u>과 <u>누구</u>에 해당되는 말을 찾아보면 '人'이 '누구'에, '酒'가 '무엇'에 해당될 것 같으며, 전치사는 보이지 않으니, 아마도 이 구는 공식 (2)에 해당될 것 같다.

賜, 其舍人, 卮酒

불/타　　객어　　목적어

사전을 내어서 '舍人', '卮酒'를 조사해 보면, '舍人'은 음이 '사인'으로 '下人'의 뜻이요, '卮酒'는 음이 '치주', '큰 잔 술'이라는 뜻이다. 번역하면 다음과 같다.

> 「그의 하인에게 큰 잔 술 한 잔을 주었다.」

여기에서 문장은 일단 끝났다. 곧, '楚有祠者, 賜其舍人卮酒'가 하나의 문장이었던 것이다. 다음에는 曰자가 보이므로 거기에서 일단 끊어짐을 알 수 있다.

舍人相謂曰

이를 우리 문법에 유추해서 생각해 보면, 舍人이 주어, 相이 부사로 짐작된다. 이것은 올바른 번역이다. 曰은 뻔하고, 문제는 謂이다. 謂가 문법상 특별히 주목되는 것은 이 단어가 불완전 자동사로 쓰여서, 뒤에 목적어 및 보어를 취하기 때문이다. 이들이 놓이는 차례는 다음과 같다.

불완전 자동사 + 목적어 + 보어

곧, '世人, 謂彼天才(세인은 그를 천재라 했다)' 등에서와 같이, '世人'은 주어, '謂'는 불완전 자동사, '彼'는 목적어, '天才'는 보어가 된다.

그러나 이 구에서는 이것이 적용될 수 없을 것 같다. 왜냐하면 謂 뒤에 曰이란 동사가 놓여 있기 때문이다. 曰은 절대로 목적어가 될 수 없다. 여기서의 '謂'는 '이르다'의 뜻으로 완전타동사이다. 올바른 번역은 다음과 같다.

「그 하인들은 서로 일러 말했다.」

한문의 묘미는 대구 찾기에 있는지도 모른다. 한문에 조금이라도 조예가 있는 사람이면 대구에 대한 상식이 얼마나 중요한가를 알고 있을 것이다. 이제 이 문장의 다음을 살펴보면 거기에 대구로 되어 있는 구가 보인다.

數人飮之不足, 一人飮之有餘

그러니, 이번에는 여기까지 번역해 봄직하다. 數人과 一人이 주어임은 물론이며, 주어 다음에 오는 동사를 설명어로서 생각해 보는 것은 가장 온당한 상식이다. 곧,

數人, 飮
一人, 飮

은 '몇 사람이 마신다', '한 사람이 마신다'는 뜻이다.

數人飮之
一人飮之

飮은 타동사이므로 응당 뒤에 목적어를 취해야 한다. 그러므로 飮之의 之는 조사로는 볼 수 없고 이것은 대명사로 낙착된다.

이 글은 '몇 사람이 그것을 마신다.', '한 사람이 그것을 마신다.'라는

뜻이다. 남은 것은 不足과 有餘이다. 이것은 이미 우리말이 되어 있으니 더 생각할 것 없다. 올바른 번역은 다음과 같다.

「몇 사람이 그것을 마시면 부족하고, 한 사람이 마시면 남는다.」

'數人飮之不足, 一人飮之有餘'는 사인들의 말이다. 사인들의 말은 결코 여기에서 그친 것이 아니다. 또 계속되는 것 같다. 어디까지가 사인들의 말인가. 이번에 끊을 곳은 사인들의 말이 끝나는 곳이라야 한다. 그들이 서로 말을 하게 되는 것은 술이 부족하기 때문이며, '누가 이 술을 마시나'가 문제였던 것이다. 그러므로 거기에 대하여 주의해서 글을 검토할 필요가 있다.

'爲蛇'니 '先成者, 飮酒'니, '一人蛇, 先成'이니 하는 구들이 쉽게 눈에 띈다. 그러나 우리는 '飮酒'까지가 그들의 말이었음이 대체로 짐작된다. 그러면 이를 번역해 보자.

請畫地爲蛇先成者飮酒

지금까지의 지식을 가지고 연구해 보면, '畫地'는 '땅에 그리다'로 번역될 것이니, '請畫地'는 '請'이 '畫地'를 받는 타동사로 보면 '땅에 그리기를 청해서'의 뜻이 될 것이요, '請'을 받는 목적어를 '飮酒'로 보면 '땅을 그려 …을 청한다'라는 뜻이 된다.

爲蛇

'爲'는 자동사도 되고 타동사도 되는 가장 복잡한 품사 중 하나이다. 그러면 '爲'는 어떠한 역할들을 하는가. '汝爲君子, 無爲小人'의 '爲'는 자동사로 '된다'의 뜻으로 사용된다. 곧, 글의 뜻은 '너는 군자가 되어라, 소인이 되지 말라'이다. '人爲學, 當勉勵'의 '爲'는 타동사로서 '위하다'의 뜻으로 사용된다. 곧, 글의 뜻은 '사람은 학문을 위해서는 마땅히 힘을 써야 한다'이다. '小人以玉爲寶'의 '爲'는 타동사로서 '삼는다'의 뜻으로 사용된다. 글의 뜻은 '소인은 옥으로써 보배를 삼는다'이다. '謂之爲紙'의 '爲'는 불완전 자동사로서 '한다'의 뜻으로 뒤에 '무엇이라고'에 해당되는 보어를 갖는다. 글의 뜻은 '그것을 일러 종이라고 한다'이다. '以紙爲錢'의 '爲'는 타동사로서 '만들다'의 의미로 사용된다. 글의 뜻은 '종이로써 돈을 만들다'이다. 여기의 爲蛇는 응당 "뱀을 만든다"로서, "爲"는 "만든다"는 뜻인 타동사로 해석되어야 할 것이다.

"先成者飮酒"의 先은 "먼저"의 뜻인 부사, 成은 "이루다"는 동사, 者는 사람이란 뜻의 명사, 飮酒는 "술을 마신다"의 뜻일테니, 결국 이 구는, "먼저 이룬 사람이 술을 마신다"의 뜻으로 번역될 것이다. 어떻든 "請畫地爲蛇先成者飮酒"의 구에서 "請"은 "飮酒"를 목적구로 취하고 있는 것이다. 전구를 번역하면 다음과 같다.

「땅에 그려 뱀을 만들어 먼저 이룬 사람이 술을 마시기를 청한다.」

다음 구는 어디에서 끊어지는가의 문제는 머리를 쓰지 않더라도 쉽사리 해결될 것이다. 곧 "一人蛇先成"의 "成"까지이다. 그러나 이것도 번역이 그렇게 쉬울 것 같지는 않다.

一人蛇先成

이 구를 번역하는데 절대로 필요한 것은 −先成은 잘 알지만− 一人蛇의 성분 문제이다. 곧 "蛇"를 주어로 볼 것이냐, 목적어로 볼 것이냐가 그 문제이다. "蛇"를 주어로 보면 "一人"은 수식어(관형어), "蛇"를 목적어로 보면 "一人"이 주어가 된다. 이것을 결정해 주는 열쇠는 "成"이 자동사이냐, 타동사이냐에 있다. "成"은 여기서는 응당 자동사로 번역해야 한다. 그러니, 一人은 수식어로 낙착된다. 번역하면 이렇다.

「한 사람의 뱀이 먼저 되었다.」

다음에 끊어질 자리도 뻔하다. 飮酒 대신 "酒"가 대명사로 쓰인 "飮之"가 그 아래에 보이니, 거기에서 끊음직하다.

引酒且飮之

이 구에서 망설이게 되는 것은 "且"이다. "且"를 부사로서 번역할 것인가, 보조동사로서 번역할 것인가는 약간 문제가 된다. 어느 쪽으로도 볼 수 있다. 우리는 부득이 이 문제를 해결 짓기 위해서 이 구를 의미로써 논리적으로 따지지 않을 수 없게 된다.

且를 부사로 보면 "또한"의 뜻이 되는데, 여기서 "또한"은 논리적으로 매우 이상하다. "且"를 "또한"으로 보면 "引酒且飮之"는 "술을 당겨 또한 그것을 마시려 한다"로 번역되니, 앞에 "飮"에 대처되는 다른 동작이 있어야 할 것이다. 그러나 다른 동작은 없다. 그러니 부사는 아니다.

且는 보조동사로 엄격히 말하면 부사적 보조동사로서, 일종의 겸사로 볼 수 있다. 그래도 기어코 부사로 보려면 여기에 큰 억지보다 불가능이 생긴다. 곧 "且"를 부사로 보면, "引酒且飮之"는 "술을 당겨서 또한 그것을 마셨다"로 번역되니, 술을 완전히 마셔버렸다면 이야기는 여기에서 끝나고 말기 때문이다. 그러나 이야기는 끝이 나지 않고 다음으로 계속되고 있다. 그러니, 且는 보조동사로 보지 않을 수 없게 된다.

且의 뜻은 "바야흐로…하려 한다"이다. 곧 "引酒且飲之"는 "술을 바야흐로 마시려 했다"의 뜻이다. 녀석이 손에 잔을 높이 쥐고 입에 가져다 대는 장면이 "且"한 자로써 눈에 선해지며, 마음이 조마조마해지고, 다른 하인들이 물끄러미 들여다보는 장면까지 이 "且" 한자로 말미암아 연상케 된다. 이 보조동사 "且"한 자는 실로, 수사적으로 보아 화룡점정의 묘를 다했다고 할 만하다.

乃左手持巵, 右手畫蛇曰

이번에는 畫蛇曰에서 끊었다. 그 이유는 분명하다. 左手와 右手가 대구가 되어 있으며, 曰은 문장을 갈라놓는 단어이기 때문이다.

乃는 대명사, 접속사, 둘로 쓰인다. 곧 대명사로 쓰일 때는 제2인칭 "너"의 뜻이 되고, 접속사로 쓰일 때는 "將兵馬乃攻漢陽(병마를 거느리고 이에 곧 한양을 쳤다)"에서와 같이 "이에", "곧"이란 뜻이 된다. 여기서는 "乃"를 대명사로 보면 乃左手는 "네 왼손"의 뜻이 된다. 전구를 해석해 보면 알겠지만 여기서는 대명사가 될 수는 없다.

左手, 右手를 수식어(부사어)로 볼 것이냐, 주어로 볼 것이냐가 이 구를 번역하는데 있어 가장 중요한 점이다. 그러면 그 아래의 持巵부터 먼저 밝혀 보기로 하자. 持巵의 持는 타동사이니, 巵는 목적어가 될 것이며 持巵는 잔을 가진다의 뜻이 된다.

그러면 左手의 성분은 어떻게 될 것인가. 이는 실로 모호하다. 형태적으로 보아서는 주어도 되고 부사어도 된다. 곧 左手持巵를 以左手持巵의 以가 생략된 것으로 보면 左手는 부사어가 될 것이요, 그대로 보면 주어이다. 형태적으로는 주어로 해결 짓든, 부사어로 해결 짓든 무방하다. 그러나 의미로 보면 매우 미묘하다. 우리말로 생각하면 우리말의 경우로서는 주어가 될 수 없다. 그러나 한문은 성분의 구문에 있어서는 추상적인 언어가 아니라 구체적인 언어이다. 잔을 가지고 있는 것은 사람이 아니고 손이다. 그러므로 주어로 보아야 된다. 번역한다면,

> 「이에 왼손은 잔을 가지고, 오른손은 뱀을 그리면서 말했다.」

우리는 여기까지 연구해오면서 문장을 끊는 데에 이제 꽤 익숙해졌을 테니, 나머지 문장은 여기서 한꺼번에 끊어 놓고 새겨 보기로 하자. 먼저 끊는데 도움이 될 만한 단어를 주의해서 살펴보면, 未成의 未, 一人之蛇成의 成, 乃曰의 曰, 子安能의 子, 能爲之足의 足, 飮其酒의 酒, 爲蛇足者의 者 등이 있다. 未는 보조사, 曰은 불완전자동사로 불완전자동사 曰 다음에는 인용어가 옴, 子는 미칭으로 쓰이는 대명사, 者는 형식명사로서 주목된다.

【형식명사에 대해서】

者는 주격조사 또는 접미사(=것)로도 쓰이지만 형식명사로도 쓰인다. 곧 者는 사람을 뜻하는 명사로 쓰일 때는 반드시 그 위에 수식어(관형어)를 가지는 것이 원칙이다. 나는 이러한 명사를 특히 형식명사라고 부르기도 했다. 또 一人之蛇成의 成이 주시됨은 앞에 "一人之蛇成"이 나온 때문이고, "安能爲之足"의 足이 주시됨은 앞에 能爲之足이 나왔기 때문이다. 또 "亡其酒"가 뒤에 나오니 "飮其酒"의 酒가 주목된다. 정리하면 이렇다.

吾能爲之足. 未成一人之蛇成. 奪其巵曰, 蛇固無足. 子安能爲之足. 遂飮其酒. 爲蛇足者, 亡其酒.

吾能爲之足

吾는 대명사로서 "나"란 뜻으로 여기서 주어임을 곧 알 수 있다. 能은 주어 바로 밑에 붙어 있으니, 보조동사로 봄직한데, 앞에 이미 爲蛇가 나와 있으므로 더욱 확실해진다. 곧 爲는 "만든다"는 뜻의 타동사요, 다음의 之는 蛇를 가리키는 대명사이다. 또 之가 무슨 격일까에 대해서는 더 생각하지 않아도 좋을 것 같다. 뒤에 足이 있으니 관형격(소유격)이다. 번역하면 이렇다.

「나는 뱀의 발도 그릴 수 있다.」

未成一人蛇成

未는 보조동사 중에서도 겸사(부사를 겸함)이다. "아직 …지 못하다"의 뜻이므로 未成은 "아직 이루지 못했다"의 뜻이며, 一人蛇成은 앞에 나온 一人蛇先成에서 先을 뺀 구이다. 번역하면 이렇다.

「아직 이루어지지 아니하였는데, 한 사람의 뱀이 이루어졌다.」

奪其巵曰

奪은 타동사 '뺏다'이니, 其 또는 其巵가 목적어라야 한다. 여기서는 其가 관형어로 되어 있으니, 뜻은 간단하다. 번역하면 이렇다.

「그의 잔을 뺏어서 …고 말했다」

蛇固無足

蛇를 주어로 보면, 無는 타동사로서 "가지지 아니하다", "가지지 못하다"의 뜻이 되고, 蛇를 객어로 보면, 無는 "…이 없다"의 뜻으로 존재동사가 된다. 여기서는 蛇를 객어로 봄이 더 타당하다. 곧 蛇無足은 뱀에게는 발이 없다의 뜻이다. 이렇게 분석해 보면, 우리는 固가 틀림없이 부사임을 알게 된다. 그러니 固의 뜻은 "본디"이다. 번역하면 이렇다.

「뱀에게는 본디 발이 없다」

子安能爲之足. 遂飮其酒. 爲蛇足者, 亡其酒

이 글은 간단하다. 아직 앞 문장에 나오지 않은 말에는 安과 遂가 있다. 安은 보조사 위에 있으니, 어찌의 뜻인 부사가 될 것이며 遂가 부사임은 설명할 필요조차 없다. 번역하면 이렇다.

「그대가 어찌 뱀의 발을 만들 수 있겠는가. 마침내 그 술을 마시니 뱀의 발을 그리던 사람은 그 술을 잃었다.」

끝으로 이 문장의 전문에 구두점을 찍고 다시 전문을 번역함으로써 이 문장의 강의를 마칠까 한다.

楚有祠者, 賜其舍人巵酒. 舍人相謂曰, "數人飮之, 不足, 一人飮之, 有餘." 請畫地爲蛇, 先成者飮酒. 一人蛇先成. 引酒且飮之. 乃左手持巵, 右手畫蛇曰, "吾能爲之足." 未成, 一人之蛇成. 奪其巵曰, "蛇固無足. 子安能爲之足." 遂飮其酒. 爲蛇足者, 終亡其酒.

※ (.)은 설명어를 가진 구절 밑에 찍어짐에 유의하라.

(전체 번역) 초나라에 봄 제사를 지내는 사람이 있었는데, 그는 자기 집 하인들에게 큰 잔 술 한 잔을 주었다. 하인들은 서로 일러, "몇 사람이 이것을 마시면 모자라고 한 사람이 마시면 넉넉하다. 땅을 그려 뱀을 만들어 먼저 만든 사람이 이 술을 마시자"고 말했다. 한 사람의 뱀이 먼저 이루어졌다. 그는 잔을 당기어 바야흐로 마시려 했다. 그리하여 그는 왼손에는 잔을 쥐고, 오른손으로는 뱀을 그리면서, "나는 뱀의 발도 그릴 수 있다"고 말했다. 아직 이루어지지 아니하여서, 다른 한 사람의 뱀이 이루어졌다. 그는 잔을 뺏으며, "뱀에게는 본디 발이 없다. 그대가 어떻게 뱀의 발을 만들겠는가?"라고 말했다. 그는 드디어 그 술을 마셨다. 그리하여 발을 만들던 사람은 마침내 그 술을 잃어버렸다.

Ⅲ. 문법과 실제

위에서 실제 문제를 강의한 것을 길잡이로 해서 몇몇 문제를 풀이해 보자.

【1】王孫賈, 年十五, 事閔王. 王出走, 失王之處. 其母曰, "女朝出而晚來, 則吾倚門而望. 女暮出而不還, 則吾倚閭而望. 女今事王, 王出走, 女不知其處. 女尚何歸." 『戰國策』

【연구】『전국책』의 일절이다. 도치법이 없는 평이한 글이다. "年十五事閔王 = 나이 열다섯에 민왕에게 섬겼다" 해서 年十五는 부사이다. 十五歲의 뜻으로 시간을 나타내고 있다. 그러므로 이는 부사어로 事閔王을 수식하고 있는 것이다. 年十五를 명사로 보면 주어가 되어 나이 열다섯이 민왕에게 섬겼다고 되어 큰 난센스가 생기게 된다. 한문에서는 시간을 나타내는 명사는 그것이 부사어의 자리에 놓이면 모두 부사의 구실을 하게 된다. −물론 처소를 나타내는 명사로 부사의 구실을 하게 된다.− 물론 처소를 나타내는 명사도 그것이 부사의 자리에 놓이면 부사어의 구실을 하게 된다.

> 上有天, 下有地.　위에 하늘이 있고 아래에 땅이 있다.
> 蒼頡初造書契.　창힐이 처음으로 서계를 만들다.
> 朝聞道, 夕死可.　아침에 도리를 들어서 알면 저녁에는 죽어도 좋다.
> 今日記一事, 明日記一事.　오늘 한 일을 기억하고, 내일 한 일을 기억한다.

이 문장의 初, 朝, 夕, 今日, 明日 등은 모두 시간을 나타내는 말이므로 부사이다. 또 단어는 각각 그 문장에서 어떠한 성분이 된다. 이들은 부사로 쓰였기 때문에 모두 부사어이다.

女朝出而晩來의 朝도 부사이다. 이것이 명사이면 朝出은 "아침이 나간다"의 뜻이 된다. 朝가 부사라야 "아침에 나간다"의 뜻이 된다.

"女"를 잘못 새겨서 女子라고 하여 크게 웃음을 자아내는 일이 있다. 여기의 "女"는 "汝"와 같은 뜻으로 제2인칭 대명사임에 유의할 것이다.

何는 의문부사이니 女尙何歸는 의문문이 된다.

【번역】 왕손가는 열다섯의 나이로 민왕을 섬겼다. 왕이 서울에서 도망

나가서 왕이 있는 곳도 모르고 집에 돌아왔다. 그 어머니는 "네가 아침에 집을 나가 저녁에 돌아올 때에 나는 문에 의지하여 네가 돌아오는 것을 바라보고, 네가 저녁에 집을 나가 밤새 돌아오지 않을 때는 기다리다 못해 마을 문에 의지해서 네가 돌아오는 것을 바라보고 있다. 나는 네 일까지 그처럼 생각하는데, 너는 이제 임금을 섬기고 있으며, 임금이 도망하셨는데 그 있는 곳도 모르고서, 너는 어찌 돌아오느냐"라고 말하였다.

【2】夫孝德之本也, 敎之所由生也. 身體髮膚, 受之父母, 不敢毀傷, 孝之始也. 立身行道, 揚名於後世, 以顯父母, 孝之終也. 夫孝始於事親, 中於事君, 終於立身.
『孝經』

【연구】『효경』에 나오는 유명한 글로, 효에 대한 처음과 끝을 풀이한 것이다.

"夫"는 부사로서, 전문을 수식한다. "敎之"의 "之"를 관형격 조사로 보면 안 된다. 흔히 "의"라고 새기지만 "의"라 해서 다 관형격으로 생각하면 안 된다. "敎之"를 "가르침의"로 번역하는 사람이 있으나, 이 경우도 역시 주격이다. "가르침이"로 번역하는 것이 어문일치의 문장이다. "敎之所由生也"의 所가 불완전명사임에 주의해야 한다. 所가 불완전명사이니, 응당 由나 生이나 由生이 관형어가 되어야 하며, 이 때 生이 관형어이면 由가 부사어로 된다. 여기서는 由가 부사어이다. "敎之所由生也 = 가르침이 말미암아 생기는 것이다."

"身體髮膚, 受之父母"의 身體髮膚는 목적어이다. 이는 도치되어 受 위에 얹혀 있는 것이다. 受之父母의 之가 지시대명사로서 여기선 身體

髮膚를 가리키고 있으며 이 之는 목적어이니 응당 身體髮膚가 목적어로 된다. 번역해 보아도 알지만 身體髮膚가 부모에게서 받음이 아니라, 身體髮膚를 부모에게서 받음이다. 之의 자리에 놓여 있던 身體髮膚란 단어를 도치시켜 위로 올리고 이 자리에 지시대명사 之를 둔 것이다. 흔히 현토할 때 "身體髮膚는 受之父母라"한다고 해서 주어로 생각하는 이가 있으나, "는"은 특수조사로서 주격, 목적격에 통용된다. "꽃은 아름답다"의 "은"은 주격이지만, "나는 꽃은 본다"의 "은"은 목적격이다.

"不敢毁傷, 孝之始也. = 절대로 헐고 상하게 하지 않음이 효의 시작이다."　"不敢"은 숙어처럼 쓰인다. 보조동사 "不"과 부사 "敢"이 어울려서 된 말로 이는 "의지의 부정"을 나타낸다. "절대로 …지 않는다", "…하지 않게 한다"란 뜻이다.

"揚名於後世 = 이름을 후세에 날린다."　"揚名於後世"의 揚은 불완전타동사이므로 뒤에 목적어를 취하고 다시 객어를 취하고 있다. 분석하면 이렇다. 揚(불완전타동사), 名(목적어), 於(전치사), 後世(객어).

"以顯父母, 孝之終也 = 그리하여 부모를 나타냄은 효의 끝이다."　"以"를 전치사로 보면 크게 망설이게 된다. "以"가 "그리하여"의 뜻인 접속사로만 파악되면 이 문은 곧 풀린다.

"夫孝始於事親, 中於事君, 終於立身. = 대저 효는 어버이를 섬김에서 시작하고, 임금을 섬김에서 중간이 되며, 몸을 일으킴에서 마치느니라." 이 문장에서 우리가 알아야 할 것은 "事親", "事君", "立身"이 전치사 於로 더불어 객어가 된다는 것이다. 거기에만 착안이 되면 이 문은 곧 풀린다.

【번역】 대저 효는 덕의 근본이며, 가르침이 일어나는 근본이다. 신체발부는 부모에게서 받은 것이다. 그것을 헐고 상하게는 절대로 하지 말

며, 몸을 삼감은 효의 첫걸음이다. 몸을 일으켜 도를 행하여 미명을 먼 후세에 날리어 부모를 세상에 나타나게 함이 효도의 끝이다. 대저 효는 부모를 섬김에서 시작하여 임금을 섬김이 그 다음이요, 몸을 일으킴에서 종국의 완성에 이르는 것이다.

【3】 與善人居, 如入芝蘭之室. 久而不聞其香, 卽與之化矣. 與不善人居, 如入鮑魚之肆. 久而不聞其香. 亦與之化矣. 丹之所藏者赤, 漆之所藏者黑. 是以君子必愼其所與處者焉. 『孔子家語』

【연구】 『공자가어』에 나온 유명한 글이다. 사람이란 그 환경이 얼마나 중한가를 풀이한 것이다.

"與善人居 = 선인과 산다" 與는 전치사이다. 그러나 한문에서는 그저 전치사라도 본래전치사와 전성전치사는 그 용법이 완전히 다르다. 곧 본래전치사(於, 乎, 于)는 명사와 더불어 객어가 되어서 설명어를 그 아래에서 수식하는데, 전성전치사는 위에서 수식한다. 이것은 익숙히 알아두어야 할 것이다.

(ㄱ), (ㄴ)을 대조해 보면 그 다른 점을 알 수 있게 될 것이다. 이러한 특이성을 모르고 한문에는 문법이 없다고들 한다. (ㄱ), (ㄴ)이 다르게 된 것은 물론 이유가 있다. 與와 以는 본디 동사이며, 그중에서도 타동사이다. 곧 '與善人居'는 '與善人, 居'가, '以衣溫和'는 '以衣, 溫和'가 원형으로서, 본디 뜻은 '선인을 더불어 산다', '옷을 가지고서 따뜻하게 한다'이다. 그 때문에 '與善人'·'以衣'의 앞에 놓여 있는 것이다.

"卽與之化矣. = 곧 그것과 동화된다." 之는 조사가 아니고 대명사이다. 우리나라에서는 재래로 '이것'으로 번역해 왔으나, '그것'으로 번역함이 적절할 경우가 많다.

"丹之所藏者赤. = 빨간 흙이 감춘 것은 붉다." 之는 조사이다. 곧 주격조사이다. 이를 흔히 접속사로 보는 일이 있다. 이는 잘못이다. 전성접속사 之는 목적어가 도치되어 앞에 놓일 때, 그 아래에 붙기 때문이다. 그러므로 之를 접속사로 보면 '丹之所藏者'는 '빨강을 감춘 것'으로 해석된다. 또 이것을 목적격조사로 보는 이가 있는데, 이것도 역시 잘못이다. 접속사로는 볼 수 있으나, 목적격조사로는 볼 수 없다. 여기의 之는 분명히 주격조사이며, 丹은 붉은 흙의 뜻이다. 丹에는 '빨강·단심·주사' 등의 뜻도 있으나, 이들은 해당되지 않는다. '所藏者'의 所는 본디는 불완전명사로, '所藏者'는 '갖춘 바의 사람'의 '바'에 해당하지만―물론 불완전명사도 볼 수 있다.― 이 문장과 같은 경우에서는 '所'를 접두어로 봄이 더 타당할 것 같다. 곧, '所'는 접두어로서 뒤에 오는 말을 관형어로 만들어주고 있다.

【번역】착한 사람과 함께 있는 것은 지초·난초와 같이 향기로운 풀을 둔 방에 들어감과 같다. 그 곳에 오래 있으면 그 높은 향기를 느끼지 못하게 됨과 같이, 오랫동안 착한 사람과 함께 있으면, 그의 착함을 느끼지 못하게 된다. 그것은 그들에게 감화되어 자기도 그렇게 되어버린 것이다. 착하지 않은 사람과 함께 있는 것은 절인 고기를 파는 가게에 들어감과 같다. 오래 그 곳에 있으면 그 썩은 냄새를 느끼지 못하게 됨과 같이, 오랫동안 착하지 못한 사람과 함께 있으면 그 악을 느끼지 못하게 된다. 이것도 역시 그 감화를 받아서 그렇게 되어버린 것이다. 붉은 흙에 넣어두면 물건은 붉게 되고, 칠에 넣어두면 검게 된다. 사람은 사귀는 사람 여하에 따라 착하게도 되고 악하게도 되는 것이므로 길을 닦는 군자는 반드시 같이 있는 사람을 삼가서 보잘것없는 사람과는 사귀지 않을 일이다.

【4】宋有狙公者. 愛狙養之成群. 能解狙之意, 狙亦得公之意. 俄而匱焉. 將限其食. 恐衆狙之不馴於己也, 先誑之曰, "與汝芧, 朝三暮四足乎." 衆狙皆起而怒. 俄而, "與汝芧朝四暮三足乎." 衆狙皆伏而喜.

『列子』

【연구】『열자』의 한 절목이다. 비교적 쉬운 문장이다. 이 문장의 가장 이해하기 곤란한 부분은 '俄而匱焉'이다. 而가 무슨 품사일까, 접속사일까, 대명사일까 어리둥절해진다. 독자는 접속사 '而'는 부사에 붙어서 뜻을 여리게 한다는 사실을 똑똑히 익혀 두어야 한다. 여기의 '而'는 접속사이다. 또 '俄而匱焉'의 焉에도 유의할 일이다. 이 焉은 다른 종결사와는 성질이 다르며, 막연히 무엇을 지시하고 있는 것이다. 물론 여

기서는 사료로 보인다.

將은 보조사로 '장차 …하려 한다'의 뜻을 가졌다. 恐은 흔히 '아마'의 뜻을 가진 부사로 쓰이는 일이 있으나 여기서는 동사이다. '起而怒'의 而와 '俄而'의 而를 비교해 보면 而의 용법이 확연해진다. 곧 '俄而'의 而와 '起而怒'의 而가 다른 점은 '起而怒'의 而는 대등을 나타내는 접속사란 데에 있을 것이다. '與汝芧'의 與는 불완전타동사로 汝는 객어, 芧는 목적어이다.

'愛狙養之成群'의 之는 대명사임이 또렷하나, 이것도 얼핏 잘못 보고 조사로 생각해서 낭패할 때가 있다. '能解狙之意'의 能은 부사로도 보조사로도 보인다. 구문으로서는 어떻게 보아도 무방하다. 그러나 의미로서는 크게 다르다. 곧 다음과 같다.

> "能解狙之意"
> 원숭이의 생각을 이해할 수 있다. - 보조사
> 원숭이의 생각을 잘 이해한다. - 부사

이 문장에서 能은 마땅히 부사로 보아야 할 것이다. - 부사로 보는 이유는 전문을 한 번 번역해보면 알 수 있다.

【번역】 송나라에 저공이란 사람이 있었다. 원숭이를 사랑하여 그것을 길러 무리를 이루었다. (그는) 원숭이의 기분을 잘 이해했다. 원숭이 또한 그의 뜻을 알았다. (그런데) 갑자기 사료가 모자라서 장차 그 식량을 제한하려 했으나, 여러 원숭이가 자기를 따르지 않을 것을 걱정하여 먼저 그들을 속여, "너희들에게 도토리를 주는데 아침에 세 번 저녁에 네 번하면 충분하냐."라고 말했다. 여러 원숭이들이 모두 일어나서 성내었다. (그래서 그는 또한) 갑자기 "너희들에게 도토리를 주는데, 아

침에 네 번 저녁에 세 번이면 충분하냐."라고 말했다. 여러 원숭이들이
엎드려 모두 기뻐하였다.

---

[5] 趙惠文王, 嘗得楚和氏璧. 秦昭王請以十五城易之. 欲不與,
畏秦強. 欲與, 恐見欺. 藺相如願奉璧而往. 曰, "城不入, 則臣
請完璧而歸." 旣至. 秦王無意償城. 相如乃紿取璧, 怒髮指冠,
卻立柱下, 曰, "臣頭與璧俱碎." 遣從者懷璧間行先歸, 身待命
於秦. 秦昭王賢而歸之.   『史記』

【연구】『사기』에 나오는 유명한 글이다. '秦昭王, 請以十五城易之'의 구
문은 흔히 나오는 구문인데도 불구하고 이를 잘 익히지 못한 독자가
많다. 분석하면 이렇다.

秦昭王,　　請,　　以十五城,　　易之.
주어　　서술어　　객어　　　목적어

請은 타동사로서 목적어구 '易之'를 취하고 있다. 주의할 것은 以가
전성전치사이므로 부사어 '以十五城'은 그 뒤에 있는 목적어구 '易之'
를 수식하게 된다는 것이다. "秦昭王請以十五城易之. = 진의 소왕이 15
개의 성으로써 그것과 바꾸기를 청했다."

'欲不與'의 欲은 보조사이며, 여기서는 '欲不'이 어울려 보조사로 되
어 있다. 與는 '함께'의 뜻인 부사가 아니라 '주다'의 뜻으로 동사이다.
'恐見欺'의 恐은 '두려워하다'라는 뜻으로 타동사이며, '見欺'가 목적어
구로 되어 있으며, 見은 피동을 나타내는 보조사이다. 곧, 欺는 '속다'
의 뜻이 되고 '見欺'는 '속임을 당하다'의 뜻이 된다. "恐見欺 = 속임을

당할 것을 두려워하게 된다."

'城不入則~'의 則은 접속사로서 조건을 받는 역할을 한다. 곧 '어떻게 <u>하면</u> 어떻게 하겠다.'에 해당하는 '하면'이다. 請은 구문상 어려울 것이 없다. 臣이 주어이니 어떻게 보든 서술어이다. 중요한 것은 請의 의미인데 여기서는 請을 '청하다'의 뜻으로만 해석할 수는 없다. 뜻은 '願하다'이다.

'無意償城'의 無意는 구문이 뻔하다. 無가 서술어이고 意가 주어로, 생각이 없다는 뜻이다. 그런데 흔히 '償城'을 관형구로 생각하는 이가 있다. 이는 큰 잘못이다. 한문에 문법이 없다는 말이 이런 데서 생기는 것이다.

無　　意　　償城
서술어　주어　관형구

이렇게 마음대로 분석해 놓고 성을 보상할 생각이 없다고 해석해서는 안 된다. '償城'은 관형구가 아니라, 객어구이다. 意는 결코 불완전명사가 아니니 관형어를 뒤에서 받을 수는 없다. 償城은 도치형이다.

無　　意　　償城 : 城을 補償함에 생각이 없다.
서술어　주어　객어구

'指冠'의 指는 타동사이나, 뜻은 '가리키다'가 아니라 '찌르다'이다. '遣從者懷璧閒行先歸'의 遣은 보조사이다. 遣은 使, 令과 마찬가지로 사동을 나타내는 보조사로, '~로 하여금 ~게 하다'의 뜻을 가지고 있다. 閒行-'몰래 빠져나가다'

'身待命於秦'은 한문의 제3형식이다.

1형식 = 주어+서술어 : 風吹(바람이 분다), 雲流(구름이 흐른다)

2형식 = 주어+서술어+객어 : 一人傳虛(한 사람이 거짓을 전하다), **良藥苦於口**(좋은 약은 입에 쓰다)

3형식 = 주어+서술어+목적어 +(於·于·乎)객어 : **我觀花於昌慶苑** (나는 창경원에서 꽃을 본다)

4형식 = 주어+서술어+객어+목적어 : **我與彼一書**(나는 그에게 한 책을 주었다)

곧, '臣待命於秦'는 '신은 목숨을 진에서 기다린다'의 뜻이다. '歸之'의 之는 대명사이다.

【번역】 조나라 혜문왕이 일찍이 초나라 화씨의 구슬을 손에 넣었다. 진의 소왕이 15개의 성으로 그것과 바꾸기를 청했다. 주지 아니하려 하니 진나라의 강함이 두렵고, 주려하니 속임을 당할 것이 두려웠다. (어떻게 할 것인가 걱정하고 있는데) 인상여가 구슬을 받들어서 가기를 원했다. (그는) "성이 손에 들어오지 않으면 신은 원컨대, 구슬을 보전하여 돌아오겠습니다."고 말했다. 마침내 (진나라에) 이르렀다. 진왕은 성을 대가로 줄 생각이 (조금도) 없었다. 상여는 (교묘히) 속여 구슬을 돌이키고는 성낸 머리털이 거꾸로 서서 관을 찌를 (정도의) 태세로 물러나 기둥 아래에 서서, "신의 머리와 이 구슬은 함께 부서질 것입니다"고 말했다. (그리고는) 종자에게 시켜 구슬을 호주머니에 넣어, 몰래 빠져 나가 먼저 돌아가게 하고는 자기는 명을 진에서 기다렸다. 진의 소왕은 어질다고 하여(=현인이라고 하여) 그를 돌려보내었다.

【6】陳忠肅公曰, "幼學之士, 先要分別人品之上下. 言不忠信,
下等人. 行不篤敬, 下等人也. 過而不知悔, 下等人也. 悔而不
知改, 下等人也. 聞下等之語, 爲下等之事, 譬如坐於房舍之中,
四面皆牆壁也. 雖欲開明, 不可得矣."

『小學』

【연구】『소학』의 한 부분으로 하등인의 인품을 풀이하여 그들과 사귀지
말 것을 경고한 글이다.

'要'는 타동사이다. 이 타동사 要가 받고 있는 목적어는 '分別人品之
上下'라는 긴 목적어구이다. 그러나 '分別人品之上下'도 단순한 명사구
가 아니다. 이것을 다시 분석해 보면 '分別'은 타동사이고, '人品之上
下'가 명사구이다. '要分別人品之上下'는 '인품의 상하를 분별함을 필
요로 한다'는 뜻이다.

"言不忠信" · "行不篤敬"의 忠信 · 篤敬은 동사로서 보조사 '不'로 더불
어 서술어가 된다. "言不忠信 = 말이 충실하지도, 정성되지도 못하다."
초학자는 '忠信'이란 두 글자에 그만 겁을 먹고 이것을 미리부터 명사
로 단정해 놓고는 망설이기 시작한다. '不'이 보조사이니, 그 다음에는
부사어가 아니면 용언이 온다는 것을 언제나 똑똑히 기억해서 검토해
볼 필요가 있을 것이다. 그렇게만 되면, '忠信'은 자연히 용언으로 취급
될 것이며, 아주 쉽게 번역될 것이다. "行不篤敬 = 행동이 두텁지도,
경건하지도 못하다."

"四面皆牆壁也"에서 皆는 부사이고 牆壁也는 서술구이며 牆은 '가로
막힌'의 뜻으로 형용사이다. "四面皆牆壁也"에 있어 牆壁은 일견 명사
구로 생각되나, 牆은 형용사이다. 또 이 구를 주의해서 검토해 보면
명사 '壁' 다음에 종결사 '也'가 붙어있음을 목격하게 된다. 也는 흔히
명사에 붙어서 그 명사를 서술어로 만들어 주는 역할을 한다. 물론 '君

君, 臣臣'(임금은 임금이요, 신하는 신하이다) 등에서와 같이 종결사가 없는 것도 있으나, 종결사 也로 더불어 서술어가 되는 경우가 훨씬 많다.

"欲開明"의 '欲'을 보조사로 보면 안 된다. 이 구의 欲은 동사이다. 그러니 이는 타동사가 될 것이다. 그리고 開明은 목적어이다. 欲을 보조사, 開를 부사어, 明을 본동사로 보고 '열어서 밝히려 한다'라고 번역하면 틀린다. "欲開明 = 열어 밝아지기를 바란다."

* 이 문장을 푸는 데 있어 의미상 주의할 것은, 성급히 '陳忠肅公'을 진나라의 충숙공으로 풀어서 희극을 빚어내는 일이 있다. 陳은 성이요, 忠肅公은 시호이다.

得에는 하다·되다의 두 가지 뜻이 있다.

【번역】 진충숙공은 "어려서 학문을 하는 인사들은 먼저 인품의 상하를 확실히 분별함을 필요로 한다.(=분별함이 필요하다.) 말이 충실하지도 정성되지도 못한 것은 하등인이다. 행동이 두텁지도, 경건하지도 못함은 하등인이다. 잘못하고도 뉘우칠 줄을 알지 못함(=모름)은 하등인이다. 뉘우쳐도 고칠 줄 모름은 하등인이다. (이러한 사람과 사귀어) 하등의 말을 듣고, 하등의 일을 하는 것은 예컨대 방 속에 앉았는데 사면이 모두 벽으로 가로막힌 것과 같다. (마음의 지혜가) 열려 밝아지기를 바라더라도 될 수 없다."라고 말하였다.

【7】 孟子曰, "今有無名之指, 屈而不信. 非疾痛害事也. 如有能信之者, 則不遠秦楚之路, 爲指之不若人也. 指不若人, 則知惡之. 心不若人, 則不知惡. 此之謂不知類也."　　　　　『孟子』

【연구】 "今"은 부사이다. 이는 시간을 나타낸다. "無名之指"는 '약손가

락', 信은 '펴다'의 뜻이다.

"如有能信之者 = 만약 이것을 펼 수 있는 사람이 있으면"之는 無名之指를 가리키는 대명사, 者는 형식명사, 如는 부사이다.

"則不遠秦楚之路 = 곧, 진나라·초나라에의 길을 멀다하지 아니한다." 이 문장의 遠은 형용사가 아니고 동사임에 주의할 일이다. 遠을 형용사로 보면 不遠은 '멀지 아니하다'의 뜻이 될 것이요, 遠을 동사로 보면 不遠은 '멀다하지 아니하다'가 된다.

"爲指之不若人也 = 손가락이 남보다 못하기 때문이다." 爲는 때문이란 뜻의 전치사이다. 이 구를 검토해 보면

> 爲　　指之不若人
> 전치사　　명사구

곧, 爲는 명사구 '指之不若人' 앞에 붙은 전치사이다. 不若은 不如와 같은 뜻으로, '不若人'은 어원적으로 분석해서 번역하면,

> 不　　若　　人
> 보조사 형용사 객어

로 풀릴 것이나, 실제 언어에 있어서는 복합보조사의 구실을 하며 '~보다 못하다'는 뜻으로 쓰인다.

"知惡之 = 그것을 미워할 줄 안다." 知는 타동사로서 '알다'의 뜻이므로 '知惡之'는 '미워함을 안다'는 뜻이 되겠으나, '知'는 용언의 전성명사와 어울릴 때는 언제나 '~할 줄'을 붙여서 번역한다.

"此之謂不知類也. = 이것을 부류를 모름이라고 한다." 之는 此가 도치되어 앞에 놓였음을 지시해 주는 접속사로, 해석할 때는 목적격조사처럼 취급해도 무방하다. '不知'는 두 품사이나, 우리말로 번역할 때는

복합품사로 '모르다'라고 번역함이 좋다.

【번역】 맹자께서는 "이제 (여기) 약손가락이 있는데, (그것이) 굽어져서 펴지지 아니한다. (그러나) 아프지는 아니하고 일을 해치지도 아니한다. (만일) 이것을 펼 수 있는 사람이 있다면 진·초의 길을 멀다하지 아니할 것이다. (그것은) 손가락이 남보다 못하기 때문이다. 손가락이 남보다 못하다면, 그것을 미워할 줄을 알면서, 마음이 남보다 못하다면 미워할 줄을 모른다. 이것을 부류를 모른다고 하는 것이다."라고 말하였다.

【8】 子曰, "吾十有五而志于學. 二十而立. 四十而不惑. 五十而知天命. 六十而耳順. 七十而從心所欲, 不踰矩."　　　　『論語』

【연구】 이는 유명한 『논어』의 한 절목이다. 이 문장은 철학적으로 퍽 함축 있고 훌륭한 글이지만, 문법적인 구문으로서는 간략한 것이다. 이 문에서 가장 망설이게 되는 점은 '十有五'의 有이다. 有는 동사·형용사로 쓰이는 경우 이외에, 가끔 수사 사이에서 두 수사를 이어주는 접속사로 쓰이는 일이 있다. 이 문의 有가 바로 그것이다. '十有五'는 '열에 다섯', '열다섯'이 된다.

"十有五而志于學 = 열에 다섯으로서 학문에 뜻하다." 而는 접속사이다. 이 而란 접속사는 부사에 붙어서 그 부사의 뜻을 순하게 하기도 하고, 또 두 용언을 대등적으로 접속시키기도 하지만, '管氏而知禮, 孰不知禮'(관씨로서 예를 알면 누가 예를 알지 못하랴.)의 경우에서와 같이 주부와 서술부를 이어주는 것도 있다. ―이러한 而는 격조사로 봄직도 하다. '十有五而'의 而는 부사어와 서술어를 잇는 접속사로서, 흡사 조사와 비슷하여, 우리말로서는 '로서'로 새긴다. 이것도 격조사로 봄직하다. 十五는 15세로서 부사이다.

"從心所欲 = 마음이 하고 싶어 하는 것에 따른다." 從이 서술어, '心所欲'이 객어구이며, 이 객어구를 다시 분석하면 心이 주어, 所가 서술어, 欲이 관형어로 된다.

【번역】 공자께서는, "나는 열다섯으로서 (비로소) 성인의 학문에 뜻하여, 삼십으로서 (일가견이) 섰다. 사십으로서 (처음으로) 망설이지 아니하고, 오십으로서 천명을 알았으며, 육십으로서 귀가 따르고(=처음으로 귀에 들어오는 일이 그대로 마음에 받아들여지고) 칠십으로서 내 마음이 하고 싶어 하는 것에 따라도 법도에 넘지 않았다"고 말씀하셨다.

【9】 國之語音, 異乎中國. 與文字不相流通. 故愚民有所欲言,
而終不得伸其情者, 多矣. 予爲此憫然, 新制二十八字. 欲使人
人易習, 便於日用耳.
『訓民正音』

【연구】 원본 훈민정음의 서문이다. 널리 알려진 문장이므로 모두들 쉽게 생각하고 있으나, 이 글에는 갖가지 문법 형식이 들어 있다.

"國之語音 = 나라의 말" 之는 조사로서, 여기서는 주격조사이다. 주격조사 之는 다만 격만 나타낼 뿐 아니라, 위의 명사의 뜻을 강하게 한다.

"異乎中國 = 중국과 다르다." 乎는 於, 于로 더불어 본래전치사이다. 乎가 전치사인 만큼 乎中國은 객어가 될 것이며, 또한 본래전치사로 더불어 객어가 되었으니, 이 객어는 위의 성분을 수식하게 된다. 곧 乎中國은 異를 수식한다.

"與文字不相流通 = 문자로써 서로 통하지 아니한다." 與는 조사인데, 여기서는 전성하여 전치사로 되어 있다. 與의 본뜻은 '함께 한다'는 동사이다. 전성전치사 與가 文字와 어울려서 객어가 되어 있으니, 與文字는 응당 아래의 성분을 수식하게 된다. 곧 與文字는 不相流通을 수식한다. 不相流通의 不은 보조사이며, 流通은 동사이니, 相은 부사에 틀림없다. "보조사+부사+본용언"은 하나의 공식이다. 相이 부사가 아니려면, 용언이라야 할 것인데, 여기선 용언이 아니니, 부사임에 틀림없다고 하겠다.

"故愚民有所欲言 = 그러므로 어리석은 백성이 말하고 싶어 하는 것이 있다" 故는 접속사, 愚는 형용사, 民은 명사, 有所欲言은 설명절이다. 有는 存在動詞, 所는 불완전명사, 欲은 타동사, 言은 명사로서 欲의 목적어이다.

"而終不得伸其情者, 多矣 = 그러나, 마침내 제 뜻을 펼 수 없는 사람이 많다." 而는 접속사로서, 그러나의 뜻, 終은 부사이다. 不은 보조사이나, 여기서는 得도 보조사이니 不得이 不可와 같은 뜻의 보조사이다. 伸은 타동사, 其는 지시대명사이다. 문장의 해석에 있어서 지시대명사가 나올 때는 그것이 무엇을 가리키고 있는가에 대해서, 주의해야 한다. 여기의 其는 愚民을 가리키고 있다. 不得伸其情者는 복잡한 구로, 분석하면 이렇다.

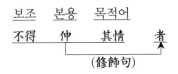

곧 其情이 목적어, 者가 형식명사이다. 多矣의 多는 형용사로서 설명어이다. 그러나 여기서는 矣로 더불어 설명어가 되었다. 矣는 종결사이므로 이는 혼자 독립되지 못하고 다른 단어에 붙어서 성분이 된다. - 마치 우리말에 있어서의 조사와 같다. 여기서 矣는 단정의 뜻을 나타내며, 형용사 多와 어울려서 多矣로서 하나의 성분이 되어 설명어의 구실을 하고 있다.

"子爲此憫然 = 내 이들을 위하여 불쌍히 생각한다." 子는 제일인칭 대명사, 爲는 타동사, 此는 목적어이다. 이 구에서는 爲와 憫然이 둘 다 설명어로 되어 있다.

"新制二十八字 = 새로 스물여덟 글자를 만든다." 新은 부사, 制는 타동사, 二十八字는 목적어. - 한문에서는 수사를 특별히 분류할 필요는 없다.

"欲使人人易習, 便於日用耳 = 사람들로 하여금 쉽게 익혀 날로 씀에 편하게 하려 할 뿐이다." 欲은 보조사, 人人은 명사, 易는 부사, 習은 동사, 便은 형용사, 於는 본래전치사, 於日用은 객어로서 便을 수식, 日用은 부사 日과 전성명사 用으로 형성된 명사구, 耳는 종결사이다. 여기서 가장 문제되는 것은 使이다. 使는 흔히 사동보조사라 하나, 이것은 겸사로서 전치사의 구실을 겸하고 있다. 곧, 「…하여금 …게 하다」의 뜻으로 「使-명사-본용언」, 「使-명사-…본용언」의 형식을 취하게 되는데, 딴 보조사와 다른 점은 보조사 다음에 명사가 오는 일이다.

이것을 쉽게 풀어 보면 이렇다. - 곧, 뒤에 使가 하나 생략되었다고 볼 수 있다.

欲使人人易習, (使)便於日用耳

그러나, 이 문을 냉정히 검토해 보면 본문은,

$$欲使人人易習, (欲使)便於日用耳$$

로 봄이 더 타당할 것이요,

$$欲使人人易習, (欲使人人)便於日用耳$$

가 더욱 타당할 것이다. 그러므로 易習과 便의 사이에 〈 , 〉를 찍은 것이다. 어떻든 뒤의 「欲使人人」이 생략되어, 문장이 매우 어려운 구문을 가지게 된 것이다.

【번역】 우리나라의 말이 중국과 달라서, 문자로써 잘 통하지 아니한다. 그러므로 어리석은 백성들이 말을 하고 싶어 하는 것이 있어도, 마침내 제 뜻을 펼 수 없는 사람이 많다. 내 이들을 위하여 불쌍히 생각해서 새로 스물여덟 글자를 만드니, 사람들로 하여금 쉽게 익혀 날로 씀에 있어 편하게 하려할 따름이다.

Ⅳ. 문법 연습

　끝으로 「옥루몽(玉樓夢)」의 한 부분을 옮겨와 이제까지 익혀 온 모든 문법의 지식을 동원하여 읽어 보기로 한다. 곧, 문법을 통한 해석을 완성하여 문법의 실천을 도모하고자 해서이다. (어려운 단어는 필자가 쉬운 단어로 바꾸어 독자의 편의를 도모했다.)

却說, 南方有一名山, 名曰, 「玉蓮峰」。周圍五百里, 高一萬丈。
有 : 존재명사　　　南方 : 부사어　　　曰 : 불완전자동사

峰下有數三村落, 村中有一處士, 姓楊, 名賢。登山採菜, 尋水釣
魚, 眞君子也。

探, 尋, 釣 : 타동사　　　登 : 자동사　　　　山 : 객어

但年四十, 無一子女, 夫妻相對, 怏怏不樂。

但 : 부사　　　　　無 : 존재동사　　　　怏怏 : 부사

一日三月暮春, 夫人許氏, 方開紗窓, 雙雙春燕, 飛去飛來。

一日 : 명사, 부사가 아님　　　　　　方 : 부사

楊處士自外而人, 曰, "今日日氣淸朗, 登玉蓮峰若何。"

自 : 전성전치사　　　而 : 접속사　　　　若何 : 如何와 같음, 동사.

許氏大喜, 携竹杖而登山, 杏花已盡, 躑躅滿發, 蝶舞蜂歌。

而 : 접속사　　　　已 : 시간부사　　　舞, 歌 : 설명어

登中峰, 山高谷深, 蒼松古木, 奇岩怪石。

蒼松古木과 奇岩怪石은 동격.

望見一處, 一面石壁, 半空倒絶, 落落長松, 壁上垂下。
前面有刻字之痕, 許氏以手剝苔而見, 乃觀音菩薩之眞像。

望見 : 타동사　　　半空 : 부사어　　　壁上 : 부사어

以 : 전성전치사이므로 以手가 剝苔를 수식　　　　　　　　　乃 : 접속사

夫婦二人, 恭敬禮拜, 暗祝求子.

恭敬 : 부사　　　　　暗 : 부사

其夜, 夫人許氏, 偶得一夢, 一位菩薩, 持一朶花, 自玉蓮峰而下,
恭賜許氏, 警覺, 餘香滿室, 心中暗喜。

偶 : 부사　　　　　一位 : 수식어　　　　一朶花 : 한 송이 꽃
恭 : 부사　　　　　暗 : 부사

果自此月, 便有胎占, 居然十朔, 生一男子, 眉字帶山川精氣, 兩眼
凝日月之光, 果是英雄君子, 名曰, 「昌曲」。

果 : 부사　　　　自 : 전성전치사　　便 : 부사　　　　居然 : 부사
眉字 : 주어　　　帶 : 타동사
兩眼 : 부사어로서 처소를 나타냄　　　是 : 감탄접속사

生之一歲, 形容言語, 二歲分辨是非, 年至五六歲, 能爲集字成句。

之 : 강조조사, 술어, 生을 강조　　　形容 : 타동사　　　分辨 : 타동사
年 : 주어　　　　能 : 보조사　　　　爲 : 타동사

昌曲年至十六, 文章驚人, 知見出衆, 有賢人君子之風。

驚 : 타동사　　　知見 : 주어　　　出衆 : 설명어　　　有 : 존재동사

此時天子卽位, 大赦天下, 廣招多士, 懸榜文武. 昌曲告父親。

此時 : 부사어 　　　廣 : 부사 　　　懸榜文武 : 문무의 科榜을 붙이다

"小子惟願赴擧皇城, 欲顯父母。" 處士慨然曰, "男子留意於書劍,
不顧區區私情。"

赴擧 : 설명어, 과거를 보다 　　　欲 : 보조사 　　　慨然 : 부사
男子留意於書劍 : 문장의 제3형식 　　　留 : 불완전타동사 　　不 : 보조사
區區 : 형용사

許氏準備行李, 一匹靑驢, 一個家僮, 備數十兩銀子, 擇日登程, 處
士夫婦, 送出洞口外, 戀戀之色, 不禁離情。

備 : 타동사 　　　登 : 타동사 　　　送 : 설명어
洞口外 : 出의 객어 　　禁 : 타동사 　　　不 : 보조사

楊公子行十餘里, 到蘇州地境, 一日忽然有兩個少年, 入客店, 視
之, 手中各攀弓, 豪俠之氣, 露出面上, 一邊呼主人而請酒, 見昌
曲, 問曰。

行 : 타동사 　　　有 : 형용사 　　　手中 : 부사어 　　　各 : 주어
邊 : 부사 　　　而 : 접속사

「秀才年今幾何」。

年 : 주어 　　　今 : 부사 　　　幾何 : 명사, 설명어

答曰, "十六歲。"

少年笑曰, "秀才, 必赴擧之士。明日蘇州刺史, 設大宴於壓江亭,
蘇州杭州之文人才士, 作壓江亭詩, 壯元者施賞重, 秀才, 若有詩
律之才, 往壓江亭若何。"

赴擧 : 동사, 과거보러 가다 　　　　　　　　明日 : 부사어
於 : 본래전치사, 於壓江亭이 大宴을 수식　壯元者 : 부사어　　施 : 타동사

其中一個少年又曰, "其中且有奇妙曲折, 江南三十六州中, 妓樂
杭州第一, 杭州三十六坊中, 妓女之有名者江南紅。

且 : 접속사　　　　江南 : 三十六州의 수식어
三十六州 : 中의 수식어　　　　中 : 부사어　　　妓樂 : 주어
杭州 : 주어　　　者 : 조사　　　江南紅 : 설명어

歌舞文章, 志操姿色, 江南第一。刺史守令, 莫不傾心, 紅之性, 清
高剛直, 非知己, 則死不許身, 紅年方今十四歲, 未曾有敢近者。

莫 : 금지를 나타내는 보조사로 흔히 쓰이나, 莫不이 보조사, 아님이 없다
非 : 형용사　　　知己 : 보어　　則 : 접속사　　　　死 : 설명어
身 : 타동사, 許의 목적어　　　方今 : 부사
未 : 不曾의 뜻이나 강조할 때는 未曾을 씀　　　　　　敢 : 부사
者 : 형용명사, 사람.

今蘇州刺史, 丞相黃義炳之子。年幾三十, 以文章聞於皇城, 風彩
能壓古人, 素風流男兒, 故期引江南紅, 而置左右。明日壓江亭之
遊, 其意專在於江南紅。其中必有壯觀, 秀才, 一往如何。"

以：전성전치사	於：전치사	能：가능보조사	素：부사
故：접속사	期：부사	引：타동사	而：접속사
專：부사			

二少年大笑, 開錦囊, 償酒債而去,

償：타동사	而：접속사.

公子心中暗思, 黃刺史, 朝廷命吏, 沈惑酒色, 廢却政事, 吾不欲相對, 試行一場可笑之事。

暗：부사	命：수식어	沈：부사	政事：목적어
欲：타동사	試行：타동사		

又江南天下名勝地, 文章物色, 必爲可觀處, 江南紅何如妓女, 意志眼目, 如此高尙。

文章과 物色은 동격	爲：불완전목적어	可：보조사	可觀：수식어
何如：수식어	如：불완전형용사	此：如의 보어	高尙：설명어

呼主人而問曰, "自此到壓江亭, 爲幾里。"

而：접속사	自：전성전치사	到：至와 같음, 전성전치사
幾里：보어		

對曰, "三千里。"

公子率童子, 尋壓江亭而去。東行數十里, 山川明麗, 物色繁華,景槪絶勝。

而 : 접속사   東 : 부사어

隨流而行, 更進數里, 江色廣闊, 山勢秀麗。碧雲凝於靑峰, 白鷗
眠於明沙, 可知壓江亭之不遠。

更 : 부사   於 : 본래전치사   可 : 보조사   之 : 주격조사
不 : 보조사

果有一亭子, 臨江而立, 制度宏傑, 亭下車馬喧闐, 人山人海。望
見亭上, 靑瓦翠欄, 以黃金大書, 高揭懸板, 乃壓江亭也。

果 : 부사   有 : 존재동사   而 : 접속사   宏 : 부사
亭下 : 부사어   喧闐 : 설명어   望見 : 타동사   翠 : 수식어
以 : 전성전치사   高 : 부사   乃 : 접속사

公子謂童子曰, "汝留待此處。" 卽從蘇杭諸士, 登亭而視之, 廣數
百間, 此眞江南第一樓也。東偏椅子上, 半醉而坐, 蘇州刺史黃汝
玉, 西偏椅子上, 蒼顔白髮, 杭州刺史尹衡文。

童子 : 謂의 객어   卽 : 접속사   之 : 壓江亭의 대명사
廣 : 주어   眞 : 부사
東偏椅子上과 西偏椅子上의 東偏, 西偏은 椅子의 수식어, 椅子는 上의 수식어,
上은 부사어

此時, 蘇杭文士滿集江亭, 整齊衣冠, 列在左右, 相誇顔色, 各戱

風情。楊公子, 流秋水兩眼, 一一審視, 其中一妓, 不言不笑, 悄然
而坐。冷淡氣色, 氷壺秋月含情, 聰明才質, 滄海明珠隱光, 猶勝
於沈香亭上, 海棠花之睡也。

滿 : 부사	列 : 설명어	左右 : 在의 객어	相 : 부사
各 : 부사	戲 : 타동사	流 : 타동사	審 : 부사
悄然 : 부사	而 : 부사 뒤에 붙는 접속사		氷壺 : 수식어
秋月 : 주어	含 : 타동사	隱 : 타동사	

猶 : 부사와 형용사와의 겸사, '흡사 …와 같다'

公子心中暗思, 傾國之美, 吾自古書而知之, 今見其人。此必少年,
所言江南紅, 參座末席。

之 : 대명사, 傾國之美를 도치하기 위해서 이를 썼음
所 : 불완전명사　　　所言 : 수식어

此時江南紅, 流一雙秋波, 審視席上, 放蕩之擧動, 水湧之言辭, 無
非區區碌碌者。

非 : …이 아니다, 형용사　　　　　區區碌碌者 : 非의 보어
者 : 접속어, 것.

其中一個秀才, 坐於末席, 草草之衣, 淡淡之狀, 雖是貧士踪踪, 氣
像壓頭一座。

於 : 본래전치사　　　是 : 불완전동사, 우리말의 지정사 '이다'에 해당됨.

如鳳處鷄群, 龍乘風雲。紅娘心驚曰, "吾曾處靑樓, 許多閱人, 豈見如彼奇男子。"數擧目而察其動靜, 公子亦注其精神, 慇懃視紅娘。

鷄群 : 處의 객어	許多 : 부사	閱 : 타동사	豈 : 반어부사
如彼 : 수식어구	數 : 부사	而 : 접속사	注 : 타동사
慇懃 : 부사			

心 : 명사이나, 여기서는 성분으로서는 부사어가 되어 있다. 心中의 뜻으로 처소를 나타내기 때문이다.

黃刺史, 集諸士於亭上, 顧紅娘曰, "壓江亭, 江南中第一樓。今日文人滿座, 娘奏淸歌, 以助興致如何。"

集 : 불완전타동사	集諸士於亭上 : 문장의 제3형식	顧 : 타동사
今日 : 부사어	奏 : 타동사	以 : 접속사 助 : 타동사
助興致 : 주어구	如何 : 설명어	

紅娘悄然低首曰, "文士騷客, 滿座之席, 豈以野鄙之曲, 汚壓江亭哉。當借諸公之章, 淸新之曲, 以倣旗亭甲乙。"

低 : 타동사	文士騷客, 滿座之 : 형용절	席 : 부사어
以 : 전래전치사	汚 : 타동사 哉 : 종결사, 반문을 나타냄	
當 : 보조사	諸公之文章, 淸新之曲 : 목적어	以 : 접속사
倣 : 當과 어울리는 본동사(타동사)	以 : 접속사	
旗亭 : 목적어, 주점의 뜻.		

諸士, 一齊應聲而踊躍。黃刺史心不悅, 自思今日之遊, 吾以風流手段, 欲引紅娘之情, 座中若有王之渙之才, 則吾豈不爲無色哉。

一齊 : 부사　　　　　應 : 타동사　　　　而 : 접속사　　　　自 : 부사

以 : 전성전치사　　　欲 : 보조사　　　　引 : 타동사　　　　若 : 부사

則 : 접속사　　　　　豈 : 반문부사　豈…哉는 호응

無色 : 爲의 보어

吾寧先作一首, 壓頭座中, 使紅知吾之才。乃欣然而笑曰, "紅娘之
言, 正合吾意," 急下詩令。

寧 : 부사

使 : 보조사, 사동을 나타내며, 경우에 있어서는 전치사를 겸함, 使는 紅의 전
치사적 역할을 하며 (使紅=홍에게의 뜻), 知의 사동보조사 역할을 함.

乃 : 부사, 이에　　　　而 : 부사 다음에 붙는 접속사　　　　正 : 부사

下 : 타동사

顧諸士而語曰, "各賜一張箋, 以作壓江亭詩。" 蘇杭諸士, 各出勝
癖, 紛紛抽筆, 以爭詩才。黃刺史入室苦思, 語意索然, 縮眉而坐。

語 : 부사어　　　　一張 : 수식어　　　　以 : 접속사　　　　出 : 타동사

抽 : 타동사　　　　以 : 접속사　　　　　爭 : 타동사　　　　苦 : 부사

語意 : 주어　　　　縮 : 타동사　　　　　而 : 접속사

紅娘, 秋波暗轉, 見楊公子之擧動。公子聞詩令, 微微而笑, 開展
華箋, 頃刻構成三首, 投於席上。

見 : 타동사　　　　之 : 조사　　　　　而 : 부사에 붙는 접속사

開展 : 타동사, 華箋을 목적어로 취함　　　頃刻 : 부사어(시간을 나타냄)

　이 구절에는 앞에서 보지 못한 구문이 나온다. 「紅娘秋波暗轉」이 그

것이다. 紅娘은 주어이고 暗轉은 설명어이다. 중요한 것은 秋波인데, 보통 구문 같으면 추파는 응당 수식어일 것이다. 여기서는 목적어가 된다. 곧,「紅娘秋波暗轉」은「紅娘暗轉秋波」의 도치형이다.

紅娘, 故取蘇杭諸士之詩, 先看數十章, 都是陳談, 無出衆者。方拾見楊公子之箋, 鍾王之筆法, 顔柳之書體。龍蛇飛騰, 惹起風雲, 眼日輝煌。

故 : 부사	先 : 부사	都 : 부사어
是 : 불완전동사·계사 無 : 존재동사	方 : 부사	拾見 : 타동사
飛騰 : 동사·설명어 惹起 : 타동사		

又見其詩, 奇麗手段, 有雄深之思, 水中之月, 鏡中之花。

其 : 지시대명사·수식어, 楊公子를 가리킴.

其詩曰。
崔嵬亭子大江頭。　畫棟朱蘭壓碧流。
白鳥慣聞鐘磬響,　夕陽點點落平洲。

崔嵬 : 수식어	畫 : 수식어	朱 : 수식어	壓 : 타동사
慣 : 설명어	夕陽 : 부사어(처소를 냄)		
平洲 : 落의 객어			

平沙籠月樹籠烟。　積水空明一色天。
好是君從平地望,　畫中樓閣鏡中仙。

平沙 : 주어	月 : 籠의 객어	積水 : 주어	空 : 부사어
明 : 설명어	色 : 수식어	天 : 설명어	是 : 접미어
從 : 전성전치사, '…로부터'			

江南八月聞香氣, 萬朵蓮花一朵紅。

莫打鴛鴦花下起, 鴛鴦飛去折花叢。

聞 : 관형어	蓮花 : 부사어(처소를 나타냄)		紅 : 설명어
莫 : 금지보조사 동사 起를 받음		花下 : 부사어(처소를 나타냄)	
鴛鴦 : 주어	飛去 : 설명어	折 : 타동사	花叢 : 목적어

紅娘熟視, 丹脣半開, 抽出金鳳釵, 擊酒壺, 轉淸音而歌, 似靑天孤
鶴, 唳於雲間。

熟 : 부사	丹脣 : 목적어(도치되어 설명어 위에 놓였음)	
抽出 : 타동사	轉 : 타동사	而 : 접속사
似 : 불완전형용사	靑天孤鶴, 唳於雲間 : 似의 보조절	

滿座竦然變色, 蘇杭文士, 相顧而不知何人之詩。紅娘曲終, 雙手
奉箋, 獻兩刺史, 黃刺史, 最有不悅之色, 尹刺史, 再三吟詠讚嘆,
催其開見名字。

竦然 : 부사	相 : 부사	曲 : 목적어(도치되었음)
雙手 : 부사어	其 : 지시대명사(楊公子의 시를 가리킴)·목적어	
催 : 타동사, 其開見名字를 목적어구로 취하고 있음.		

紅娘更思, 彼秀才, 天愛紅, 以君子, 成就紅之宿願。雖然秀才之

行色, 必非蘇杭之士。若露出姓名, 黃刺史之無賴, 諸文士之不法,
必猜其才, 以彼秀才, 必陷苦境矣。

更 : 부사	以 : 전성전치사	成就 : 타동사	雖然 : 접속사
必 : 부사	非 : 불완전형용사, 蘇杭之士를 보어로 취함		
若 : 부사	猜 : 타동사	陷 : 타동사	

忽思一計, 告兩刺史曰, "今日妾以諸公之詩, 奏歌, 欲助盛會之和
樂, 非敢明其才之優劣, 欲爲滿座之無色。

今日 : 부사어	妾 : 대명사	以 : 전성전치사	奏 : 타동사
欲 : 보조사	助 : 타동사, 盛會之和樂를 목적어로 취함		
敢 : 부사	明 : 타동사	欲 : 보조사	

願不露其名, 終日同樂, 日暮後開見, 似無妨。"

願 : 부사, '합시다'	同 : 부사	開見 : 설명어 願을 받음
似 : 부사, '아마'의 뜻		

兩刺史許之, 楊公子, 聰明男子, 豈不知紅娘之意, 乃嘆服起敬, 已
而進盃盤, 笙管歌舞, 江天震動, 水陸之品, 八珍之味, 座上狼藉。

許 : 타동사	之 : 대명사	豈 : 반의부사	乃 : 접속사
起 : 타동사	已而 : 부사어(시간을 나타냄)		進 : 타동사
座上 : 부사어(처소를 나타냄)			

公子, 本有過人酒量, 連飲不辭, 又有未醉之色。紅娘慮或有失,
起與諸妓, 請同行盃, 次第獻酒。

本 : 부사　　　　　有 : 존재동사　　　辭 : 설명어　　　　　有 : 존재동사

或 : 부사　　　　　廬 : 타동사 或有失을 목적어로 취하고 있음

次第 : 부사어

及楊公子, 故傾席上而佯驚, 公子已知其意, 佯作大醉, 固辭巡盃。

及 : 설명어　　　　故 : 부사

傾 : 설명어 席上을 객어로 취하고 있음

而 : 접속사　　　　佯 : 부사　　　　已 : 부사　　　　作 : 타동사

固 : 부사　　　　　辭 : 타동사

酒又過十餘盃, 座中大醉。蘇杭文士數人, 起請刺史曰, "生等猥參
盛會, 以荒雜之詩句, 不欺紅娘之眼目, 無所怨尤。聞紅娘所唱之
詩, 非蘇杭士子之所作, 願雪蘇杭兩州之恥。"

過 : 타동사, 넘다　　請 : 설명어 刺史를 객어로 취함　　　猥 : 부사

參 : 설명어　　　　無 : 존재동사　　所 : 불완전명사

願 : 보조사, 본동사 雪과 어울려서 설명어가 됨　　　　　固 : 부사

辭 : 타동사　　　　願雪 : 씻고자 한다, 씻으려 한다.

紅娘心中大驚, 卽擧手中檀板, 就座曰, "蘇杭文士之有名於天下,
一世所知, 今日衆士忿鬱, 妾未免詩眼不明之罪, 妾以數曲, 贖不
明之罪"。尹刺史笑而稱善。

心中 : 부사어(처소를 나타냄)　　　　卽 : 접속사　　　中 : 타동사

就 : 설명어 座를 객어로 취함　　　　之 : 주격조사

於 : 본래전치사 '에서' 一世 : 주어　　　　所 : 불완전명사　　今日 : 부사

衆士 : 주어　　　忿鬱 : 설명어　　　妾 : 주어

詩眼不明之 : 관형절　免 : 타동사, 詩眼不明之罪를 목적구로 취함

以 : 전성전치사　　　贖 : 타동사　　　　而 : 접속사

稱 : 불완전동사 '~고 말하다'　　　　　稱善 : 좋다고 말하다

紅娘, 更掃蛾眉, 擊檀板, 而唱江南數曲。

更 : 부사　　　　　　掃 : 타동사　　　　唱 : 타동사

錢塘明月下, 採蓮兒, 泛舟十里淸江, 莫言水波艶。爾歌, 驚潛龍,
恐起風波。

錢塘 : 수식어로 錢塘은 조수의 이름　　　明月 : 수식어

下 : 부사어(처소를 나타냄)　　　　採 : 타동사　　　採蓮 : 수식어

泛舟十里淸江 : 문장의 제3형식으로 泛舟於十里淸江에서 於가 생략된 형태

莫 : 금지보조사　　　言 : 불완전자동사, '…고 말하다'

水波艶 : 보어절　　　爾 : 대명사 이인칭　歌 : 주어　　　　驚 : 타동사

恐 : 부사

急驅靑驢, 那去這人, 日暮路遠, 莫休酒店, 爾後暴風急雨, 幷作,
疑其濕衣。

急 : 부사　　　　驅 : 타동사　　　那 : 처소대명사 · 부사어

去 : 동사 · 수식어　　這 : 대명사 · 수식어　休 : 설명어 酒店을 객어로 취함

後 : 부사어(처소를 나타냄)　　　幷 : 부사

疑 : 恐과 같음　　　其 : 대명사 삼인칭 수식어　　　　濕 : 타동사

回入杭州城, 大道靑樓幾處, 門前碧桃花, 井上亂開, 墻頭樓閣, 江

南風月分明, 此處呼兒來蓮玉。

回入 : 타동사·설명어　大道靑樓 : 주어　　　　門前 : 수식어
井上 : 부사어(처소를 나타냄)　　　　　　　亂 : 부사　　　墻頭 : 수식어
江南風月 : 주어　　此處 : 부사어　　　　　呼 : 타동사
來 : 설명어, '나오면'의 뜻　　　　　　　　蓮玉 : 고유명사·설명어

此歌, 紅娘之倉卒間所作。初章, 刺史與諸士, 猜其公子之才, 言
起風波之意。中章, 使公子, 言其避走之意。三章, 紅娘以指渠家
之意也。

之 : 주격조사　　　　倉卒間 : 부사어(시간을 나타냄)
所 : 불완전명사　　　　　與 : 접속사　　猜 : 타동사
言 : 불완전자동사, 起風波가 보어구　　　起 : 타동사
言起風波之 : 수식어　　使 : 사동보조사　　其 : 주어
避走 : 其의 설명어　　以 : 접속사　　指 : 타동사
渠 : 대명사 삼인칭

此時, 刺史及蘇杭之士, 共醉喧嘩, 皆未得詳聞, 公子心中大覺,
卽托如厠, 起身下樓。

此時 : 부사어(시간을 나타냄)　　　　　　及 : 접속사　　　共 : 부사
喧嘩 : 설명어(동사)　皆 : 부사　　　　　未得 : 不得
詳 : 부사. 보조사 得과 본동사 聞의 사이에 자리 잡고 있음
心中 : 부사어　　卽 : 접속사　　　　　　托 : 타동사
起 : 타동사　　　　下 : 타동사

且說, 楊公子, 卽率童子, 策驢而向杭州, 夜深人稀, 行數里, 遠村

鷄聲喔喔, 曙色彷彿於東方, 更行數十里, 天色已明。問杭州里程
於行人, "不過三十餘里"云。

牽 : 타동사	策 : 타동사	而 : 접속사	夜·人 : 주어
行 : 타동사	村 : 부사어	喔喔 : 설명어	曙色 : 주어
已 : 부사	杭州里程 : 목적어		

云 : 동사 문구의 아래에 있음, '…라고 한다'

已而, 到杭州, 直入城中, 遵大路而去, 人物繁華, 非蘇州之比也。
公子左右審視, 果有迂回之路。

已而 : 부사	直 : 부사	遵 : 타동사	而 : 접속사
人物 : 주어	非 : 불완전형용사. 蘇州之比를 보조어로 취하고 있음		
左右 : 부사, '좌우에'의 뜻		審 : 부사어	果 : 부사어
果 : 부사	有 : 존재동사	迂回 : 명사	

紅之歌曰: "杭州城門回入之際, 大道靑樓幾處。" 豈不分明哉。從
此路而下, 靑瓦朱欄照夕陽, 弱柳奇花間相雜, 絲竹之音, 歌曲之
聲, 隨風嘹亮, 使心情豪蕩。

豈…哉 : 반어의 호응 從 : 타동사	而 : 접속사
照 : 설명어. 夕陽을 객어로 취함	相 : 부사
隨 : 설명어. 風을 객어로 취함	使 : 보조사. 豪蕩이 본용언
使 : …을 (에게) …게 하다	

公子過三十五樓, 望見一處, 粉墻高而畫閣華麗, 淸川布明沙。行
數十步, 果有碧桃花, 開花於井上。下驢而到門前, 自東便, 一帶
粉墻, 隱映柳間, 屢層樓閣, 聳出於墻頭。粉壁紗窓, 垂下珠簾, 江

南風月四字, 分明寫掛。

望見 : 동사	高 : 설명어	行 : 타동사	果 : 부사
開花 : 동사	映 : 동사	於 : 본래전치사	垂下 : 타동사
掛 : 피동사			

※「淸川布明沙」는「布明沙淸川」의 도치,「淸川」은 처소를 가리키는 명사이므로 여기 도치가 이루어진 것이다.

使童子敲門, 一個小女, 着綠衣紅裳而出。公子問曰, "汝名非蓮玉乎"。小女答曰, "公子住何處, 如何知得少女之名乎"。

使 : 보조사 敲가 본용언	着 : 타동사
汝 : 이인칭 대명사	非…乎 : 반어의 호응
住 : 설명어. 何處를 객어로 취함	如何 : 의문부사　知得 : 타동사
乎 : 의문종결사	

公子曰, "汝主人現今在家否"。蓮玉對曰, "昨日往蘇州壓江亭之遊"。公子曰, "與汝主人, 曾有親分, 何時可還耶"。對曰: "今日回還云"。公子曰, "主人歸, 更來"。擇近處酒店而休, 待紅娘之歸。

現今 : 부사	在 : 설명어. 家를 객어로 취함

否 : 의문부정부사. 그 외에도 不 · 無 · 未 등이 있다. 구의 끝에 두어서 의문을 나타낸다. 在家否는 宅에 계시느냐의 뜻이다

與 : 전성전치사	曾 : 부사	可 : 부사. 대체로 · 대략
耶 : 의문종결사	云 : 불완전자동사. 대개 구 또는 문 끝에 놓임
更 : 부사	擇 : 타동사	之 : 주격조사

且說, 紅娘驅車而歸家, 蓮玉歡喜出迎。洪娘問曰, "其間無訪我者

乎"。玉曰, "俄者秀才, 訪娘子而來, 娘子出, 故留村酒店而待"。紅娘笑曰, "來客, 因主人之不在, 不得歡待, 甚無禮也。汝持酒果, 前往酒店, 接待秀才, 如此如此"。

驅 : 타동사	訪 : 타동사	乎 : 의문종결사	俄者 : 부사
故 : 접속사	留 : 酒店을 객어로 취함		而 : 접속사
來客 : 주어	因 : 접속사, '…기 때문에'		之 : 주격조사
得 : 타동사	持 : 타동사	前 : 부사어	
往 : 酒店을 객어로 취함		接待 : 타동사	
如 : 동사. 「같이하다」			

玉微笑諾諾而去。此時楊公子, 獨坐孤店, 經半日, 夕陽掛山, 夕烟四起, 自覺待人難, 忽然蓮玉持酒而來, 喜問曰, "還來否", 玉曰, "方今本州刺史還衙, 聞其消息, 則主人爲蘇州刺史所留, 五六日後還歸去"。

諾諾 : 부사. 쾌히 승낙함을 나타냄		此時 : 부사어	獨 : 부사
經 : 타동사	掛 : 山을 객어로 취함		
四 : 사방의 뜻, 부사어		自 : 부사	覺 : 타동사
待人 : 수식어	難 : 명사	方今 : 부사	
還 : 衙를 객어로 취함		其 : 대명사. 紅娘을 지시	
則 : 접속사	爲…所 : 피동보조사	五六日後 : 부사구	

公子聽罷, 氣色落莫, 良久, 曰, "此酒與果何爲也"。蓮玉曰, "公子, 寂寞客中, 心事擾亂, 以薄酒冷果, 代主人以來"。

聽罷 : 설명어	落莫 : 설명어	良久 : 부사어	與 : 접속사
何 : 목적어	何爲 : 爲는 의문종결사로, 반드시 何와 함께 쓴다		
客中 : 부사어(시간을 나타냄)		心事 : 주어	擾亂 : 설명어

以 : 전성전치사   代 : 타동사   以 : 접속사

公子, 奇其慇懃之情, 纔飮盃, 而不禁怊悵之心, 無意於盃酒. 顧
蓮玉曰, "吾行期甚急, 不可久留, 今天日已暮矣, 不得登程, 宿店
未定, 汝爲我定一旅店於近地乎". 玉曰, "小女之家, 與主宅相距
不遠. 公子雖留多日, 無妨".

奇 : 타동사	其 : 대명사. 蓮玉을 지시	纔 : 부사
飮 : 타동사	禁 : 타동사	於 : 본래전치사 顧 : 타동사
吾 : 대명사, 관형어 吾行 : 주어	甚 : 부사	久 : 부사
可 : 보조사	今天 : 주어	已 : 부사
矣 : 시제종결사. 과거를 나타냄	登 : 程을 객어로 취함	
未 : 보조사. 未曾의 뜻		
爲 : 전치사. '에게', '…을 위해서'의 뜻	一旅店 : 목적어	
乎 : 의문종결사 與 : 전성전치사	相 : 부사	
雖 : 접속사. 留多日과 無妨을 접속	多 : 형용사, 수식어	
無妨 : 형용사, 설명어		

公子大喜, 隨蓮玉而至其家, 果極閑僻, 公子靑驢與童子托於蓮玉,
定一間客室而休. 玉, 回來, 一一告紅娘. 紅娘笑曰, "吾當供夕飯
矣, 少勿漏泄". 玉應諾, 具夕飯而至客室.

隨 : 타동사	至 : 其家를 객어로 취함	果 : 부사
極 : 부사	閑僻 : 형용사, 설명어	
靑驢與童子 : 托의 목적어. 靑驢與童子, 托於蓮玉의 원래 형태는 托靑驢與童子		
於蓮玉이다		
定 : 타동사	而 : 접속사	一一 : 부사
當 : 보조사. '마땅히…해야겠다'	供 : 타동사	

矣 : 종결사. 단정을 나타냄　　　　　　　少 : 부사　　　　　　勿 : 보조사

漏泄 : 본용언　　　應諾 : 동사, 설명어　具 : 타동사

紅笑曰, "吾見公子, 非碌碌書生, 帶風男兒之氣. 今夜入吾計而受
困". 暗謂蓮玉曰, "汝更往客室, 見公子之動靜而來".

碌碌 : 수식어　　　　帶 : 타동사　　　　今夜 : 부사어

入 : 計를 객어로 취함　　　　　暗 : 부사　　　　　更 : 부사

見 : 타동사. 公子之動靜을 객어로 취함.

玉, 笑而至客室, 隱身於窓外, 窺視動靜, 寂無鼻息之聲. 忽有挑
燈之跡, 玉從窓隙窺視, 公子悄然對燈而坐, 怊悵之色, 凄凉之懷,
露出面上, 或作長歎, 輾轉不寐.

而 : 접속사　　　　隱 : 타동사　　　　窺視 : 타동사　　　寂 : 설명어

鼻息之聲 : 주어　　忽 : 부사　　　　挑 : 타동사

從 : 전래전치사　　從窓隙 : 부사어　　對 : 타동사

怊悵之色 : 凄凉之懷와 동격　　　　露出 : 面上을 객어로 취함

或 : 부사　　　　作 : 타동사　　　　輾轉 : 동사, 설명어　寐 : 동사

玉欲潛其跡而歸, 自房中, 更有呻吟之聲. 公子開門出, 玉回避於
墻後, 隱身窺之, 公子下庭而步, 夜已三更. 半輪殘月, 掛於西山,
寒露滿天. 公子向殘月, 茫然而立, 忽吟一首詩.

欲 : 보조사　　　　潛 : 타동사　　　　而 : 접속사

欲…歸의 欲과 歸는 보조사와 본용언의 관계이다. 그러나 여기서는 潛其跡而
歸가 본용언의 역할을 하고 있다.

自 : 전성전치사　　更 : 부사　　　　有 : 존재동사　　　之 : 후치사

開門出：開門而出　　回避：墻後를 객어로 취함　　　　　　隱：타동사
窺：타동사
之：대명사. 이것은 인칭대명사 아니니 昌曲을 가리킨 것이 아니라 昌曲의 동
작을 가리킨 것이다.
下：庭을 객어로 취함　　　　　　　己：시간부사
半輪殘月：주어　　　滿：天을 객어로 취함　　　　　　向：타동사
而：접속사, 부사에 붙어 뜻을 연하게 함 忽：부사　　　吟：타동사

鐘殘漏促轉星河。客館孤燈屢剪花。緣何風撥浮雲起, 難向月中見
素娥。

鐘：주어. 종소리의 뜻　　　　　　漏：주어. 물시계의 뜻 促：설명어
星河：주어 도치형. 시의 운(韻) 관계로 특별히 이런 주어 도치가 생김
客館：수식어　　　孤燈：목적어 도치형　　　　屢：부사
剪：타동사　　　花：목적어. 불심지의 뜻　　　　緣：주어
何：부사　　　風：주어　　　撥：타동사. 浮雲을 목적어로 취함
風撥浮雲起：風撥浮雲而起의 뜻　　　向：타동사　　　見：타동사
素娥：명사

蓮玉, 素以聰明女子, 從紅頰解詩意。心中詳記, 歸告顛末, 紅娘
問曰, "公子之容貌氣色, 如何"。玉曰, "顏色憔悴, 寒霜紅葉, 如含
蕭條之色"。

素：부사　　　以：전성전치사　　從：전성전치사　　頰：부사
解：타동사　　　從：부사(처소를 나타냄)　　　　詳：부사
歸告顛末：歸而告顛末　　　　　告：타동사
氣色：주어. 용모와 동격　　　　如何：설명어, 형용사
憔悴：형용사, 설명어
寒霜：부사어(원인을 나타냄, 이는 역시 落着處所격이니 부사어로 쓰인다).

如 : 불완전형용사

蕭條之 : 수식어, 소조한. 之는 후치사인데 이를 우리말과 비교에 보면 명사 아래 붙을 때는 조사처럼 쓰이고 용어 아래에 붙을 때는 관형 어미처럼 쓰인다.

含 : 타동사

紅娘責曰, "汝言太過". 玉又曰, "猶因語訥, 難可盡其形容, 公子就寢, 呻吟之聲, 不絶, 對燈而有凄凉之色, 若非微恙, 必有愁思".

太 : 부사	過 : 형용사 설명어	又 : 부사	猶 : 부사
語 : 주어	訥 : 설명어	因 : 접속사	
難 : 형용사, 보어를 취함, 여기서는 可~容이 보어			可 : 보조사
盡 : 본동사	就 : 寢을 객어로 취함		若 : 부사
非 : 불완전형용사	微恙 : 非의 보어	愁 : 수식어	

紅聽畢, 心中思量, 自古大丈夫, 無不見欺於兒女子, 吾不能過嘲. 顧玉曰, "公子旣如彼心亂, 吾豈不安慰". 自篋中, 取出一套男服.

聽畢 : 聽罷와 같은 뜻, 설명어		心中 : 부사어	
自古 : 自는 전성전치사, 부사어		無不 : 이중부정	
見 : 피동보조사	於 : 본래전치사	能 : 가능보조사	過 : 부사
嘲 : 能의 본용언	顧 : 타동사	旣 : 부사어	
如 : 전성전치사	如彼 : 부사어	安 : 부사어	
自 : 전성전치사	取出 : 타동사		

却說, 紅娘衣男服, 擧鏡而照。 笑曰, "昔者巫山仙女, 爲雲爲雨, 欺楚襄王, 今日江南紅, 爲男爲女, 戲楊公子, 豈不笑哉". 玉笑曰, "娘子着男服, 容貌風彩, 恰似公子, 面上尚有粉痕, 不能藏本色".

衣 : 타동사   擧 : 타동사

昔者 : 부사어, 者는 조사, 昔과 巫山과의 사이를 확실히 하기 위해서 들어감

爲 : 불안전자동사   欺 : 타동사   今日 : 부사

爲 : 불완전동사   戲 : 타동사

豈 : 의문부사, 의문종결사, 哉와 호응됨   著 : 타동사

恰似 : 불완전형용사   面上 : 부사어(처소를 나타냄)   尙 : 부사

能 : 보조사   藏 : 타동사

紅娘笑曰, "昔者潘岳男子, 面如粉粧, 世間, 多有白面書生。況夜間視之者, 豈能明辨"。兩人呵呵大笑, 付耳低言, 飄然而出門外。

昔者 : 부사어   男子 : 설명어   如 : 불완전형용사

世間 : 부사어(처소를 나타냄)   多 : 부사   有 : 존재동사

況 : 부사   夜間 : 부사어(시간을 나타냄)

視 : 타동사, 之가 목적어   者 : 명사, 視之의 피수식어

豈 : 의문부사   明 : 부사어   辨 : 能의 본용언   兩人 : 주어

付 : 耳를 객어로 취함   付耳 : 紅付耳에서 주어가 생략됨

低 : 부사어   飄然而 : 부사어   而 : 접속사

出 : 門外를 객어로 취함.

楊公子, 於壓江亭, 暫見紅娘, 愛慕之情, 不忘於寤寐。相逢在於朝夕, 好事多魔, 佳期晩晩, 旅館孤燈, 寂寬之懷, 以至夜深而睡不能成, 徘徊月下, 昨日首詩而吟, 怊悵彷徨, 不知寒露之濕衣。

於壓江亭 : 객어, 도치형   暫 : 부사

愛慕之情 : 목적어, 도치형   不 : 보조어, 不能을 나타냄

在 : 朝夕을 객어로 취함   多 : 魔를 주어로 취함

佳期 : 조어   孤燈 : 부사어(처소를 나타냄)

寂寬之 : 수식어   懷 : 부사어(원인을 나타냄, 낙착처소격에 해당됨)

以 : 접속사, 至~成과 徘~下를 접속함   至 : 夜深을 객어로 취함
睡不能成 : 睡는 목적어, 成이 타동사이다 徘徊 : 타동사   作 : 타동사
而 : 접속사   怊悵 : 부사   彷徨 : 설명어   知 : 타동사
寒露之 : 之가 주격조사   濕 : 타동사

忽有西風, 吹來讀書聲, 側耳靜聽, 雖難辨男女之聲音, 其書乃是
左太冲招陰詩, 誦聲淸雅, 節節合律呂。如秋天歸雁之尋侶, 如丹
山孤鳳之喚偶, 非凡人之吟詠。

有 : 접두어, 뜻이 없음   難 : 불완전형용사, 辨~音이 보어구
辨 : 타동사   男女之 : 수식어   乃 : 접속사, 곧   是 : 계사
誦 : 수식어   聲 : 주어   淸雅 : 형용사, 수식어
節節 : 주어구   合 : 타동사   如 : 불완전형용사
秋天 : 부사어(처소를 나타냄)   歸 : 수식어   雁 : 주어
之 : 주격조사   尋 : 타동사   孤 : 수식어   喚 : 타동사
非 : 불완전형용사   凡人之 : 주어, 之는 주격조사   吟詠 : 설명부

公子甚奇之, 誦曹子建洛神賦, 而和之。其聲東西相應, 一唱一和,
西聲喨喨, 如玉盤之轉珠, 東聲豪放, 如戰場刀鎗之相鳴。

甚 : 부사   奇 : 타동사, 대명사, 之를 목적어로 취함
誦 : 타동사   而 : 접속사   和 : 타동사
之 : 대명사, 여기서는 讀書聲을 지시   其聲 : 주어
東西 : 부사어(처소를 나타냄)   相 : 부사   一 : 주어
喨喨 : 설명어
玉盤之 : 부사어, 之는 부사격조사, 玉盤은 처소를 나타냄   轉 : 수식어
豪放 : 설명어   如 : 불완전형용사   戰場 : 부사어(처소를 나타냄)
刀鎗之 : 之가 주격조사   相 : 부사

忽然而聲絶, 門外有剝啄之聲, 公子急出視之, 一個秀才立於月下。
玉顔星眸, 氣像突兀, 風彩拔趣, 非塵世人物, 疑是玉京神仙, 謫降。

忽然 : 부사	絶 : 설명어	門外 : 부사어(처소를 나타냄)
有 : 존재동사	剝啄之 : 수식어	急 : 부사어　　　視 : 타동사
立 : 설명어	玉 : 수식어	顔 : 주어　　　星 : 수식어
眸 : 顔과 동격	突兀 : 설명어	拔趣 : 설명어
非 : 불완전형용사	塵世 : 수식어	人物 : 非의 보어　　疑 : 부사
是 : 계사	謫降 : 설명어	

公子慌忙迎之曰, "夜已深矣, 客館寂寥, 何許秀才, 辛勤來訪耶"。
秀才笑曰, "弟西川人, 有山水之癖。聞蘇杭之著名天下, 欲遊覽而
來。留於近隣客店。適聽兄之讀書聲, 帶月而來。半夜閑談, 將欲
相慰客懷"。

慌忙 : 부사어　　迎 : 타동사	已 : 시간부사　　深 : 형용사
深矣 : 설명어, 矣는 종결사	矣 : 절, 夜已深에 붙었음
何許 : 수식어　　辛勤 : 부사어	來訪 : 설명어
耶 : 의문종결사　　弟 : 대명사	有 : 존재동사
蘇杭之 : 之가 주격조사	著名 : 天下를 객어로 취함
欲 : 보조사, 遊覽을 본용언으로 취함	欲遊覽而來 : 欲遊覽, 而來
近隣 : 수식어　　適 : 부사	聽 : 타동사　　　帶 : 타동사
半夜 : 부사어(시간을 나타냄)	閑談 : 閑談으로 도치형, 부사
將 : 부사　　　欲 : 보조사	相 : 부사
慰 : 타동사 欲의 본용언	

公子大喜, 請入自己客室。秀才曰, "捨如此月色, 深入房中而何爲。
共坐月下, 論心似好"。公子微笑, 向月對座。

請 : 타동사, 秀才를 목적어로 취함		入 : 自己客室을 객어구로 취함	
捨 : 타동사	如此 : 수식어	深 : 부사	
入 : 房中을 객어로 취함		何爲 : 설명어, 爲가 의문종결사	
共 : 부사	論 : 타동사	論心 : 주어	
似 : 보조사, '것 같다'의 뜻		對座 : 설명어	

以公子之聰明, 豈不知半日相對之紅郞。月色雖耀, 不同白晝, 又
着男服而無半點羞澁之態。公子心思怳惚, 精神如醉如狂。暗思,
江南人物, 擅名於天下, 稟山川秀氣。雖男子, 或如女子者, 豈有
如此美男子。

以 : 부사어(시간을 나타냄)		豈 : 반어부사		知 : 타동사	
半日 : 부사어(시간을 나타냄)		相對之 : 수식어		雖 : 접속사	
同 : 불완전형용사	而 : 접속사(순접)	半點 : 수식어		態 : 주어	
公子 : 주어	心思怳惚 : 설명절	如 : 불완전형용사		暗 : 부사	
擅 : 타동사	稟 : 타동사	或 : 부사		豈 : 반어부사	
如此 : 수식어.					

秀才問曰, "兄將往何處"。公子答曰, "弟本汝南人, 欲赴擧而向皇
城. 訪此處親友而來, 因其友人雲遊, 逗留客館"。秀才笑曰, "男兒
之萍水相逢, 如此, 此蜉蝣人生, 未易得之奇緣。豈蕭然相對, 虛
送月色。吾於囊中, 有數葉靑銅, 門外有率來之童子, 兄, 不辭一
盃春酒乎"。

將 : 보조사	往 : 何處를 객어로 취함		本 : 부사
欲 : 보조사	赴 : 欲의 본동사 타동사		向 : 타동사
訪 : 타동사, 親友를 목적어로 취함		因 : 접속사	
雲遊 : 友人의 설명어	逗留 : 客館을 객어로 취함		男兒之 : 주어

萍水 : 부사어(처소를 나타냄)　　　相 : 부사　　　　逢 : 주어

如此 : 설명어　　此 : 주어　　　　未 : 보조사, 不의 뜻易 : 부사어

未易得之 : 수식어　　奇緣 : 설명어　　豈 : 반어부사　　蕭然 : 부사

相 : 부사　　　　對 : 설명어　　虛 : 부사　　　送 : 타동사

數葉 : 관형어　　靑銅 : 주어　　門外 : 부사어　　有 : 존재동사

率來之 : 수식어　　辭 : 타동사 본용언　乎 : 수식어

公子笑曰, "雖無太白之酒量, 兄能有<u>賀</u>知章, 金貂換酒之風, 厄酒安足辭"。秀才笑開錦囊, 細呼童子, 沽酒而來, 須臾杯盤進來。兩人對酌, 一酬一勤, 盡帶微醉。

雖 : 접속사　　　無 : 존재동사　　兄 : 주어　　　能 : 부사어

有 : 타동사, 여기서는 존재동사가 아님　金貂 : 以金貂　換 : 타동사

風 : 목적어　　　厄酒 : 辭의 목적어, 도치형　安 : 반어부사

足 : 보조사　　　秀才 : 주어　　笑 : 설명어　　開 : 타동사

細 : 부사어　　　呼 : 타동사　　沽 : 타동사　　須臾 : 부사

杯盤 : 주어　　　對酌 : 설명어　　一 : 수사, 부사어　酬 : 설명어

盡 : 타동사

秀才笑曰, "我等如此相會, 無可留跡, 尋常閑談, 不如數句詩"。說罷, 請公子之扇, 出囊中之筆硯, 須臾題一首詩。

如此 : 부사구　　相 : 부사어　　無可 : 不可　　留 : 타동사

尋常 : 수식어　　閑談 : 주어

不如 : 如가 불완전형용사이나 不如는 숙어처럼 쓰인다, '…보다 못하다'의 뜻

說 : 罷의 목적어　　請 : 타동사　　出 : 타동사　　須臾 : 부사

題 : 타동사

曲坊三十問東西。　烟雨樓臺處處迷。

莫道無心花裏鳥，　變音更欲盡情啼。

曲坊三十 : 목적어, 도치형. 시에는 본래 도치형이 많음　　　　東西 : 객어

烟雨 : 수식어　　　　樓臺 : 주어　　　　處處 : 주어

莫 : 금지보조사　　　道 : 불완전타동사, 無心을 보어로 鳥를 목적어로 취함

花裏 : 수식어　　　變 : 타동사　　　更 : 부사

欲 : 보조사, 啼를 본용언으로 취함　　　盡 : 타동사

公子覽畢, 雖歎服文字之精妙, 詩情之逼盡。惟詩外有意, 怪其有
所托意, 再三熟視。請秀才之扇, 和一首詩。

覽 : 畢의 목적어, 도치형　　　　　　雖 : 접속사

歎服 : 타동사, 객어절로서 文字之精妙, 詩情之逼盡을 취함　　　惟 : 부사

詩外 : 부사어(처소를 나타냄)　　　　有 : 존재동사

其 : 삼인칭대명사, 주어　　　　　　有 : 존재동사

所 : 불완전명사, 托을 수식어로 취함　　　意 : 托의 목적어

再三 : 부사　　　熟 : 부사어　　　請 : 타동사　　　和 : 타동사

芳草萋萋日已斜。　碧桃樹下訪誰家。

江南歸客仙緣薄，　只見錢塘不見花。

芳草 : 주어　　　萋萋 : 설명어　　　日 : 주어　　　已 : 시간부사

碧桃樹下 : 부사구, 처소를 나타냄　　　訪 : 타동사　　　江南 : 수식어

歸客 : 주어　　　仙緣 : 주어　　　只 : 부사

錢塘 : 동정수의 이름 見 : 타동사

秀才見而朗吟曰, "兄之文章, 弟之所難及. 然第二句所云, '碧桃樹

下訪誰家', 指誰家也"。公子笑曰, "偶然所發"。紅娘暗思, 公子之
文章, 不須更試, 更試其心。傾其餘酒而勸於公子。

朗 : 부사어   文章 : 주어   弟之 : 주어
所 : 불완전명사   難 : 불완전형용사, 及을 보어로 취함   然 : 접속사
第二句 : 부사어(처소를 나타냄)
所云 : 云은 수식어 所는 불완전형용사   指 : 타동사   也 : 종결사
所發 : 설명어, 所는 불완전명사   暗 : 부사   不 : 보조사
更 : 부사   試 : 不의 본용언   傾 : 타동사   餘 : 수식어
於 : 전치사, 에게

紅娘曰, "如此月下, 非醉而何。吾聞杭州之靑樓物色, 著名於天下。
今夜我等, 帶月色, 暫賞若何"。公子沈吟良久曰, "以士子, 遊於靑
樓不可。又兄與我同是秀才。往於熱鬧之處, 爲他人所覺, 則恐有
毁損"。

如此 : 수식어   月下 : 부사어(처소를 나타냄)
非 : 불완전형용사, 醉를 보어로 취함   何 : 동사, 설명어   聞 : 설명어
靑樓物色 : 주어   著名 : 설명어   今夜 : 부사어(시간을 나타냄)
帶 : 타동사   暫 : 부사
賞 : 타동사, 목적어 靑樓物色이 생략됨   若何 : 형용사, 설명어
沈吟 : 설명어   良久 : 부사   以 : 전성전치사
遊 : 객어로서 於靑樓를 취함   遊於靑樓 : 주어구   不可 : 설명어
又 : 접속사   與 : 접속사   同 : 부사   是 : 계사
熱鬧之 : 수식어, '분잡한'의 뜻   爲…所 : 보조사   覺 : 본용언
則 : 접속사   恐 : 부사

秀才笑曰, "兄言太過。古語云, '論人於酒色之外'。漢之蘇子卿,

忠烈如氷雪, 近胡姬。生通國, 司馬長卿, 文章絶世, 慕卓文君, 奏鳳凰曲。由此觀之, 則色界上, 無正人君子"。

太 : 부사어　　　　過 : 설명어
云 : 설명어, 云은 절, 또는 문(文)의 끝에 옴.
人 : 타동사, 論의 목적어　　　　　　　如 : 불완전형용사　　近 : 타동사
絶 : 世를 객어로 취함　　　　　　　　慕 : 타동사　　　　奏 : 타동사
由此觀之 : 접속사　　色界 : 수식사　　上 : 부사어(처소를 나타냄)
無 : 존재동사　　　正 : 수식어　　　君子 : 주어

公子曰, "不然。司馬相如, 誘出文君, 被犢鼻褌。其酒色之放蕩, 使凡夫效, 則得罪明敎, 爲千秋棄人。

不 : 보조사　　　　　誘出 : 타동사　　被 : 타동사
犢鼻褌 : 被의 목적어, 옷 이름　　　其 : 수식어
酒色之 : 수식어　　放蕩 : 效의 목적어, 도치형
其酒色之放蕩, 使凡夫效 : 使凡人效其酒色之放蕩　　　　　則 : 접속사
得 : 타동사　　　明敎 : 得의 객어　　爲 : 불완전동사　　千秋 : 수식어
棄人 : 보어

惟長卿之文章, 當世獨步, 忠足以諷諫人君。敎化遺風, 如蜀中之雷, 風彩氣像, 輝煌後世。以風流酒色之小過, 不能遮其名, 不過連城之瑕。兄我之文學, 不能當古人, 名望又不及。今不言古人之德業, 但願效其過, 豈不誤哉"。

當世 : 부사어(시간을 나타냄)　　　　忠 : 주어　　　　足以 : 보조사
諷諫 : 타동사　　人君 : 목적어　　敎化 : 타동사　　遺風 : 목적어
蜀中之 : 수식어　　風彩 : 기상과 동격　氣像 : 주어
輝煌 : 後世를 객어로 취함　　　　　以 : 접속사

風流：酒色之와 동격　酒色之：주어　　　小：부사어　　　　　過：설명어
不能：보조사　　　　遮：타동사　　　　其名：목적어구　　　不能：보조사
過：不의 본용언　　　連城之：수식어　　瑕：過의 객어　　　當：타동사
名望：주어　　　　　又：부사　　　　　今：부사　　　　　言：타동사
但：접속사　　　　　願：타동사, 效其過를 목적구로 취함
效：타동사 其過를 목적어로 취함　　　　豈：반어부사 '豈…哉'는 호응.

紅娘聞言, 而心中嘆曰, "吾徒知公子之風流男兒。豈知兼道學君
子之風範"。更問曰, "此可也, 古語云, '士爲知己者死'。何謂而爲
知己"。公子笑曰, "兄非不知也, 欲試弟意。與人相親, 能有知其心
情者, 則此所謂知己"。

聞：타동사　　　　　而：접속사　　　　心中：부사어(처소를 나타냄)
徒：부사　　　　　　知：타동사, 公子之風流男兒를 목적절로 취함
公子之：주어　　　　風流男兒：설명어　豈：반어부사
知：타동사 '兼…範'을 목적어구로 취함
兼：타동사 '道…範'을 목적어구로 취함　更：부사　　　　此：주어
可：설명어　　　　士：주어　　　　　　爲：타동사
知己者：명사, 목적어, 者는 명사를 만들어주는 접미어
何謂：보통 문(文)같으면 何가 의문사이기 때문에 도치가 된다
而：접속사, 부사어 아래 붙는다
爲：불완전자동사, '…라고 하느냐'
非：불완전형용사, 不知를 보어로 취함
不知：밑에 也가 있음을 보아 전성명사이다　　　　　欲：보조사
試：타동사　　　　與：전성전치사　　能：부사　　　　有：존재동사
知：타동사　　　　其心情：知의 목적어구
者：知其心情을 목적어구로 만들어 줌　　　則：접속사
此：대명사, 주어　　　所：불완전명사, 謂를 수식어로 취함　知己：설명어

秀才曰, "我雖知其人之心, 其人不知我心, 則此亦云知己乎." 公子笑曰, "奏伯牙琴, 則有鍾子期. 人修其持操, 擅其文章, 則雲從龍, 風從虎. 同聲相應, 同氣相求, 豈有不知之理."

雖 : 접속사	則 : 접속사	亦 : 부사
云 : 불완전자동사, 용법이 謂와 같음	乎 : 의문종결사	
伯牙 : 고유명사	奏伯牙琴 : 奏伯牙之琴과 같음	則 : 접속사
有 : 존재동사	修 : 타동사 　 擅 : 타동사	則 : 접속사
從 : 龍을 객어로 취함同 : 수식어	相 : 부사	
不知之 : 수식어, 之는 우리말의 관형어미와 같은 역할을 함.		

良久秀才, 微笑而起身. 曰, "夜深, 客中失睡. 非調養之道也. 無盡情話, 更期明日". 公子不忍離別, 握秀才之手, 更玩月色. 秀才忽吟一句詩.

良久 : 부사	秀才 : 주어	起 : 타동사 　 深 : 설명어
客中 : 부사어	失 : 타동사	情話 : 期의 목적어, 도치형
忍 : 부사, 차마	玩 : 타동사	

點點疏星耿耿河. 　綠窓深銷碧桃花.

那識今宵看月客, 　前身曾是月中娥.

點點 : 부사어	疏 : 수식어 　 耿耿 : 숙식어	綠窓 : 부사어
深 : 부사어	碧桃花 : 주어, 시이므로 도치되었음	那 : 부사
今宵 : 부사어	看 : 타동사 　 看月 : 수식어	曾 : 부사
是 : 계사		

公子, 聞秀才之詠詩, 甚異之. 必有所意, 更欲試問. 秀才拂袖飄

然而去。公子送秀才, 眼前閃閃, 如醉如夢。移臥枕上。更思秀才
之容貌與吟咏, 怳然大覺。乃笑曰, "吾爲紅娘之所欺"。窓外忽有
人跡。蓮玉微笑曰, "主人方歸來, 請公子"。公子又微笑而隨蓮玉。

異 : 타동사   拂 : 타동사   送 : 타동사   思 : 타동사
爲~所 : 피동보조사

원전편
原典篇

제1강 원전(1)

---

1. 鸞郎碑序   崔致遠

國有玄妙之道하니 曰 "風流"라 說敎之源은 備詳仙史[1]하니 實乃包含三敎
하야 接化羣生하고 且如入則孝於家하며 出則忠於國은 魯司寇[2]之旨也요
處無爲之事하야 行不言之敎는 周柱史[3]之宗也요 諸惡不作하며 諸善奉行
은 竺乾太子[4]之化也니라

『三國史記』

|주석| 1. 仙史 : 국선(國仙)의 사서(史書)로, 지금은 전하지 않는다.

      2. 魯司寇 : 공구(孔丘). 처음 노(魯)나라에 벼슬하여 사구(司寇)가 되었다. 이름
        은 구(丘), 자는 중니(仲尼). 춘추시대 노나라 사람으로, 유가(儒家)의 조종(祖
        宗)이다.

      3. 周柱史 : 노담(老聃). 주(周)나라에 주하사(柱下史)란 벼슬에 있었다. 도가(道
        家)의 조종이다.

      4. 竺乾太子 : 석가(釋迦).

|해제| 화랑(花郎)의 한 사람으로 추정되는 난랑(鸞郎)의 비문(碑文)으로, 여기에
서 신라의 국교인 화랑도는 유(儒)·도(道)·불(佛) 삼교가 종합되어 있음
을 알 수 있다.

|작자| 자는 해부(海夫, 857-?) 또는 해운(海雲), 호는 고운(孤雲). 신라 사량군
(沙梁郡) 사람이다. 12세에 당(唐)에 유학, 급제하여 한림학사(翰林學士)
등을 역임하였고, 28세에 귀국하였으나 세상일이 어지러우므로 가야산(伽
倻山)에 은거하였다. 저서로는 『중산복궤집(中山覆櫃集)』·『사륙집(四六

集)』·『계원필경(桂苑筆耕)』 등이 있다. 한국 한문학의 조종이다.

2. 論語 鈔　佚名氏

1) 學而

子曰, "學而時習之면 不亦說[1]乎아 有朋自遠方來면 不亦樂乎아 人不知而
不慍[2]이면 不亦君子[3]乎아"

2) 弟子

子曰, "弟子入則孝하며 出則弟하고 謹而信하며 汎愛衆하되 而親仁이니
行有餘力[4]이어든 則以學文[5]이니라"

3) 志學

子曰, "吾十有五에 而志[6]于學하고 三十而立[7]하고 四十而不惑[8]하고 五十
而知天命[9]하고 六十而耳順[10]하고 七十而從心所欲하되 不踰矩호라"

4) 顔淵[11]

顔淵이 喟然歎曰, "仰之彌高하며 鑽之彌堅하며 瞻之在前이러니 忽焉在後
로다 夫子는 循循然[12]善誘人하야 博我以文하고 約我以禮하시니라 欲罷不
能하야 旣竭吾才하니 如有所立이 卓爾라 雖欲從之나 末由也已로다"

5) 言志

子路[13], 曾晳[14], 冉有[15], 公西華[16], 侍坐러니 子曰, "以吾一日 長乎爾나 毋
吾以也하라 居[17]則曰, '不吾知也'라 하나니 如或知爾면 則何以哉오" 子路,
率爾而對曰, "千乘之國이 攝乎大國之間하야 加之以師旅요 因之以饑饉이

어든 由也爲之면 比及三年하야 可使有勇이요 且知方¹⁸也케 하리이다" 夫子, 哂之하시다 "求아 爾는 何如오" 對曰, "方六七十과 如五六十에 求也爲之면 比及三年하야 可使足民¹⁹이어니와 如其禮樂엔 以俟君子하리이다" "赤아 爾는 何如오" 對曰, "非曰'能之'라 願學焉하노이다 宗廟之事²⁰와 如會同²¹에 端²²章甫²³로 願爲小相²⁴焉하노이다" "點아 爾는 何如오" 鼓瑟希²⁵터니 鏗爾舍瑟而作하야 對曰, "異乎三子者之撰이니다" 子曰, "何傷乎리오 亦各言其志也니라" 曰, "莫春²⁶者에 春服旣成이어든 冠者²⁷五六人과 童子六七人으로 浴乎沂²⁸하야 風乎舞雩²⁹하야 詠而歸하리이다"

夫子, 喟然嘆曰, "吾與點也리라" 三子者出커늘 曾晳이 後러니 曾晳曰, "夫三子者之言이 何如하니잇고" 子曰, "亦各言其志也已矣니라" 曰, "夫子는 何哂由也시니잇고" 曰, "爲國以禮어늘 其言不讓이라 是故哂之호라" "唯求則非邦也與잇가" "安見方六七十과 如五六十이요 而非邦也者리오" "唯赤則非邦也與잇가" "宗廟會同이 非諸侯而何오 赤也爲之小면 孰能爲之大리오"

|주석| 1. 說 : 음은 열로, 열(悅)자와 같음. 마음속에 일어나는 즐거움.

2. 慍 : 노여움을 품음.

3. 君子 : 덕행과 학식이 높은 사람.

4. 餘力 : 가일(暇日).

5. 文 : 시(詩)·서(書)·육예(六藝).

6. 志 : 마음속에 늘 생각하며 잊지 아니함.

7. 立 : 우뚝하게 서서 움직이지 않음.

8. 不惑 : 사리에 의혹됨이 없음.

9. 天命 : 하늘이 정한 도리.

10. 耳順 : 남의 말을 듣자 곧 그의 미의(微意)를 해득(解得)함.

11. 顔淵 : 이름은 회(回), 연(淵)은 그의 자인 자연(子淵)을 이른다. 공구(孔丘)의 제자.

12. 循循然 : 차례가 있는 모양.

13. 子路 : 중유(仲由)의 자, 공구(孔丘)의 제자.

14. 曾晳 : 이름은 점(點), 석(晳)은 그의 자이다. 공구(孔丘)의 제자.

15. 冉有 : 이름은 구(求), 유(有)는 그의 자이다. 공구(孔丘)의 제자.

16. 公西華 : 이름은 적(赤), 화(華)는 그의 자이다. 공구(孔丘)의 제자.

17. 居 : 평소.

18. 知方 : 의방(義方)을 앎.

19. 足民 : 백성으로 하여금 의식이 충족되게 함.

20. 宗廟之事 : 제사(祭祀), 연향(燕饗), 조빙(朝聘).

21. 會同 : 회(會)는 임시회의, 동(同)은 정기총회.

22. 端 : 현단복(玄端服)으로 검은 빛깔의 예복을 이름.

23. 章甫 : 예관(禮冠).

24. 相 : 의례(儀禮)를 맡은 사람, 전례(典禮).

25. 希 : 간헐.

26. 莫春 : 모(莫)은 모(暮)의 본자(本字)로, 곧 저물어 가는 봄을 이름.

27. 冠者 : 만20세가 된 남자.

28. 沂 : 수명(水名)으로, 산동(山東) 추현(鄒縣) 서북에서 발원하여 서로 흘러 전부현(田阜縣)을 지나 수수(洙水)에 합하여 사수(泗水)로 듦.

29. 舞雩 : 기우(祈雨)하는 곳으로, 노(魯)의 동문 밖에 있음.

|해제| 공구(孔丘)가 그의 제자 및 그때 사람들과 문답한 말. 13경(經)의 하나.

3. 哈爾濱歌　安重根

丈夫處世兮여 蓄志當奇로다

時造英雄兮여 英雄造時로다

北風其冷兮여 我血則熱이로다

慷慨一去兮여 必屠鼠賊하리라

凡我同胞兮여 毋忘功業이어다

萬歲萬歲兮여 大韓獨立을

『韶濩堂集』「安重根傳」

|해제| 1909년 10월에 이토 히로부미(伊藤博文)가 영국과 러시아 두 나라의 대신

(大臣)과 하얼빈(吟爾濱)에서 회담이 있음을 알고 안중근(安重根)이 우덕순(禹德淳), 유동하(劉東夏), 조도선(曹道先) 세 사람과 함께 하얼빈에 이르렀다. 그날 저녁에 안중근이 여관에서 이 노래로 자기 뜻을 읊었다.

|작자| 아명은 응칠(應七, 1989-1910)이며, 자로 겸용하였다. 1909년 10월에 이토 히로부미를 하얼빈에서 사살하고, 이로 말미암아 이듬해 3월에 교살(絞殺)되었다. 옥중에서 「동양평화론(東洋平和論)」 수만 글자를 지었다.

4. 太息[1] 陸游

太息重太息하니 吾行無終極이라
冰霜迫殘歲하고 鳥獸號落日이라
秋砧[2]滿孤村하고 枯葉擁破驛이라
白頭傷萬里하야 墮此虎豹宅이라
道邊新食人하야 膏血染草棘[3]이라
平生鐵石心이 忘家思報國이라
即今冒九死하나 家國兩無益이라
中原久喪亂[4]할제 志士淚橫臆이라
切勿輕書生하라 上馬能擊賊하리라

『劍南詩稿』

|주석| 1. 太息 : 큰 소리로 탄식함.
2. 秋砧 : 가을의 다듬이 소리.
3. 草棘 : 풀과 가시로 얽힌 숲.
4. 喪亂 : 전쟁·질병 등으로 사람이 죽음.

|해제| 그의 자주(自注)에 「청산포에 유숙하며 짓다(宿靑山鋪作)」라고 하였다. 침

울하고 심완(深宛)한 정취가 두보(杜甫)의 시경(詩境)과 혹사(酷似)한 데가 있다.

ㅣ작자ㅣ 자는 무관(務觀, 1125-1210). 송(宋)이 남도(南渡)한 뒤의 가장 이름 높은 시인(詩人). 벼슬이 보장각시제(寶章閣待制)에 이르렀으며, 평소 예법에 구애를 받지 않아 남들이 그의 방종함을 비방하므로 이내 "방옹(放翁)"이라 자호(自號)하였다. 저서에는 『노학암필기(老學菴筆記)』·『위남문집(渭南文集)』·『검남시고(劍南詩稿)』·『방옹사(放翁詞)』·『입촉기(入蜀記)』 등이 있다.

---

5. 示二子家誡 鈔　丁若鏞

大較著書之法이 經籍[1]爲宗이요 其次는 經世澤民之學이요 若關防器用之制, 有可以禦外侮者도 亦不可少也니라 若夫瑣細零星[2]之說이 苟取一時之詼笑[3]와 與夫陳腐不新之談과 支離無用之論은 徒費[4]紙墨하니 不如手植珍果佳蔬하야 以博生前之生理也니라

沈鬱, 頓挫, 淵永, 閒遠, 蒼勁, 奇崛의 此十二字는 詩家宗旨요 若夫縟麗, 濃姸도 亦不可少也니라

中國은 文明成俗하야 雖窮鄕遐陬라도 不害其成聖成賢이로대 我邦은 不然하야 離都門數十里면 已是鴻荒[5]世界온 矧遐遠哉아 凡士大夫家法은 方翶翔[6]雲路면 則亞宜僦屋山阿하야 不失處士之本色이요 若仕宦墜絶이면 則亞宜託栖京輦하야 不落文華之眼目이니라 吾今名在罪籍[7]하니 使汝曹로 姑遯田廬어니와 日後之計는 唯王城十里之內에 可以爰處요 若家力衰落하야 不能深入이면 須暫止近郊하야 蒔果種菜하야 以圖生活하야 待貲賄稍贍하야 便入市朝之中이라도 未爲晩也리라

余, 年二十時에 欲盡取宇宙間事하야 一齊打發하야 一齊整頓호대 至三十四十에도 此意不衰러니 風霜以來로 凡繫民國之事한 若田制, 官制, 軍

制, 財賦之等은 遂得省念이로대 唯經傳箋注之間엔 猶有撥難返正之願이
어늘 今風痺頹廢하야 此心漸落이나 然, 神氣[8]小勝하면 諸閑商量이 又勃
然復興이로다

『與猶堂全書』

|주석| 1. 經籍 : 옛 성현들이 쓴 유교의 사상과 교리 등에 대한 서적. 경서(經書)·경권
      (經卷).
     2. 零星 : 수효가 적어 보잘 것 없음.
     3. 詼笑 : 조롱하여 웃음.
     4. 徒費 : 헛되이 소비함.
     5. 鴻荒 : 오랜 옛적. 태고(太古).
     6. 翱翔 : 노닐다.
     7. 罪籍 : 죄인의 이름을 적은 장부.
     8. 神氣 : 정신(精神)과 기력(氣力).

|해제| 다산(茶山)이 그의 두 아들 학연(學淵)·학유(學游)에게 준 가계(家戒)이
다. 저서에 있어서는 경학(經學)과 경제택민(經世澤民)의 학문이 중요함을 강조
하고, 시가(詩家)의 종지(宗旨)를 밝혔다. 이는 벌써 다산이 정계에서 몰락한 뒤
인지라, 가계(家計)의 빈한함을 극히 우려하여 두 아들을 진작시킨 글이다.

|작자| 자는 미용(美庸, 1762-1836) 또는 송포(頌甫), 호는 삼미(三眉)·다산(茶
山)·탁옹(籜翁)·사암(俟菴)·철마산초(鐵馬山樵). 이조 후반기 실학파(實學派)
의 학자. 성호(星湖) 이익(李瀷)의 학문을 사숙하여 집대성하였고, 저서가 아주
많으며, 대부분이 『여유당전서(與猶堂全書)』에 수록되었다.

6. 訓儉示康 鈔　司馬光

吾本寒家[1]로 世以淸白相承하고 吾性不喜華靡[2]하야 自爲乳兒로 長者, 加
以金銀華美之服하면 輒羞赧棄去之러니라

二十에 忝科名하야 聞喜宴³에 獨不戴花러니 同年⁴曰, "君賜니 不可違也"라할새 乃簪一花호라

平生에 衣取蔽寒하며 食取充腹하나 亦不敢服垢弊以矯俗으로 干名하고 但順吾性而已로라 衆人은 皆以奢靡爲榮하나 吾心엔 獨以儉素爲美호니 人皆嗤⁵吾固陋하나 吾不以爲病하고 應之曰, "孔子稱, '與其不孫也론 寧固'⁶라하고 又曰, '以約失之者鮮矣'⁷라하고 又曰,'士志於道而恥惡衣惡食者는 未足與議也'⁸라하니 古人은 以儉爲美德이어늘 今人은 乃而儉相詬病하나니 噫, 異哉"로다

『司馬文正集』

|주석| 1. 寒家 : 가난한 집.
2. 華靡 : 화려하고 사치함.
3. 聞喜宴 : 송조(宋朝)의 제도에 진사(進士)가 된 사람이나 제과(諸科)의 급제자에게 변경(汴京) 경림원(瓊林苑)에서 연회를 베풀되 문희연(聞喜宴)이라 일컬었고, 참석한 사람은 모두 머리에 꽃을 꽂았음.
4. 同年 : 과거에 동방응시(同榜應試)한 사람.
5. 嗤 : 빈정거리다.
6. 與其不遜也寧固 : 너무 사치해서 불손하기 보다는 차라리 고루한 것이 낫다. 『논어·술이(述而)』에 실린 말.
7. 以約失之者鮮矣 : 『논어·이인(里仁)』에 실린 말.
8. 士志於道－未足與議也 : 『논어·이인(里仁)』에 실린 말.

|해제| 강(康)은 사마광(司馬光)의 아들이다. 효성이 지극해서 아버지의 상을 당하여 지나치게 슬퍼하다 죽었다. 이 글은 그에게 준 가훈이다.

|작자| 자는 군실(君實, 1019-86). 산서(山西) 속수향(涑水鄕)에 살았으므로 사람들이 "속수선생(涑水先生)"이라 일컬었다. 벼슬이 재상에 올랐으며, 사람됨이 독실하고 생활이 검소하였으므로 사회에서 존경을 받았다. 정치에 있어서는 당시 구파(舊派)의 영수로서 왕안석(王安石)의 변법(變法)을 반대하고 어진 정치를 주장했으며, 문학에 있어서도 박실(樸實)하고 명창(明暢)하였다. 19년 동안 최대의

역량을 기울여 이룩한『자치통감(資治通鑑)』은 중국에서 가장 유명한 편년사(編年史)였다. 이 밖의 저서로는『사마문정집(司馬文正集)』·『속수기문(涑水紀聞)』등이 있다.

---

7. 西都　鄭知常

紫陌¹春風細雨過하야 輕塵不動柳絲斜를
綠窓²朱戶³笙歌咽하니 盡是梨園弟子⁴家를

『鄭司諫集』

|주석| 1. 紫陌 : 서울의 거리, 서울 교외의 길.
　　 2. 綠窓 : 푸른 비단으로 꾸민 집, 또는 부호가(富豪家)의 부녀자가 거처하는 방의 창.
　　 3. 朱戶 : 옛날 천자가 공이 있는 제후에게 내린 구석(九錫)의 하나로, 뜻이 바뀌어 권세 있는 집을 이름.
　　 4. 梨園弟子 : 이원(梨園)은 당(唐)나라 명황(明皇)이 배우의 기예를 익히던 곳으로, 뜻이 바뀌어 배우를 이름.

|해제| 서도(西都)는 평양이다. 해동삼첩(海東三疊)으로 유명한「송우인(送友人)」한 편과 비견할만한 작품. 평양의 번화한 기상을 묘사하였다.

|작자| 초명은 지원(之元, ?-1135). 일찍이 빼어난 재주가 있어서 김부식(金富軾)과 문명(文名)이 같았고 시(詩)는 만당(晚唐)의 체를 얻었으며, 궁중에 출입하여 옛 쟁신(諍臣)의 풍모가 있었다. 묘청(妙淸)·백수한(白壽翰) 등과 평양에서 반란하여 처형되었음. 저서로는『정사간집(鄭司諫集)』이 있다.

8. 江南[1]　佚名氏

江南可採蓮하니　蓮葉何田田이냐

魚戲蓮葉間하고

魚戲蓮葉東하고　魚戲蓮葉西하고

魚戲蓮葉南하고　魚戲蓮葉北을

『樂府解題』

|주석| 1. 江南 : 양자강의 남쪽, 초월(楚越)지방.

|해제| 왕요신(王堯臣)의 『악부해제(樂府解題)』에 "강남(江南)은 고악사(古樂辭)
이다. 대체로 좋은 계절이나 경치를 읊은 것이다." 하였다. 양 무제(梁武帝)의 강
남롱(江南弄)도 아마 이에서 나온 것 같다.

---

9. 與朴在先齊家書　李德懋

近間에 成秘書[1], 獻賦天門이러니 天批煌煌하고 仍命進箋叩謝하야 除拜北
青都護已새 直閣南公[2]이 爲設飮餞하니 與焉者는 直閣徐公[3], 薑山[4]承宣과
不侫及惠甫[5]라 俱拈韻賦詩하니 蓋上命也라 閔覆微匹[6]之盛意와 丕變文風
之德音이 諒諒懇懇하야 俾閣臣而宣之하니 保寧宰[7]之感恩文과 扶餘宰[8]之
訟罪文을 俱命製進하니 亦係是日之恩諭라 閣臣이 旣有關飭하니 想已祇
受矣리라

　大抵此事, 創始於南直閣對策에 用"古董書畫"四字하니 "羨慕中原하야
嗜好小說이 爲近日痼弊"라하야 責敎截嚴하야 南公, 與李玉堂相璜엔 至
有問啓之命하야 已出於邸報하니 兄應見之요 伊後, 沈金[9]兩待敎의 次第
問啓는 此則不出邸報하다

嗚呼라 此는 挽回淳古하며 振作大雅之一機會也니 兄須十分詳審하야 乃以悔過遷善하며 感恩知罪之意로 結撰一篇古文커나 又或七言絶句十許 首호대 文與詩에 遣辭命意를 務極馴雅하야 無或浮靡하며 字句之間에 愼 勿犯用俗所謂, "小說"과 及明末淸初의 一種鄙俚輕薄口氣가 如何如何오 南李[10]兩學士는 已撰闢邪斥異之文與詩하야 入啓云耳라 兄其撰訖에 以 報牒으로 馳呈于閣中也하라

吾儕, 二十年前에 汎覽百家하니 亦云富有로대 畢竟歸趣는 即全經全史 요 而著書立言이 不出經濟實用하야 間竊自附於漁仲貴與[11]之列하야 發 爲詞章호대 亦以別裁僞體하야 多師爲師하야 相與約誓하니 蓋自三百篇, 騷賦, 古逸, 漢魏, 六朝, 唐宋, 金元, 明淸, 羅麗, 本朝로 以至安南, 日 本, 琉球之詩히 上下三千年과 縱橫一萬里에 眼力所湊엔 不遺錙銖[12]하다 自謂不敢多讓於古人하야 而間嘗隨其所好하야 種種倣倣하야 一試爲之하 야 放蕩遊戲하야 或者, 意欲別裁而未受其用하고 轉益多師而終歸疵駁하 야 苦未抵于淸脫하야 自不覺其漸染與인저

弟는 則從仕以來로 鹿鹿爲吏하야 幾焚筆硯者, 爲十有五年이라 年暮而 才退하니 固不足爲役於文苑이나 然, 乘休明之運하고 値丕闡之會하야 亦 不敢茶然却步하고 從當振發抖擻하야 跂而及之하야 庶不負聖上牖導之盛 意焉이로라

夫俗所謂 "小說"者는 即演義之流也라 以其誨淫誨盜, 壞倫敗化之具라 하야 王政之所可屬禁이라 故, 吾輩嘗與痛惡而深斥之하니 此不必爲累於 吾兄이로대 每恨吾兄이 性癖突兀하야 生長東方禮義之鄕하야 而反慕中原 千里不同之俗하니 其所設心이 一何宏潤고 甚至滿洲 鐵保 玉保[13]之輩를 看作兄弟하고 西藏黃敎紅敎之流를 視如士友하니 世俗所云, 唐癖, 唐學, 唐漢, 唐魁之目이 擧集於兄身하니 此是公案이라 兄亦自知矣리라

『雅亭遺稿』

|주석| 1. 成秘書 : 성대중(成大中).

2. 直閣南公 : 남공철(南公轍).

3. 直閣徐公 : 서영보(徐榮輔).

4. 薑山 : 이서구(李書九)의 호.

5. 惠甫 : 유득공(柳得恭)의 자.

6. 微匹 : 변변치 못한 필부.

7. 保寧宰 : 성명 미상.

8. 扶餘宰 : 성명 미상.

9. 沈·金 : 심상규(沈象奎)·김조순(金祖淳).

10. 南·李 : 남공철(南公轍)·이상황(李相璜).

11. 漁仲·貴與 : 정초(鄭樵)·마단림(馬端臨).

12. 錙銖 : 극히 근소함.

13. 鐵保·玉保 : 철보(鐵保)의 성(姓)은 동악(棟鄂), 유용(劉墉)·옹방강(翁方綱)과 글씨로 이름을 나란히 하였다. 옥보(玉保)는 미상이다.

|해제| 박제가(朴齊家)와 이덕무(李德懋)는 당시의 이른바 4검서(四檢書) 중 두 사람이다. 정조(正祖)의 문체반정책(文體反正策)에 의한 모든 현상을 논한 서한 이다.

|작자| 자는 무관(懋官, 1741-1793), 호는 아정(雅亭)·형암(炯菴). 박람강기(博覽强記)로 이름이 높아서 고문(古文)의 기문(奇文)·이서(異書)를 꿰뚫었으며, 문장에 있어서는 신조(新調)를 창조하되 인정(人情)과 물태(物態)를 곡진히 묘사하였다. 박제가(朴齊家)·유득공(柳得恭)·서이수(徐理修)와 함께 4검서(四檢書)의 이름을 얻었으며, 벼슬이 현감에 이르렀고, 저서로는 『청장관총서(靑莊館叢書)』·『기년아람(紀年兒覽)』·『청령국지(蜻蛉國志)』·『앙엽기(盎葉記)』·『아정집(雅亭集)』 등이 있다.

---

10. 答王院亭書 尤侗

開札에 便云, "寒夜[1]大風雨하야 臥不成寐코 聽黃河濤頭直徹枕上일새 輒

作四詩寄懷"라하니 僕이 已知公이 必有絕妙好辭²러니 及讀第一首云, "南苑西風御水流할제 殿前無復接梁州³를 飄零法曲⁴人間遍하니 誰付當年菊部頭⁵"하얀 遂歔歔欷泣下하야 掩卷不復讀也호라

　　李嶠⁶水調의 "山川滿目淚沾衣"는 本不爲明皇⁷而作이언마는 乃明皇聞之하고 然出涕하야 不待曲終而去온 況公爲僕作恨賦⁸哉아 語에 云, "不惜歌者苦되 但傷知者稀"라하고 漢宮人이 爭誦王褒⁹"洞簫賦"하고 元稹¹⁰樂府는 傳播妃嬪하야 呼爲 "元才子"하니 有此知音이면 亦復何恨이리오 但時移事往하야 未免感傷耳로다

　　海水汩沒하며 山林杳冥하고 羣鳥悲號할제 伯牙¹¹, 援琴而歌하니 以爲先生이 殆移我情¹²이요 想公作詩之夕에도 黃河湯湯하야 亦定有馮夷¹³擊鼓하고 湘靈¹⁴鼓琴也리라

『西堂雜俎』

|주석| 1. 寒夜 : 추운 밤, 겨울 밤.
2. 絕妙好辭 : 문장 시가가 극히 잘된 것을 칭찬하는 말.
3. 梁州 : 악곡명(樂曲名). 「양주(凉州)」와 같음.
4. 法曲 : 도사궁(道士宮)에서 연주하는 악곡.
5. 菊部頭 : 국부(菊部)는 악부(樂部)로, 『제동야어(齊東野語)』에 "宋高宗時, 掖庭有菊夫人者, 善歌舞, 妙音律, 爲韶仙院之冠, 宮中稱爲'菊部頭.'"라고 하였다.
6. 李嶠 : 당(唐)의 문학가.
7. 明皇 : 당 명황(唐明皇) 이륭기(李隆基).
8. 恨賦 : 강엄(江淹)의 작품.
9. 王褒 : 한(漢)의 문학가.
10. 元稹 : 당(唐)의 문학가.
11. 伯牙 : 춘추(春秋)의 음악가.
12. 移情 : 정지(情志)를 바꿈.
13. 馮夷 : 수신명(水神名), 곧 하백(河伯).
14. 湘靈 : 상수(湘水)의 신.

|해제| 서당(西堂)이 어양(漁洋) 왕사정(王士禎)에게 답하는 편지이다. 지기(知己)

의 문장에 감격하여 눈물을 흘리는 심경을 솔직히 표현한 글이다.

|작자| 자는 동인(同人, 1618-1704)·전성(展成), 호는 회암(悔菴)·간재(艮齋)·서당(西堂). 벼슬이 한림학사에 이르렀으며, 시사(詩詞)와 고문(古文)이 모두 정절(精絕)하고 유려(流麗)하여 인구에 전송되었으며, 청 세조(淸世組)는 그를 "진재자(眞才子)"라고 칭찬하였다. 저서로는 『서당잡조(西堂雜組)』·『학서당집(鶴棲堂集)』 등이 있고, 곡(曲)에도 연구가 깊어 「균천악(鈞天樂)」이란 전기(傳奇)와, 「독이소(讀離騷)」·「조비파(弔琵琶)」·「도화원(桃花源)」·「흑백위(黑白衛)」·「청평조(淸平調)」 등의 잡극(雜劇)이 있다.

11. 練光亭次鄭知常韻二首   李家煥

江樓四月已無花한데 簾幕薰風燕子斜를
一色碧波連碧艸하니 不知別恨在誰家를
仁聖遺祠¹歲月多, 朝天舊石²足悲歌를
大同門外長江水는 不見迴波見逝波를

『錦帶詩文鈔』

|주석| 1. 仁聖遺祠 : 기자묘(箕子廟).
　　　 2. 朝天舊石 : 『동국여지승람』에 "朝天石, 在麒麟窟南"이라 하였다.

|해제| 고려 정지상(鄭知常)의 「서도(西都)」와 「송우인(送友人)」 두 시를 차운했다.

|작자| 자는 정조(廷藻, 1742-1801), 호는 정헌(貞軒)·금대관(錦帶館). 그는 일찍이 그의 종조(從祖) 성호(星湖) 익(瀷)과, 아버지 혜환(惠寰) 용휴(用休), 또는 숙부 정산(貞山) 병휴(秉休)의 학문을 이어 받아서 정치·경제·문학 등의 모든 방면에 능통하였으며, 서학(西學)을 연구하여 조선 후반기 실학파의 밝은 별이었다.

결국에는 적당(敵黨)의 무함으로 극형을 받았다. 벼슬은 형조판서에 이르렀고, 저서에는 『기전고(箕田攷)』·『금대관집(錦帶館集)』 등이 있었으나 산일되고 다만 『금대시문초(錦帶詩文鈔)』·『금대전책(錦帶殿策)』 등이 전한다.

12. 淸平調三首　李白

雲想衣裳花想容, 春風拂檻露華濃을
若非羣玉山¹頭見이면 會向瑤臺²月下逢을
一枝紅艶露凝香할제 雲雨巫山³枉斷腸을
借問漢宮誰得似러냐 可憐飛燕⁴倚新妝을
名花傾國⁵兩相歡할제 常得君王帶笑看을
解得春風無限恨코 沈香亭⁶北倚闌干을

『李太白集』

|주석| 1. 羣玉山 : 상고 제왕이 장서(藏書)하던 곳.
　　 2. 瑤臺 : 옥으로 만든 대.
　　 3. 雲雨巫山 : 운우(雲雨)는 남녀의 정, 무산(巫山)은 중국 사천성 무산현(巫山縣)의 동쪽에 있는 산.
　　 4. 飛燕 : 한 성제(漢成帝)의 궁인 조씨(趙氏). 몸이 가벼웠으므로 호를 비연(飛燕)이라 하였으며, 뒤에 황후가 되었음.
　　 5. 名花傾國 : 명화는 목작약(木芍藥)이니 곧 지금의 모란(牡丹). 경국(傾國)은 태진(太眞)을 가리켰음.
　　 6. 沈香亭 : 침향(沈香)으로 지은 정자.

|해제| 당(唐)의 금중(禁中)에서는 목작약회(木芍藥會)를 매우 중시하였다. 명황(明皇)이 귀비(貴妃) 양태진(楊太眞)과 가수 이구년(李龜年)을 이끌고 구경할 때, 명황이 이르기를 "명화를 구경하고, 귀비를 대하여 어찌 옛 악사(樂辭)를 쓰랴"하고 곧 이백에게 명하며 청평조(淸平調) 세 장(章)을 지어 이원(梨園)의 제자로 하

여금 노래하게 하고, 명황이 스스로 옥피리를 불었다.

|작자| 자는 태백(太白, 701~762), 호는 청련거사(靑蓮居士). 재주가 기특하여 하지장(賀知章)이 그의 글을 읽고 "적선인(謫仙人)"이라 하여 당 명황(唐明皇)에게 여쭈었더니 금란전(金鑾殿)에서 불러 보고 문학으로 한림원(翰林院)에 종사케 하였으나 생활이 너무나 낭만적이었으므로 산림에 추방된 뒤 시가(詩歌)에 전력하여 "시선(詩仙)"이라는 명칭을 얻어 시성(詩聖) 두보(杜甫)와 같이 그 이름을 떨쳤으며, 중국의 가장 위대한 낭만파 시인이 되었다. 저서로는 『이태백집(李太白集)』이 있다.

13. 奉月沙書　柳夢寅

昨, 大諫書來에 稱, "月沙發論備局호대 太學士將缺하고 柳某以提學으로 在散中하니 宜及時處之"라하니 夢寅이 得書하곤 竊笑之호라

是는 閤下, 恐當時文墜하야 欲振之요 且憐夢寅이 久滯擬籍이라 此起其廢也니 感激, 感激이로다 夢寅은 罪人也로대 而帶職名猶昔일새 啓箚疏請免하나 三者, 俱非席藁者[1]事ㄹ새 悶默已四載矣온 況太學士, 於夢寅에 何哉오 今人도 亦古人也라 自古文人이 有人與骨不朽코 而遇知己者乎아 不意今世에 有我揚子雲[2]也로다

雖然이나 去歲年饑하야 羣兒爭餠하야 而歸察之하니 鼻液이 糊矣라 夢寅이 處江湖, 閑無事하야 前年에 讀左氏[3]하고 今年에 誦杜詩[4]하니 此眞臨年者伴也니 以此餞餘生이 足矣요 如與羣兒로 爭鼻液之餠은 非所願也로라 兹者, 備局諸老은 皆夢寅의 年相若而先後生者니 幸閤下는 以此辭焉하라 夢寅은 再拜하노라

『於于文集』

|주석| 1. 席藁者 : 죄인, 짚자리를 깖.
　　2. 揚子雲 : 이름은 웅(雄), 자운(子雲)은 자.
　　3. 左氏 : 좌구명(左丘明)의 저서 좌전(左傳).
　　4. 杜詩 : 두보(杜甫)의 시, 혹은 그 시집.

|해제| 월사(月沙) 이정귀(李廷龜)가 유몽인(柳夢寅)을 대제학(大提學)에 추천하였는데, 유몽인이 이 편지로써 거절하였다.

|작자| 자는 응문(應文, 1559-1623), 호는 어우(於于)·간암(艮菴). 광해군 때 벼슬이 이조참판에 이르렀으나 인조가 임금이 된 뒤 소위 역옥(逆獄)이 일어나자 양주(楊州) 서산(西山)으로 망명하였다가 체포되어 「상부사(孀婦詞)」를 외우고 극형을 당했다. 시문이 모두 청경(淸勁)하였으며, 저서로는 『어우야담(於于野談)』·『어우문집(於于文集)』 등이 있다.

14. 辭郡辟讓申屠蟠書　蔡邕

申屠蟠이 稟氣玄妙하며 性敏心通하고 喪親盡禮호대 幾於毀滅하니 至行美誼는 人所鮮能이요 安貧樂潛하며 味道守眞하야 不爲燥濕輕重하니 方之於邕하면 以齒則長이요 以德則賢이로이다

『蔡中郎集』

|해제| 신도반(申屠蟠)이 한말(漢末)의 처사로서 산중에 깊이 숨어서 안빈낙도하므로 채옹(蔡邕)이 자기에게 군벽(郡辟)이 이르매 이 편지를 보내어 벼슬을 신도반에게 양보했으나 신도반은 끝내 이를 받지 않았다.

|작자| 자는 백개(伯喈, 133-192). 호광(胡廣)을 사사하여 사장(辭章)·술수(術數)·천문(天文)·음율(音律) 등에 정통하였음. 동탁(董卓)에게 벼슬하여 좌중랑장(左中郎將)에 이르렀으나 동탁이 주살됨에 채옹도 체포되어 옥사함. 저서로는

『독단(獨斷)』·『채중랑집(蔡中郎集)』 등이 있다.

---

15. 返俗[1]謠 薛瑤

化雲心兮思淑貞하노니 洞寂寞兮不見人을 瑤草[2]芳兮思芬蒀[3]하니 將奈何
兮吾靑春고

『全唐詩』

|주석| 1. 返俗 : 속세로 되돌아옴.
　　　 2. 瑤草 : 선초(仙草), 아름답고 고운 풀.
　　　 3. 芬蒀 : 향기.

|해제| 설요(薛瑤)가 15세에 중이 되었다가, 6년 만에 세속으로 돌아올 때에 자기
의 심경을 읊은 노래이다.

|작자| 신라 좌무위장군(左武衛將軍) 설승충(薛承冲)의 딸로서 15세에 중이 된지
6년 만에 다시금 속세로 돌아와서 당(唐) 곽원진(郭元振)의 첩이 되었다.

---

16. 陌上桑 秦羅敷

日出東南隅하야 照我秦氏樓할제 秦氏有好女호대 自名爲 "羅敷"를 羅敷
喜蠶桑하야 採桑城南隅할제 靑絲爲籠系코 桂枝爲籠鉤하며 頭上倭墮髻[1]
코 耳中明月珠요 緗綺爲下裙하고 紫綺爲上襦터니 行者見羅敷하면 下擔
捋髭鬚코 少年見羅敷하곤 脫帽著帩頭[2]하며 耕者忘其犁코 鋤者忘其鋤를
來歸相怨怒하야 但坐觀羅敷를

使君[3]從南來하야 五馬[4]立踟躕를 使君遣吏往하야 問"是誰家姝"터니 "秦

氏有好女하야 自名爲 '羅敷'"를 "羅敷年幾何"오 "二十尙不足코 十五頗有餘"를 使君謝羅敷호대 "寧可共載不"아 羅敷前致詞호대 "使君一何愚오 使君自有婦코 羅敷自有夫"로이다

"東方千餘騎에 夫壻居上頭를 何用識夫壻오 白馬從驪[5]駒할제 靑絲繫馬尾코 黃金絡馬頭를 腰中鹿盧[6]劍이 可値千萬餘를 十五에 府小史[7]요 二十엔 朝大夫요 三十엔 侍中郎이요 四十엔 專城[8]居를 爲人潔白晳하고 鬑鬑頗有鬚를 盈盈公府步요 冉冉[9]府中趨를 坐中數千人이 皆言 '夫壻殊'"를

『樂府解題』

|주석| 1. 倭墮髻 : 머리 위에 비스듬히 묶은 두발. 최표(崔豹)의 『고금주(古今注)』에 "長安婦人, 好爲倭墮髻."라고 하였다.
2. 帩頭 : 머리에 둘러 두발을 묶는 것, 속두(束頭).
3. 使君 : 자사(刺使).
4. 五馬 : 옛날의 군수(郡守)는 오마를 탔음.
5. 驪 : 심흑색.
6. 鹿盧 : 검명(劍名), 머리에 옥으로 우물의 도르래처럼 만들었음.
7. 小史 : 장서관(掌書官).
8. 專城 : 권력이 한 성(城)을 통제함. 지방의 장관을 이름.
9. 冉冉 : 가는 모양.

|해제| 또 다른 이름은 「염가나부행(豔歌羅敷行)」이다. 최표(崔豹)의 『고금주(古今注)』에 "맥상상(陌上桑)은 진씨(秦氏) 여자에서 이룩된 것이다. 그의 이름은 나부(羅敷)요, 읍인 왕인(王仁)의 아내이다. 하루는 밭두렁에서 뽕을 따더니, 조왕(趙王)이 대 위에서 보고 기뻐하여 정치를 버리고 그의 사랑을 빼앗고자 하였다. 나부가 쟁(箏)을 잘 뜯었으므로 맥상상의 노래를 지어서 자기의 심경을 밝혔더니 조왕이 그만 그쳤다." 하였고, 『악부해제(樂府解題)』에는 "나부(羅敷)가 뽕을 따다가 사군(使君)의 맞이한 바가 되었는데, 그 남편이 시중랑(侍中郎)이 되었음을 과장하여 그를 거절하였다." 하였으니, 어떤 것이 참인지 알 수 없겠다.

|작자| 연대는 미상이다. 다만 "사군(使君)"이라는 말이 『후한서(後漢書)·곽급전(郭伋傳)』에 처음 나타났음을 보아서 그가 후한(後漢) 이후 사람이었음은 짐작할 수 있다.

---

17. 陶山十二曲跋　李滉

右陶山十二曲者는 陶山老人之所作也라 老人之作此는 何爲也哉오 吾東方歌曲이 大抵多淫哇¹不足言하야 如翰林別曲²之類도 出於文人之口하야 而矜豪放蕩하고 兼以褻慢戲狎하야 尤非君子所宜尚이로다

惟近世에 有李鼈六歌³者하야 世所盛傳이라 猶爲彼善於此하나 亦惜乎 其有玩世不恭⁴之意하고 而少溫柔敦厚之實也로다

老人이 素不解音律하나 而猶知厭聞世俗之樂하야 閒居養疾之餘에 凡有感於情性者면 每發於詩나 然今之詩가 異於古之詩하야 可詠而不可歌也니 如欲歌之ㄴ댄 必綴以俚俗之語하나니 蓋國俗音節이 不得不然也라 故嘗略倣李歌하야 而作爲陶山六曲者, 二焉하니 其一은 言志요 其二는 言學하야 欲使兒輩로 朝夕習而歌之하고 憑几而聽之하며 亦令兒輩로 自歌而自舞蹈之면 庶幾可以蕩滌鄙吝⁵하고 感發融通하야 而歌者與聽者, 不能無交有益焉하리라

顧自以蹤跡頗乖하니 若此等閒事는 或因以惹起鬧端을 未可知也요 又未信其可以入腔調諧音節與未也ㄹ새 姑寫一件하야 藏之篋笥⁶하야 時取玩以自省하고 又以待他日覽者之 去就云爾라 嘉靖四十四年, 歲乙丑, 暮春旣望에 山老는 書하노라

『退溪文集』

|주석| 1. 淫哇 : 음탕한 것.
　　　2. 翰林別曲 : 고려 고종(高宗) 때(1214-1259) 한림(翰林) 제유(諸儒)의 작품.

3. 李鼈六歌 : 이별(李鼈)의 자는 낭선(浪仙), 호는 장육당(藏六堂), 육가(六歌)는
   전하지 않음.
4. 玩世不恭 : 경박하고 방종하여 예법에 구속되지 않음.
5. 鄙吝 : 몹시 더럽고 인색함.
6. 篋笥 : 상자, 한유(韓愈)의 시에 "深藏篋笥詩一發"이라 하였다.

|해제| 「도산십이곡(陶山十二曲)」의 발문(跋文)이다. 이는 퇴계(退溪)가 도산서당
(陶山書堂)을 중심으로 하여 국한문을 섞어 쓴 시조시(時調詩) 12곡을 읊었는데
앞의 6곡은 뜻을 말하였고, 뒤의 6곡은 학문을 말하였다. 대체로 이별(李鼈) 육가
(六歌)의 형식을 모방하였으나 기실은 온유돈후한 유가(儒家)의 시교(詩敎)를 주
창하였고, 또 한시(漢詩)는 읊을 수는 있겠으나 노래할 수는 없음을 말하여 시조
시의 문학적인 의의를 밝혔다. 원시와 함께 자필본으로 전한다.

|작자| 자는 경호(景浩, 1501-1570), 호는 지산(芝山)·퇴계(退溪)·도수(陶叟)·도
옹(陶翁)·도산노인(陶山老人)·청량산인(淸凉山人)·퇴도만은(退陶晩隱). 우리나
라의 유종(儒宗). 벼슬은 판중추부사에 이르렀음. 저서로는 『자성록(自省錄)』·『삼
경석의(三經釋義)』·『사서석의(四書釋義)』·『계몽전의(啓蒙傳疑)』·『송계원명리
학통록(宋季元明理學通錄)』·『도학연원록(道學淵源錄)』·『퇴계문집(退溪文集)』
등이 있다.

---

18. 大學章句序 朱熹

大學之書는 古之大學[1], 所以敎人之法也라 蓋自天降生民으로 則旣莫不
與之以仁義禮智之性矣언마는 然이나 其氣質之稟[2]이 或不能齊라 是以로
不能皆有以知其性之所有而全之也ㄹ새 一有聰明睿智하야 能盡其性者[3],
出於其間하면 則天必命之하야 以爲億兆之君師하야 使之治而敎之하야 以
復其性하니 此伏羲, 神農, 黃帝, 堯, 舜의 所以繼天立極하야 而司徒[4]之職
과 典樂[5]之官의 所由設也러니라

三代[6]之隆에 其法寖備하니 然後에 王宮國都로 以及閭巷히 莫不有學하야 人生八歲어던 則自王公以下로 至於庶人之子弟히 皆入小學[7]하야 而教之以灑掃應對進退之節과 禮樂射御書數之文하고 及其十有五年이어던 則自天子之元子衆子로 以至公卿大夫元士[8]之適子와 與凡民之俊秀히 皆入大學하야 而教之以窮理正心修己治人之道하니 此又學校之教, 大小之節의 所以分也러니라

夫以學校之設이 其廣如此하고 教之之術이 其次第節目之詳이 又如此오도 而其所以爲教는 則又皆本之人君의 躬行心得之餘요 不待求之民生日用彝倫之外라 是以로 當世之人이 無不學이요 其學焉者도 無不有以知其性分[9]之所固有와 職分之所當爲하야 而各俛焉以盡其力하니 此古昔盛時, 所以治隆於上하고 俗美於下하야 而非後世之所能及也러니라

及周之衰하야 賢聖之君이 不作이라 學校之政이 不修하야 教化陵夷하고 風俗頹敗하니 時則有若孔子之聖으로도 而不得君師之位하야 以行其政教己새 於是에 獨取先王之法[10]하야 誦[11]而傳之하야 而詔後世하니 若曲禮[12], 少儀[13], 內則[14], 弟子職[15]諸篇은 固小學之支流餘裔요 而此篇者는 則因小學之成功하야 以著大學之明法하니 外有以極其規模之大하며 而內有以盡其節目之詳者也라 三千之徒[16], 蓋莫不聞其說이언마는 而曾氏[17]之傳이 獨得其宗이라 於是에 作爲傳義[18]하야 以發其意러니 及孟子沒에 而其傳泯焉하니 則其書雖存이나 而知者鮮矣라

自是以來로 俗儒記誦[19]詞章[20]之習은 其功倍於小學而無用하고 異端虛無寂滅[21]之教는 其高過於大學而無實하고 其他權謀[22]術數[23], 一切以就功名之說과 與夫百家衆技之流, 所以惑世誣民하며 充塞仁義者, 又紛然雜出乎其間하야 使其君子로 不幸而不得聞大道之要하고 而小人으로 不幸而不得蒙至治之澤하야 晦盲否塞하야 反覆沈痼하야 以及五季[24]之衰하야 而壞亂이 極矣러니라

天運이 循環하야 無往不復일새 宋德이 隆盛하야 治教休明하니 於是에

河南 程氏兩夫子[25] 出하야 而有以接乎孟氏之傳하야 實始尊信此篇하야 而表章之하고 旣에 又爲之次其簡編[26]하야 發其歸趣하니 然後에 古者大學敎人之法과 聖經賢傳之指, 粲然復明於世하니 雖以熹之不敏으로도 而幸私淑[27]而與有聞焉호라 顧其爲書, 猶頗放失일새 是以로 忘其固陋하야 采而輯之하고 間亦竊附己意하야 補其闕略하야 以俟後之君子하노니 極知僭踰라 無所逃罪나 然, 於國家化民成俗[28]之意와 學者修己治人之方엔 則未必無小補云이로라 淳熙己酉[29], 二月甲子에 新安 朱熹는 序하노라

『朱子大全』

|주석| 1. 大學 : 옛 학교의 명칭. 우(虞)·하(夏)·상(商)·주(周)의 상상(上庠)·동서(東序)·우학(右學)·동교(東膠) 등이 모두 태학(大學)의 이명(異名). 한(漢)에 이르러서 비로소 "태학(大學)"이라 하였음. 대(大)는 태(太)와 같음.

2. 氣質之稟 : 선천적으로 타고난 성질.

3. 盡其性者 : 천성의 선(善)을 힘껏 발전시키는 사람.

4. 司徒 : 교육을 맡은 장관.

5. 典樂 : 주례(周禮)에 대사악(大司樂)이 성균(成均)의 법(法)을 맡아서 학정(學政)을 다스렸음.

6. 三代 : 하(夏)·상(商)·주(周).

7. 小學 : 고대 기본교육의 기구. 『예기(禮記)』와 『백호통(白虎通)』을 가리킴.

8. 元士 : 관명, 곧 상사(上士).

9. 性分 : 선천(先天)에서 얻은 필연적인 내용.

10. 先王之法 : 상고 성왕의 전장제도(典章制度).

11. 誦 : 연습.

12. 曲禮 : 『예기(禮記)』 편명, 길(吉)·흉(凶)·군(軍)·빈(賓)·가(嘉) 오례의 절문을 적었음.

13. 少儀 : 『예기(禮記)』 편명, 상견(相見)·음식(飮食)·연회(宴會) 등 예의를 적었음.

14. 內則 : 『예기(禮記)』 편명, 부녀의 예법을 적었음.

15. 弟子職 : 『관자(管子)』 편명, 학생이 선생을 섬기는 예절을 적었음.

16. 三千之徒 : 공구(孔丘)의 제자 삼천명.

17. 曾氏 : 공구(孔丘)의 제자로서 성학(聖學)의 정전(正傳)을 얻었음.

18. 傳義 : 경(經)1장·전(傳)10장을 일렀음

19. 記誦 : 묵기(默記)·배송(背誦), 경학(經學)·훈고가(訓詁家)를 가리킴

20. 詞章 : 사부시사(辭賦詩詞)의 총칭, 곧 문학

21. 虛無寂滅 : 노불(老佛)

22. 權謀 : 권변계모(權變計謀), 곧 병가(兵家)

23. 術數 : 법제(法制)·치국(治國)의 방술과 음양(陰陽)·복서(卜巫)의 추수(推數)

24. 五季 : 당(唐)·송(宋) 사이의 양(梁)·당(唐)·진(晉)·한(漢)·주(周)

25. 程氏兩夫子 : 정호(程顥)·정이(程頤)

26. 次其簡編 : 원서의 차서를 편정하였음

27. 私淑 : 친히 가르침을 받지 못하고 사적으로 그 사람을 본받아서 학문이나 도(道)를 닦음

28. 化民成俗 : 백성을 교화하여 고운 풍속을 이룸

29. 淳熙己酉 : 남송(南宋) 효종(孝宗) 순희(淳熙) 16년(1189)

|해제| 대학은 애초에 소대(小戴)의『예기(禮記)』중 한 편이다. 공급(孔伋)이 남긴 저술로 알려졌으나 주희(朱熹)는 증삼(曾參)의 저술로 추정하였다. 전편에 도덕수양과 정치실천의 본질을 종합해 논하였으니, 유가 인문사상을 논한 정수에 해당하는 문헌이다. 정이는 또 이 글을 공구(孔丘)의 저술로 추정하여 "초학입덕지문(初學入德之門)"이라 하였다. 주희가 글을 보철(補綴)하여 논어(論語)·맹자(孟子)를 합하여 "사서(四書)"라 칭하고 집주(集注)를 붙여서 대학장구(大學章句)를 지었다. 그리하여 고려·조선·명(明)·청(淸) 시대 선비들의 필수적인 과목이 되었다. 이 글은 대학의 의의와 대학장구의 개편을 설명한 서문이다.

|작자| 자는 원회(元晦, 1130-1200), 또는 중회(仲晦), 호는 회암(晦菴)·회옹(晦翁). 학자들이 그를 "고정선생(考亭先生)", 또는 "자양(紫陽)"이라 하였다. 벼슬이 보문각대제(寶文閣待制)에 이르고, 송대(宋代) 이학(理學)을 집대성하여 수백 년간의 중국 학술·사상의 주류를 이룩하였다. 저서로는『근사록(近思錄)』·『어류(語類)』·『사서집주(四書集注)』·『이락연원록(伊洛淵源錄)』·『주자문집(朱子文集)』등이 있다.

19. 鑄鍾銘 權近

於穆[1]我王이 受命溥將[2]하사 肇來新邑하시니 于漢之陽이샷다 昔在松都에 國步[3]斯蹙일새 我王代之하사 除虐以德이시니 民不見兵하고 會朝淸明이로다 賢智效力하야 躋于大平하니 遠近如歸하야 旣庶旣繁이라 乃鑄厥鍾하야 乃聲晨昏[4]할제 我功我烈을 是勒是鐫하야 鎭于神都호니 於千萬年이리다

『陽村文集』

|주석| 1. 於穆 : 오(於)는 감탄사, 목(穆)은 미(美). 『시경(詩經)・주송(周頌)』에 "於穆淸廟"라고 하였다.
　　　 2. 溥將 : 광대함. 『시경(詩經)』에 "我受命溥將"라고 하였다.
　　　 3. 國步 : 국가의 운명이나 그 정세. 『시경(詩經)』에 "於乎有哀, 國步斯頻"이라 하였다.
　　　 4. 晨昏 : 새벽과 황혼.

|해제| 조선이 한양에 도읍을 정하자 큰 종을 만들어 큰 거리에 달고 건국의 대업을 새겼다. 명(銘)의 서(序)에 상세히 기록되어 있다.

|작자| 자는 가원(可遠, 1352-1409) 또는 사숙(思叔), 호는 양촌(陽村). 성리학에 조예가 깊고, 문장이 온아하였다. 벼슬은 대제학에 이르렀으며, 저서로는 『입학도설(入學圖說)』・『양촌문집(陽村文集)』 등이 있다.

20. 成都[1]卽位告天文 劉備

惟建安二十六年, 四月丙午에 皇帝備는 敢用元牡하야 昭告皇天上帝, 后土神祇하노이다 漢有天下하야 歷數無疆이어늘 曩者王莽[2]簒盜ㄹ새 光武皇帝[3], 震怒致誅하야 社稷復存터니 今曹操[4], 阻兵安忍하야 戮殺主后하며 滔天泯夏하야 罔顧天顯[5]하고 操子丕, 載其凶逆하야 竊據神器ㄹ새 羣臣

將士, 以爲 "社稷墮發하니 備宜修之호대 嗣武二祖[6]하야 龔行天罰"이라할 제 備惟否德이라 懼忝帝位ㄹ까하야 詢于庶民과 外及蠻夷君長호니 僉曰, "天命不可以不答이요 祖業不可以久替요 四海不可以無主"라하야 率土式 望이 在備一人일새 備, 畏天明命하고 又懼漢邦이 將湮于地ㄹ까하야 謹擇 元日하야 與百寮登壇하야 受皇帝璽綬하고 修燔瘞告하야 類[7]於天神하노 니 惟神饗祚于漢家하야 永綏四海하소서

『三國志』

|주석| 1. 成都 : 중국 사천성에 있는 지명. 삼국시대 촉한(蜀漢)의 도읍지.
  2. 王莽 : 한(漢)나라 때 사람, 자는 거군(巨君). 제위를 뺏어 국호를 "신(新)"이라 했다. 뒤에 광무(光武)에게 멸망되었는데, 재위는 15년이었다.
  3. 光武皇帝 : 후한(後漢)의 유수(劉秀)를 이름. 왕망(王莽)을 격파하여 낙양에 도읍. 재위는 33년이었다.
  4. 曹操 : 삼국시대 위(魏)나라 임금, 자는 맹덕(孟德). 헌제(獻帝) 때 승상이 되고, 위왕(魏王)으로 봉함, 뒤에 무제(武帝)로 추존되었다.
  5. 天顯 : 하늘의 밝은 도리.
  6. 二祖 : 전한(前漢)의 시조인 고제(高帝) 유방(劉邦)과 후한(後漢)의 광무제(光武帝) 유수(劉秀).
  7. 類 : 제사의 명칭, 정해진 날이 아닌데 하늘에 제사지냄을 이름.

|해제| 촉한(蜀漢) 유비(劉備)가 성도(成都)에서 황제의 지위에 오를 때 하늘에 고한 글이다.

|작자| 자는 현덕(玄德, 161-223), 건안(建安) 19년에 스스로 익주목(益州牧)이 되고, 24년에 한중(漢中)을 취하여 한중왕(漢中王)이 되었다가, 26년에 황제의 지위에 올랐다.

21. 北學辨 朴齊家

下士, 見五穀하고 則問中國之有無하며 中士는 以, "文章이 爲不如我也"
라하고 上士는 謂, "中國엔 無理學"이라하니 果如是면 則中國엔 遂無一事
하니 而吾所謂, "可學"之存者, 無幾矣로다 然, 天下之大에 亦何所不有리
오 吾所經歷者는 幽燕之一隅며 而所遇者는 文學之士數輩而已요 實不見
有傳道之大儒로대 而猶不敢謂必無其人焉者는 以天下之書를 未盡讀이요
天下之地를 未盡踏也로라

今不識陸隴其[1]李光地[2]之姓名과 顧亭林[3]之尊周와 朱竹垞[4]之博學과 王
漁洋[5]魏叔子[6]之詩文하고 而斷之曰, "道學文章을 俱不足觀"이라하야 并與
天下之公議히 而不信焉하니 吾不知今之人이 何恃而然歟오

夫載籍極博하고 理義無窮이라 故, 不讀中國之書者는 自畫也요 謂, "天
下盡胡"者는 誣人也니라 中國엔 固有陸王[7]之學이로대 而朱子之嫡傳은 自
在也요 我國人이 說程朱는 國無異端이어니와 士大夫, 不敢爲江西餘桃[8]
之說者는 豈其道, 出於一而然歟아 驅之以科擧하고 束之以風氣하야 不如
是면 則身無所容하야 不得保其子孫焉耳니 此其所以反不如中國之大者也
요 凡盡我國之長技라도 不過爲中國之一物하니 則其比方較計者는 已是不
自量之甚者矣로다

余, 自燕還하니 國之人士, 踵門[9]而請曰, "願聞其俗"하노라 余, 作而曰,
"子不見夫中國之緞錦者乎아 花鳥龍文이 閃鑠[10]如生하야 咫尺之間에 舒
慘異態하니 見之者, '不謂織之至於斯也'라하니 其與我國之綿布, 經緯而
已者로 何如也오 其語는 文字요 其屋은 金碧이요 其行也車요 其臭也香이
요 其都邑城郭, 笙歌之繁華와 虹橋綠樹에 殷殷訇訇[11]之去來, 宛如圖畵
하고 其婦는 皆古髻長衣하야 望之亭亭이 不似今之短衣廣裳의 猶襲蒙古
也"라하였더니 皆茫然不信[12]하고 失所望而去하야 以爲, "右袒於胡也"라하
니 嗚呼라 夫此人者는 皆將與明此道治此民者也어늘 其固如此하니 宜今

俗之不振也로다 朱子曰, "惟願識義理人多"라하나니 余, 不可以不辨於玆
하노라

|주석| 1. 陸隴其 : 자는 가서(稼書, 1630-1692), 호는 삼어(三魚), 정주(程朱)의 학문을
　　　　　존숭하여 그 정종을 얻었음.
　　　2. 李光地 : 자는 진경(晋卿, 1642-1718), 호는 용촌(榕村), 정주(程朱)의 학문을
　　　　　독신하였음.
　　　3. 顧亭林 : 이름은 염무(炎武, 1613-1682), 자는 영인(寧人), 정림(亭林)은 호,
　　　　　경세학을 강구하여 저서가 몹시 많음.
　　　4. 朱竹垞 : 이름은 이존(彝尊, 1629-1709), 자는 석창(錫鬯), 죽타(竹垞)는 호,
　　　　　고거학(考據學)에 힘을 써서 모든 서적을 섭렵하였고, 시는 왕사정(王士禎)과
　　　　　병칭되었음.
　　　5. 王漁洋 : 이름은 사정(士禎, 1634-1711), 자는 이상(貽上), 어양(漁洋)은 호,
　　　　　시로써 일대의 종장(宗匠)이 되었음.
　　　6. 魏叔子 : 이름은 희(禧, 1624-1680), 숙자(叔子)는 자, 호는 작정(勺庭), 행실
　　　　　과 학문이 세상에서 드높았음.
　　　7. 陸王 : 육구연(陸九淵)·왕수인(王守仁).
　　　8. 江西餘桃 : 육구연과 왕수인이 살던 곳.
　　　9. 踵門 : 몸소 그 문에 이름, 『맹자(孟子)』에 "踵門而告文公"이라 하였다.
　　　10. 閃鑠 : 눈부시게 번쩍거림.
　　　11. 殷殷訇訇 : 융성한 모양과 크나큰 소리.
　　　12. 茫然不信 : 어리둥절하여 믿지 않다.

|해제| 이 글은 『북학의(北學議)』 중의 한 편이다. 당시 인사들은 존명사상(尊明思
想)에 몰두하여 청(淸)을 배격하였으므로 박제가는 이에서 그들의 그릇됨을 논하
였다. 연경(燕京)에 갔다가 돌아와 『북학의』를 지어서 북학을 고창하였다. 그는
조선 후기 곧 영조·정조 시대의 실학파 중에 특히 북학파의 선구였다.

|작자| 자는 재선(在先, 1750-1806) 또는 차수(次修), 호는 초정(楚亭)·정유(貞
蕤)·위항도인(葦杭道人). 유득공(柳得恭)·이덕무(李德懋)·서이수(徐理修)와 함
께 4검서(四檢書)의 이름을 얻었다. 서(書)·화(畵)·문장에 모두 능하여 별자관

(別賓官)으로 세 번이나 연경에 들어가서 청(淸)의 명사 원매(袁枚) 등과 교유하였으며, 박지원(朴趾源)보다도 먼저 북학을 부르짖었다. 저서로는 『북학의(北學議)』·『정유고(貞蕤藁)』 등이 있다.

22. 致俞蔭甫樾書　李鴻章

蔭甫仁兄足下여 手教遠頒에 并承惠篆書[1]聯幅하야 伸紙發函에 古香四溢하고 几席晤對[2]할제 如親譚笑하니 珍逾百朋이라 感謝靡已로다 卽審, 覃思[3]闡學하야 遂有成書하야 希蹤古人하며 嘉惠來者하니 嗇彼豊此라 百城之擁이 奚羨萬戶之封也리오 恭請箸安하고 不盡依依하노라

|주석| 1. 篆書 : 전자(篆字)로 쓴 글씨.
　　　 2. 晤對 : 마주 대함.
　　　 3. 覃思 : 깊이 생각함.

|해제| 이홍장(李鴻章)이 유월(俞樾)에게 전서(篆書)를 받고 고마운 뜻을 표한 간찰이다.

|작자| 자는 소전(少荃, 1823-1901), 벼슬이 문화전대학사(文華殿大學士)에 이르렀고, 갑오년 중일(中日)의 시모노세키조약[馬關條約]과 경자년 연합군과의 북경조약(北京條約) 등을 체결하였다. 시문에 능하여 문집(文集)이 있다.

23. 淵生書室銘 幷序　卞榮晩

淵生은 李君家源의 字라 年甫廿六에 貌玉雪이요 志深才瑩하고 筆墨이 奧麗하야 直欲與古一流班이라 夫淵生之所以自致者, 能如此로대 而撝不以

居하고 反每引重於余하야 以頃近所得으로 爲多出於余하나, 余, 自審無所出이로라 夫人이 無所出矣어늘 而我能得其所爲然이라하니 是其故를 可知로다 是蓋亦淵生이 闇嘿征邁[1]하야 能自出其才志之所斬嚮焉而已矣라 吾何出이며 吾何出이리오 歲癸未[2]에 天下之亂이 旣極하야 匪特四海多壘하고 人鮮甁粟이라 排空濟溟하야 鳥魚之輩이 盡喪故途하야 其餘勢, 又將 不鳥魚人人이면 不止ㄹ새 余, 遂以其杪冬[3]으로 悄然南下하야 先訪淵生 於其溪上之先亭[4]하야 謀所以處身者러니 淵生이 反覆累日에 竟不能有所出이라 雖然, 余亦非無所得焉이로라 "無德不報하며 無言不讎[5]"라하니 豈是類也歟아 逮其將饁余于甕泉[6]也에 願得吾一言하야 以常目之ㄹ새 如慨然許之하고 幷付中州人所製石印[7]―하야 俾作室中之珍하고 已에 予以一銘曰,

水絡天地하야 無方不徂라 淵于衆水에 爲象最樞라 恒平厥槃하나 隱有 所濡라 中含珠寶하니 疇敢就刳오 淵生之室은 澄明攸都라 津潤之學과 怪麗之觚와 迺至謀畫에 胥由是塗라 愼毋揭揭하야 爲人所沽어다 沽則速竭이요 涵之愈蘇리라 山叟作銘하야 永裕悉圖하노라

『山康齋文鈔』

|주석| 1. 闇嘿征邁 : 의사를 밖으로 드러내지 않고 꾸준히 나아감.
　　　2. 癸未 : 1943년.
　　　3. 杪冬 : 늦은 겨울.
　　　4. 溪上之先亭 : 안동군 도산(陶山) 온혜동(溫惠洞)에 있는 고계산방(古溪山房).
　　　5. 無德不報無言不讎 : 『시경(詩經)·대아(大雅)』에 실린 말.
　　　6. 甕泉 : 안동의 역이름.
　　　7. 石印 : 자주(自注)에 "印文中有所懷四字"라고 하였다.

|해제| 산강(山康)이 필자를 위하여 쓴 서실의 기문(記文)이다.

|작자| 자는 곡명(穀明, 1889-1954), 또는 자민(自旻), 호는 계황(薊篁)·매당(邁

堂)·삼청(三淸)·곡명(曲明)·산강재(山康齋). 한말에 판사(判事), 광복 후에는 성균관대학교수(成均館大學校授) 역임. 중국문학가, 저서로는 『납잡초(拉雜草)』·『산강재문초(山康齋文鈔)』 등이 있다.

24. 詩經 鈔　佚名氏

1) 關雎

關關[1]雎鳩[2]여 在河[3]之洲[4]로다 窈窕[5]淑[6]女여로다 君子好逑 로다

參差[7]荇[8]菜를 左右流[9]之로다 窈窕淑女를 寤寐求之로다 求之不得하야서 寤寐思服[10]호니 悠哉悠哉[11]라 輾轉反側[12]하소라

參差荇菜를 左右采[13]之로다 窈窕淑女를 琴瑟友[14]之로다 參差荇菜를 左右芼[15]之로다 窈窕淑女를 鍾鼓樂之로다

「周南」

2) 摽有梅

摽[16]有[17]梅여 其實七兮로다 求我庶士는 迨其吉兮ㄴ저

摽有梅여 其實三兮로다 求我庶士는 迨其今兮ㄴ저

摽有梅여 頃筐墍[18]之로다 求我庶士는 迨其謂[19]之ㄴ저

「召南」

3) 簡兮

簡[20]兮簡兮여 方將萬舞[21]로다 日之方中하야 在前上處[22]로다

碩人俁俁[23]하니 公庭萬舞로다 有力如虎하며 執轡如組로다

左手執籥[24]하고 右手秉翟[25]이로다 赫如渥丹하니 公[26]言錫爵[27]하시다

山有榛[28]이며 濕有苓[29]이로다 云誰之思오 西方美人[30]이로다 彼美人兮여 西方之人兮로다

「邶風」

4) 有女同車

有女同車하니 顏如舜華[31]로다 將翱將翔할제 佩玉瓊琚로다 彼美孟姜[32]이여 洵美且都[33]로다

有女同行하니 顏如舜英이로다 將翱將翔할제 佩玉將將[34]이로다 彼美孟姜이여 德音不忘이로다

「鄭風」

|주석| 1. 關關 : 자웅이 서로 화답하는 소리.

　　2. 雎鳩 : 물새 이름. 어응(魚鷹).

　　3. 河 : 황하(黃河).

　　4. 洲 : 물가의 거처할 만한 땅.

　　5. 窈窕 : 마음씨와 용도가 곱고 아리따움.

　　6. 淑 : 덕행이 어짐.

　　7. 參差 : 가지런하지 않은 모양.

　　8. 荇 : 마름의 일종.

　　9. 流 : 구(求).

　　10. 思服 : 사(思)는 조사, 복(服)은 생각.

　　11. 悠哉悠哉 : 생각이 깊음을 형용.

　　12. 輾轉反側 : 전(輾)은 전(轉)의 절반, 반측(反側)은 반복과 같음, 누워서 뒤척대며 잠을 이루지 못함.

　　13. 采 : 곧 채(採).

　　14. 友 : 친애.

　　15. 芼 : 채택.

　　16. 摽 : 격(擊).

　　17. 有 : 우(于)와 뜻이 같음.

　　18. 塈 : 취(取).

　　19. 謂 : 고(告)와 뜻이 같음.

　　20. 簡 : 습(習).

　　21. 萬舞 : 무(舞)의 총칭.

　　22. 前上處 : 앞 열의 앞.

　　23. 俁俁 : 큰 모양.

　　24. 籥 : 악기 이름.

25. 翟 : 산꿩의 깃.

26. 公 : 위군(衛君).

27. 爵 : 술잔.

28. 榛 : 나무이름, 개암.

29. 苓 : 감초.

30. 西方美人 : 서주(西周)의 성왕(盛王).

31. 舜華 : 목근화(木槿花).

32. 孟姜 : 맹성(孟姓)의 장녀.

33. 都 : 미(美), 『전국책(戰國策)』에 "妻子衣服麗都"라 하였다.

34. 將將 : 장장(鏘鏘)과 같음.

|해제|『시경(詩經)』 중 4편을 뽑은 것이다. 1)은 신혼을 축하하는 시, 2)는 딸의 혼인을 축하하는 시, 3)은 춤 잘 추는 이를 찬미하는 시, 4)는 신랑이 신부를 찬미하는 시이다.

25. 古芸堂筆記 柳得恭

上[1]이 以近日文體卑下로 屢降絲綸[2]하야 責詞臣하야 嚴禁稗官小說하고 亦飭諸檢書하며 無得務尚新奇하고 北靑府使成大中이 獨趨軌途라하야 每加褒賞하야 命內閣하야 置酒賦詩하야 以寵其行할새 徐南兩直閣[3]과 薑山[4] 李承旨在席하니 皆當世詞伯이요 檢書론 則余及李懋官[5]이 與焉하니 可謂至榮이로다

是日에 南直閣이 以聖旨로 折簡하야 諭安義縣監朴趾源호대 若曰, "熱河日記는 乙覽已訖호라 能復爲雅正之文호대 編帙이 比熱河日記코 膾炙도 若熱河日記면 則可也요 不然이면 有罰"하리라하니 燕巖이 弱冠에 善屬文으로 名動京師러니 旣에 而落拓未第하고 隨族兄錦城都尉[6]使燕하야 遊熱河而歸하야 著日記二十卷하니 嘻笑怒罵에 雜以寓言하고 其象記, 虎叱, 夜出古北口, 一日九河等編이 極恢奇[7]하야 一時士大夫, 傳寫借看호대

數年而未已러니 此書, 竟徹九重하야 有是聖教也러라

燕巖은 余輩素所周旋이라 方其著日記也에 悉削前日所爲文하니 意以謂 "有此記면 則餘不足傳也"라 今在下邑하야 巾篋中에 旣無一葉舊藁히 忽欲爲莊語하니 烏能滿二十卷이며 莊語는 又未易膾炙하야 所恃以不朽者하니 則殆同準勅惡詩리니 "天下狼狽人이 莫如燕巖"이로다하고 余與懋官으로 一場葫蘆호라

『冷齋書種·熱河日記』

|주석| 1. 上 : 정조(正祖).
    2. 絲綸 : 조칙(詔勅)의 글.
    3. 徐南兩直閣 : 서영보(徐榮輔)·남공철(南公轍).
    4. 薑山 : 이서구(李書九)의 호.
    5. 李懋官 : 이덕무(李德懋), 무관(懋官)은 자.
    6. 錦城都尉 : 박명원(朴明源), 영조(英祖)의 딸 화평옹주(和平翁主)의 부마.
    7. 恢奇 : 매우 기이함.

|해제| 정조(正祖)의 문체반정책(文體反正策)에 의한 당시의 사정을 필기에 적은 것 중 한 절목이다. 유득공(柳得恭)은 당시 4검서(四檢書)의 하나이고, 고운당필기(古芸堂筆記)는 『영재서종(泠齋書種)』 중 일종이다. 박지원(朴趾源)의 『열하일기(熱河日記)』에 대한 사정을 적은 것이다.

|작자| 자는 혜보(惠甫, 1748-1807), 또는 혜풍(惠風), 호는 영재(泠齋), 이덕무(李德懋)·박제가(朴齊家)·서이수(徐理修)와 함께 4검서(四檢書)의 이름을 얻었으며, 벼슬은 부사(府使)에 이르렀고, 저서로는 『영재집(泠齋集)』·『영재서종(泠齋書種)』 등이 있다.

26. 中國小說史略序言　周樹人

中國小說이 自來無史하고 有之라도 則先見于外國人所作之中國文學史中
이러니 而後, 中國人所作者中에도 亦有之나 然, 其量이 皆不及全書之什
일새 故於小說엔 仍不詳이러니라

　此稿는 雖專史나 亦麤略[1]也라 然, 而有作者는 三年前에 偶當講述此史
하야 自慮不善言談하야 聽者或多不憭ㄹ새 則疎其大要하야 寫印以賦同
人[2]이러니 又慮鈔者之勞也하야 乃復縮爲文言하야 省其擧例하야 以成要
略하야 至今用之호라

　然, 而終付排印者는 寫印已屢하야 任其事者, 實早勞矣라 惟排字[3]反較
省일새 因以印也하노라

　自編輯寫印以來로 四五友人이 或假[4]以書籍하며 或助爲校勘호대 雅意
勤勤하야 三年如一하니 嗚呼라 於此謝之하노라

　一九二三年, 十月七日夜에 魯迅은 記於北京하노라

『中國小說史略』

|주석| 1. 麤略 : 주밀하지 못함.
　　　2. 同人 : 뜻을 같이 한 사람.
　　　3. 排字 : 활자를 배열하여 판을 만듦.
　　　4. 假 : 빌리다.

|해제| 이는 노신(魯迅)『중국소설사략(中國小說史略)』의 자서(自序)이다. 본서와
편찬에 대한 고충과 경위를 간명하게 서술하였다.

|작자| 필명(筆名)은 노신(魯迅, 1881~1936). 중국 문학혁명가. 저서로는『중국소
설사략(中國小說史略)』·『소설구문초(小說舊聞鈔)』·『노신전집(魯迅全集)』등이
있다.

27. 動亂中脫至海上與親友見　成樂熏

千里穿屍行하니　生還良已足이라

焉知在此時하야　所思聚海曲[1]가

寬懷杯無厭이요　言情語相續이라

明月滿滄海하니　童子休擧燭하라

人生一經亂하면　且可輕榮辱이리라

海山可游遨[2]하니　誰能復踦踽[3]고

世事紛未已하니　潔身當遠躅이라

非徒期長往이라　道義永相勗하세

『放隱文藁』

|주석| 1. 海曲 : 바다의 한 굽이진 곳.
　　　2. 游遨 : 노닐음.
　　　3. 踦踽 : 마음에 두려워 몸 둘 곳을 모름.

|해제| 1950년 6·25의 동란 중에 서울을 탈출하여 부산에 이르러서 친우들과 만난 감회를 읊은 시이다. 산강(山康) 변옹(卞翁)의 평에 "비록 전오간(典午間)의 고수라도 이에서 지나칠 수 있겠느냐." 하였다.

|작자| 자는 방은(放隱, 1911-1976), 한문학가, 경북대학교 교수. 저서로는『방은문고(放隱文藁)』가 있다.

28. 五噫歌　梁鴻

陟彼北芒兮여　噫라　顧瞻[1]帝京兮여　噫라

宮闕崔巍[2]兮여　噫라　民之劬勞[3]兮여　噫라

遼遼未央兮여 噫라

『後漢書·梁鴻傳』

|주석| 1. 顧瞻 : 돌아다 봄.
　　　2. 崔巍 : 높이 우뚝 솟은 모양.
　　　3. 劬勞 : 수고롭고 괴로움.

|해제| 양홍(梁鴻)이 일찍이 왕망(王莽)의 난을 만나서 집이 가난하나 절개를 숭
상하더니, 후한(後漢) 장제(章帝) 때에 경사를 지나다가 이 노래를 지었다. 장제
가 듣고 찾았으나 나타나지 않았다.

|작자| 자는 백란(伯鸞), 동한(東漢) 평릉인(平陵人). 가난했으나 절의를 숭상하
고, 박람하여 통달하지 않은 것이 없었다. 뒤에 부부가 같이 패릉산중(霸陵山中)
에 들어가 농사를 지었다.

---

29. 東湖問答 鈔　李珥

客曰, "士生斯世하야 莫不以經濟¹爲心하나니 宜乎心迹皆同이어늘 而或
進而兼善하고 或退而自守는 何耶"오

　主人曰, "士之兼善은 固其志也어니와 退而自守는 夫豈本心與아 時有
遇不遇耳라 進而兼善者는 其品有三하니 道德在躬하야 推己及人하야 欲
使吾君으로 爲堯舜之君하며 吾民으로 爲堯舜之民하야 事君行己를 一以
正道者는 大臣也요 惓惓憂國²호대 不顧其身하야 苟可以尊主庇民하야 不
擇夷險³하고 盡誠行之하야 雖於正道에 少有出入이라두 而終始以安社稷
爲心者는 忠臣也요 居其位, 思守其職하며 受其任, 思效其能하야 器雖不
足於經國하나 才可有爲於一官者는 幹臣也니 大臣이 得君이면 則可復三
代⁴之治요 忠臣이 當國이면 則可無危亡之禍어니와 若夫幹臣은 則可用於

有司하나 而不可使當大任也요 退而自守者도 其品有三하니 懷不世之寶
하며 蘊濟時之具하야 囂囂⁵樂道하야 韞櫝待賈⁶者는 天民也요 自度學不足
而求進其學하며 自知材不優而求達其材하야 藏修待時하야 不輕自售者는
學者也요 高潔淸介하야 不屑⁷天下之事하고 卓然長往하야 與世相忘者는
隱者也니 天民이 遇時하면 則天下之民이 皆被其澤矣요 學者는 雖遇明時
라도 苟於斯道에 有所未信이면 則不敢輕進焉이어니와 若隱者는 則偏於
避世⁸하니 非時中之道也"니라

『栗谷全書·論臣道』

|주석| 1. 經濟 : 나라를 경륜하고 세상을 건짐.
2. 惓惓憂國 : 간곡히 나랏일을 근심함.
3. 夷險 : 순경과 역경.
4. 三代 : 중국의 하(夏) · 은(殷) · 주(周).
5. 囂囂 : 마음에 흡족하여 바라는 것이 없는 모양
6. 韞櫝待賈 : 재능을 지니고 그 시기를 기다리는 것.
7. 不屑 : 경시하여 뜻을 두지 않음.
8. 避世 : 몸을 속세에 드러내지 않고 피해 삶.

|해제| 이는 율곡(栗谷)의 「동호문답(東湖問答)」 중에서 논신도(論臣道)의 한 절
목을 뽑은 것이다. 진삼품(進三品)의 대신(大臣) · 충신(忠臣) · 간신(幹臣)과, 퇴삼
품(退三品)의 천민(天民) · 학자(學者) · 은자(隱者) 등을 열거하였다. 이에서 그 경
국(經國) · 제세(濟世)의 학문의 일단을 엿볼 수 있겠다.

|해제| 자는 숙헌(叔獻, 1536-1584), 호는 율곡(栗谷). 조선 정치윤리가. 저서로는
『성학집요(聖學輯要)』·『격몽요결(擊蒙要訣)』·『경연일기(經筵日記)』·『율곡문
집(栗谷文集)』 등이 있다.

30. 答司馬諫議書　王安石

某는 啓하노라 昨日蒙教하고 竊以爲, "與君實[1]游處하야 相好之日久하나 而議事每不合은 所操之術이 多異故也라 雖欲强聒이나 終必不蒙見察"이라 故畧上報하고 不復一一自辨이러니 重念, "君實이 視遇厚하야 於反覆[2]에 不宜鹵莽"일새 故今具道所以하노니 冀君實은 或見恕也하라

蓋儒者所爭은 尤在於名實[3]하나니 名實已明이면 而天下之理得矣어늘 今君實所以見敎者는 以爲, "侵官, 生事, 征利, 拒諫하야 以致天下怨謗"이라하니 某則以爲, "受命於人主하야 議法度而修之於朝廷하야 以授之於有司[4], 不爲侵官이며 擧先王之政하야 以興利除弊, 不爲生事며 爲天下理財不, 不爲征利며 闢邪說, 難壬人[5]이 不爲拒諫이요 至於怨誹之多는 則固前知其如此也로라 人習於苟且非一日이요 士大夫, 多以不恤國事하야 同俗自媚於衆으로 爲善이어늘 上乃欲變此할새 而某不量敵之衆寡하고 欲出力助上[6]以抗之하니 則衆何爲而不洶洶然이리오 盤庚[7]之遷에 胥怨者는 民也요 非特朝廷士大夫而已로대 盤庚이 不爲怨者하야 故改其度[8]하고 度義[9]而後動하니 是而不見可悔故也러니라

如君實이 責我以在位久하야 未能助上大有爲하야 以膏澤斯民하면 則某知罪矣어니와 如曰, "今日엔 當一切不事事[10]하야 守前所爲而已"라하면 則非某之所敢知요 無由會晤하니 不任區區[11]向往之至로라

『臨川集』

|주석| 1. 君實 : 사마광(司馬光)의 자.
2. 反覆 : 자세하다.
3. 名實 : 명칭(名稱)과 진실(眞實). 『맹자(孟子)·고자(告子)』에 "先名實者, 爲人也."라고 하였다.
4. 有司 : 관리.
5. 難壬人 : 난(難)은 힐책, 임인(壬人)은 교변(巧辯)을 잘하는 사람.
6. 上 : 송 신종(宋神宗).

7. 盤庚 : 은왕(殷王)의 이름. 황하가 범람하였으므로 반경이 환도를 주장했으나
   은의 세족과 평민이 모두 반대하자 반경이 환도의 이익을 논하였음.
8. 度 : 법.
9. 度義 : 의리를 헤아려 앎.
10. 事事 : 일을 일삼음. 앞의 사(事)자는 동사.
11. 區區 : 정성.

|해제| 송(宋) 간의대부 사마광(司馬光)이 왕안석(王安石)에게 글을 보내어 신법
(新法)을 반대하자 왕안석이 답서로 논변하였다. 사마광이 또 두 번째 편지로 그
에게 권계하자 왕안석이 이에 두 편지를 종합하여 자기의 의견을 진술하되 신법
의 유리함과 보수의 그릇됨을 역설하였다. 이는 극히 경한(勁悍)하고 능려(凌厲)
한 문장이다.

|작자| 자는 개보(介甫, 1021-1086). 호는 반산(半山). 일찍이 신법(新法)을 주창
하였을 때에 사마광의 반대로 행하지 못하였다. 벼슬은 사공(司空)에 이르렀다.
문장이 간결(簡潔)하고 초심(峭深)하여 저서에 『임천집(臨川集)』·『주관신의(周
官新義)』·『당백가시선(唐百家詩選)』 등이 있다.

---

31. 登岳陽樓歎關山戎馬　申光洙

魚龍이 寂寞코 秋江冷하니 人在西風仲宣樓[1]를 梅花萬國에 聽暮笛이요 桃
竹殘年에 隨白鷗를 烏灣[2]落照倚檻恨은 直北兵塵이 何日休오 春花故國濺
淚後에 何處江山이 非我愁러냐 新蒲細柳曲江[3]苑이요 玉露青楓夔子州[4]를
青袍로 一上萬里船하니 洞庭이 如天코 波始秋를 無邊草色七百里에 自古
高樓가 湖上浮러니라 秋聲徒倚落木天하니 眼力이 初窮青草[5]洲를 風煙이
非不滿目來되 不幸東南에 飄泊游를 中州幾處戰鼓多오 臣甫[6]先爲天下憂
를 青山白水寡婦哭이요　苜蓿葡萄胡騎啾를 開元[7]花鳥鎖繡嶺[8]한데 泣聽

江南紅荳謳⁹를 西垣梧竹은 舊拾遺¹⁰요 楚戶霜砧에 餘白頭를 蕭蕭孤棹가
犯百蠻하니 晚年生涯三峽¹¹舟를 風塵弟妹는 淚欲枯하고 湖海親朋은 書不
投를 如萍天地에 此樓高하니 亂代登臨悲楚囚¹²를 西京萬事奕碁場에 北
望黃屋¹³平安不아 巴陵¹⁴春酒가 不成醉하니 錦囊이 無心風物收를 朝宗江
漢此何地오 等閒瀟湘이 樓下流를 蛟龍在水코 虎在山하니 青瑣¹⁵朝班이
年幾周오 君山¹⁶元氣莽蒼邊에 一簾斜陽이 不滿鉤를 三聲楚猿이 喚愁生
하니 眼穿京華倚北斗를

『石北文學研究』

|주석| 1. 仲宣樓 : 중선(仲宣)은 왕찬(王粲)의 자, 누(樓)는 「등루부(登樓賦)」가 있음.
   2. 烏灣 : 민족명, 일명 흑라라(黑羅羅).
   3. 曲江 : 강이름, 강소성에 있음.
   4. 夔子州 : 곧 기주(夔州), 사천성에 있음.
   5. 青草 : 청초호(青草湖), 호남성 악양현(岳陽縣) 서남에 있음.
   6. 甫 : 두보(杜甫).
   7. 開元 : 당 현종(唐玄宗) 연호(713~741).
   8. 繡嶺 : 소재 미상.
   9. 紅荳謳 : 노래 이름, 홍두(紅荳)는 상사자(相思子).
   10. 拾遺 : 관명, 두보가 일찍이 좌습유(右拾遺)를 역임하였음.
   11. 三峽 : 구당협(瞿塘峽)·무협(巫峽)·서릉협(西陵峽).
   12. 楚囚 : 자유를 빼앗기고 이국에 갇힌 사람을 이름.
   13. 黃屋 : 천자의 수레.
   14. 巴陵 : 산이름, 호남성 악양현에 있음.
   15. 青瑣 : 옛 창문의 장식, 『한서(漢書)·원후전(元后傳)』에 "赤墀青瑣"라 하였다.
   16. 君山 : 산이름, 동정호 중에 있음.

|해제| 이는 조선시대의 독특한 공령시(功令詩)이다. 신광수(申光洙)가 두보(杜
甫)의 고사(故事)로써 과거시험에 응한 명작이다. 이 시의 특색은 거의 두보시를
집구(集句)한 듯이 이용하였으나 한 편이 혼연히 완성되어 의연히 천의무봉(天衣
無縫)이 되었다는 점이다.

|작자| 자는 성연(聖淵, 1712-1775), 호는 석북(石北)·오악산인(五嶽山人). 특히 악부·과시에 능하여 이 편과 「관서악부(關西樂府)」는 일세에 회자되었으며, 저서로는 『석북문집(石北文集)』이 있다.

32. 思美人 屈平

思美人兮여 擥涕而竚眙로다 媒絶路阻兮여 言不可結而詒로다 蹇蹇[1]之煩冤兮여 陷滯而不發이로다 申旦以舒中情兮여 志沈菀而莫達이로다 願寄言於浮雲兮여 遇豐隆[2]而不將이로다 因歸鳥而致辭兮여 羌迅高而難當이로다

當高辛[3]之靈晟[4]兮여 遭玄鳥而致詒로다 欲變節以從俗兮여 愧易初而屈志로다 獨歷年而離[5]愍兮여 羌馮心猶未化로다 寧隱閔而壽考兮여 何變易之可爲오 知前轍之不遂兮여 未改此度로다 車旣覆而馬顚兮여 蹇獨懷此異路로다 勒騏驥而更駕兮여 造父[6]爲我操之로다 遷逡次而勿驅兮여 聊假日以須時로다 指嶓冢[7]之西隈兮여 與纁黃[8]以爲期로다

開春發歲兮여 白日出之悠悠로다 吾將蕩志而愉樂兮여 遵江夏[9]以娛[10]憂로다 擥大薄[11]之芳茝兮여 搴長洲之宿莽로다 惜吾不及古人兮여 吾誰與玩此芳草오 解萹薄[12]與雜菜兮여 備以爲交佩로다 佩繽紛以繚轉兮여 遂萎絶而離異로다 吾且儃佪[13]以娛憂兮여 觀南人之變態로다 竊快[14]中心兮여 揚厥憑[15]而不竢로다 芳與澤其雜糅兮여 羌芳華自中出로다 芬郁郁其遠蒸兮여 滿內而外揚이로다 情與質[16]信可保兮여 羌居蔽而聞章이로다

令薜荔而爲理兮여 憚擧趾而緣木이로다 因芙蓉而爲媒兮여 憚褰裳而濡足이로다 登高吾不說兮여 入下吾不能이로다 固朕形之不服兮여 然容與[17]而狐疑이로다 廣遂前畫[18]兮여 未改此度也로다 命則處幽하니 吾將罷[19]兮여 願及白日之未莫也로다 獨煢煢而南行兮여 思彭咸[20]之故也로다

『楚辭·九章』

|주석| 1. 蹇蹇 : 충성을 다함.
2. 豐隆 : 구름의 신.
3. 高辛 : 제곡(帝嚳)으로, 오제(五帝)의 하나.
4. 靈晟 : 신령(神靈)·덕성(德盛).
5. 離 : 리(罹).
6. 造父 : 주 목왕(周穆王).
7. 崦嵫 : 산이름.
8. 纁黃 : 황혼.
9. 江夏 : 두 지명.
10. 娛虞 : 오지(娛志).
11. 薄 : 초목이 무성한 곳.
12. 蒿薄 : 편축(萹蓄)이 무성한 곳.
13. 儃佪 : 배회.
14. 竊快 : 몹시 유쾌함.
15. 揚厥憑 : 양(揚)은 서(舒), 궐(厥)은 기(其), 빙(憑)은 분만(憤懣).
16. 情與質 : 언과 행.
17. 容與 : 배회.
18. 廣遂前畫 : 널리 옛 현자의 계책을 이룩함.
19. 罷 : 고달프다.
20. 彭咸 : 인명, 은대부(殷大夫). 임금이 그의 말을 듣지 않고 자살하였음.

|해제| 이는 『초사(楚辭)·구장(九章)』중의 하나이다. 미인(美人)은 임금, 곧 초 회왕(楚懷王)을 가리킨 것이다. 나는 임금을 연모하나 임금은 나를 돌보지 않는 다. 그러나 나는 애초의 뜻을 변경하지 않고 더욱 고절(苦節)을 닦아 죽은 뒤에야 말 것이다.

|작자| 또 다른 이름은 정칙(正則), 자는 원(原)·영균(靈均). 박문강기(博聞强記)하 여 정치에 밝으며, 문장과 사령(辭令)에 익숙하였다. 초 회왕(楚懷王)이 진(秦)에서 죽고, 아들 경양왕(頃襄王)이 서자 영윤(令尹) 자란(子蘭) 등의 참소로 강남(江南) 으로 방축되었다가 멱라(汨羅)에 빠져 죽었다. 작품으로는 「이소(離騷)」·「구가(九 歌)」·「천문(天問)」·「구장(九章)」 등이 있다.

33. 許生 朴趾源

許生은 居墨積洞하다 直抵南山下하야 井上에 有古杏樹[1]하고 柴扉向樹而
開하며 草屋數間이 不蔽風雨하나 然, 許生은 好讀書하고 妻, 爲人縫刺[2]하
야 以糊口러라

一日에 妻甚饑하야 泣曰, "子平生에 不赴擧[3]하니 讀書何爲"오 許生이
笑曰, "吾讀書未熟"이라오 妻曰, "不有工乎"이까 生曰, "工未素學하니 奈
何"오 妻曰, "不有商乎"아 生曰, "商無本錢하니 奈何"오 其妻, 恚且罵曰,
"晝夜讀書호대 只學'奈何'로고 不工不商하면 何不盜賊"고

許生이 掩卷起曰, "惜乎라 吾讀書에 本期十年이러니 今七年矣"로다하
고 出門而去하니 無識者라 直之雲從街[4]하야 問市中人曰, "漢陽中에 誰最
富"오 有道卞氏[5]者ㄹ새 遂訪其家하다

許生이 長揖曰, "吾家貧하야 欲有所小試하노니 願從君借萬金"하노라
卞氏曰, "諾"다하고 立與萬金하나 客竟不謝而去하니라 子弟賓客이 視許
生은 丐者[6]也라 絲絛穗拔하며 革履跟顚하고 笠挫袍煤하며 鼻流淸涕러라

客旣去에 皆大驚曰, "大人은 知客乎"이까 曰, "不知也"니라 "今一朝에
浪空擲萬金於生平所不知何人호대 而不問其姓名은 何也"오 卞氏曰, "此
非爾所知니라 凡有求於人者는 必廣張志意하야 先耀信義나 然, 顔色愧屈[7]
하고 言辭重複이어늘 彼客은 衣屨雖弊하나 辭簡而視傲하고 容無怍色[8]하
니 不待物而自足者也라 彼其所試術不小요 吾亦有所試於客하니 不與則
已어니와 旣與之萬金인댄 問姓名何爲"리오하더라

於是에 許生이 旣得萬金하야 不復還家하고 以爲, "安城은 畿湖之交요
三南之綰口"라하야 遂止居焉하야 棗栗梨柿와 柑榴橘柚之屬을 皆以倍直[9]
居之하니라 許生이 榷菓하니 而國中이 無以讌祀러니 居頃之에 諸賈之獲
倍直於許生者, 反輸十倍라 許生이 喟然[10]嘆曰, "以萬金傾之하니 知國淺
深矣"라하고 以刀鏄布帛綿으로 入濟州하야 悉收馬鬣鬃曰, "居數年이면

國人이 不裹頭矣"리라하더니 居頃之에 網巾價至十倍러라

許生이 問老篙師[11]曰, "海外에 豈有空島可以居者乎"아 篙師曰, "有之하니 常漂風하야 直西行三日夜하야 泊一空島하니 計在沙門長崎之間이라 花木自開하며 菜蔬自熟하고 麋鹿[12]成群하며 游魚不驚"이러이다 許生이 大喜曰, "爾能導我하면 富貴共之"하리라 篙師從之하야 遂御風하야 東南入其島하다 許生이 登高而望터니 悵然[13]曰, "地不滿千里하니 惡能有爲리오마는 土肥泉甘하니 只可作富家翁"이로다 篙師曰, "島空無人하니 尙誰與居니이꼬 許生曰, "德者는 人所歸也라 尙恐不德이언정 何患無人"이리오하더라

是時에 邊山群盜數千이라 州郡이 發卒逐捕호대 不能得이나 然, 群盜亦不敢出剽掠[14]하야 方饑困이라 許生이 入賊中하야 說其魁帥曰, "千人掠千金하면 所分幾何"오 曰, "人一兩耳"니라 許生曰, "爾有妻乎"아 群盜曰, "無"니라 曰, "爾有田乎"아 群盜笑曰, "有田有妻면 何苦爲盜"리오 許生曰, "審若是也면 何不娶妻樹屋[15]하며 買牛耕田하야 生無盜賊之名코며 而居有妻室之樂하며 行無逐捕之患코 而長享衣食之饒乎"오 群盜曰, "豈不願如此리오마는 但無錢耳"로라 許生이 笑曰, "爾爲盜하니 何患無錢고 吾能爲汝辦之하리라 明日에 視海上風旗紅者, 皆錢船也리니 恣汝取去"하리라

許生이 約群盜하고 旣去에 群盜皆笑其狂이러니 及明日에 至海上하니 許生이 載錢三十萬이라 皆大驚하야 羅拜[16]曰, "惟將軍令"하노이다 許生曰, "惟力負去"하라한대 於是에 群盜, 爭負錢호대 人不過百金이라 許生曰, "爾等이 力不足以擧百金하니 何能爲盜며 今爾等이 雖欲爲平民이나 名在賊簿[17]하니 無可往矣라 吾在此俟汝하리니 各持百金而去하야 人一婦一牛來"하라 群盜曰, "諾"다하고 皆散去하니라

許生이 自具二千人一歲之食하야 以待之러니 及群盜至에 無後者라 遂俱載入其空島하니라 許生이 權盜하니 而國中無警矣러라 於是에 伐樹爲屋하며 編竹爲籬하니 地氣旣全하야 百種碩茂[18]하야 不菑不畬[19]호대 一莖

九穗라 留三年之儲하고 餘悉舟載하야 往糶長崎島하니 長崎者는 日本屬州요 戶三十一萬이라 方大饑ㄹ새 遂販之하야 獲銀百萬하니라

許生이 歎曰, "今吾已小試矣"로라하고 於是에 悉召男女二千人하야 令之曰, "吾始與汝等으로 入此島할제 先富之하고 然後別造文字하며 刱製衣冠터니 地小德薄하니 吾今去矣리니 兒生執匙를 敎以右手하고 一日之長에 讓之先食"하라하고 悉焚他船曰, "莫往則莫來"라하고 投銀五十萬於海中曰, "海枯有得者리라 百萬이 無所容於國中이온 況小島乎"아하고 有知書者ㄹ새 載與俱出曰, "爲絶禍於此島"라하더라

於是에 遍行[20]國中하야 賑施與貧無告者호대 銀尙餘十萬이라 曰, "此可以報卞氏"라하고 往見卞氏曰, "君이 記我乎"아한대 笑曰, 卞氏驚曰, "子之容色이 不少瘳[21]하니 得無敗萬金乎"아 許生이 "以財粹面은 君輩事耳라 萬金이 何肥於道哉"리오하고 於是에 以銀十萬으로 付卞氏曰, "吾不耐一朝之饑하야 未竟讀書하니 慙君萬金"이로다 卞氏大驚하야 起拜辭謝하고 願受什一之利한대 許生이 大怒曰, "君何以賈竪[22]視我也"오하고 拂衣而去하니라 卞氏, 潛踵[23]之할새 望見客向南山下하야 入小屋하고 有老嫗, 井上澣[24]이라 卞氏問曰, "彼小屋은 誰家"오 嫗曰, "許生員宅이니 貧而好讀書러니 一朝出門하야 不返者, 已五年이요 獨有妻在하야 祭其去日"이러이다 卞氏, 始知客乃姓許하고 歎息而歸하다 明日에 悉持其銀하고 往遺之한대 許生이 辭曰, "我欲富也ㄴ댄 棄百萬而取十萬乎아 吾從今으로 得君而活矣리니 君數視我하야 計口送糧하며 度身授布하라 一生如此足矣니 孰肯以財勞神[25]"이리오 卞氏, 說許生百端호대 竟不可奈何라 卞氏, 自是로 度許生匱乏하곤 輒身自往遺之하면 許生이 欣然受之호대 或有加하면 則不悅曰, "君이 奈何遺我災也"오하고 以酒往하면 則益大喜하야 相與酌至醉러라

旣數歲에 情好日篤[26]이라 嘗從容言, "五歲中에 何以致百萬"고 許生曰, "此易知耳니라 朝鮮이 舟不通外國하고 車不行域中이라 故, 百物生于其中

하야 消于其中하나니 夫千金은 小財也라 未足以盡物이나 然, 析而十之면 百金이 十이라 亦足以致十物이요 物輕則易轉이라 故, 一貨雖絀하나 九貨 伸之하나니 此는 常利之道라 小人之賈也요 夫萬金은 足以盡物이라 故, 在 車專車하고 在船專船하고 在邑專邑하야 如綱之有罟하야 括物而數之호대 陸之産萬에 潛停其一하며 水之族萬에 潛停其一하며 醫之材萬에 潛停其 一하면 一貨潛藏에 百賈涸하나니 此는 賊民之道也라 後世有司者, 如有用 我道면 必病其國"하리라 卞氏曰, "初에 子何以知吾出萬金하고 而來吾求 也"오 許生曰, "未必君與我也라 能有萬金者는 莫不與也리라 吾自料吾才, 足以致百萬이나 然, 命則在天하니 吾何能知之리오 故, 能用我者는 有福 者也라 必富益富하리니 天所命也라 安得不與리오 旣得萬金하얀 憑其福而 行이라 故, 動輒有成하나니 若吾私自與런들 則成敗는 亦未可知也"리라

　卞氏曰, "方今士大夫, 欲雪南漢之恥하니 此는 智士扼脆奮智之秋也라 以子之才로 何自苦沉冥하야 以沒世耶"오 許生曰, "古來沉冥者, 何限이리 오 趙聖期[27]는 拙修齋可使敵國이로대 而老死布褐하고 柳馨遠[28]은 足繼軍 食이어늘 而逍遙海曲[29]하니 今之謀國政者를 可知已로다 吾는 善賈者也라 其銀이 足以市九王之頭하나 然, 投之海中而來者는 無所可用故耳"니라 卞氏, 喟然太息而去하니라

　卞氏, 本與李政丞浣[30]으로 善터니 李公이 時爲御營大將이라 嘗與言, "委巷閭閻之中에 亦有奇才하야 可與共大事者乎"아 卞氏, 爲言許生하니 李公이 大驚曰, "奇哉라 眞有是否아 其名云何"오 卞氏曰, "小人이 與居三 年호대 竟不識其名"이로이다 李公曰, "此異人이니 與君俱往"하리라하고 夜에 公이 屛騶徒[31]하고 獨與卞氏俱하야 步至許生하야 卞氏, 止公立門外 하고 獨先入見許生하고 具道李公所以來者한대 許生이 若不聞者曰, "輒 解君所佩壺"하라하야 相與歡飮할제 卞氏, 閔公久露立하야 數言之호대 許 生이 不應이러라

　旣夜深에 許生曰, "可召客"이니라 李公이 入호대 許生이 安坐不起라 李

公이 無所措躬하고 乃叙述國家所以求賢之意하얀 許生이 揮手曰, "夜短
語長하니 聽之太遲로다 汝今何官"고 曰, "大將"이로이다 許生曰, "然, 則
汝乃國之信臣이니 我當薦臥龍先生[32]하리니 汝能請于朝하야 三顧草廬[33]
乎"아 公이 低頭良久에 曰, "難矣요 願得其次"하노이다 許生曰, "我未學
第二義"로라 固問之한대 許生曰, "明將士, 以'朝鮮有舊恩'이라하야 其子
孫이 多脫身東來하야 流離惇鰥[34]하니 汝能請于朝하야 出宗室女하야 遍嫁
之하고 奪勳戚權貴家하야 以處之乎"아 公이 低頭良久에 曰, "難矣"로이다
許生曰, "此亦難, 彼亦難하니 何事可能고 有最易者하니 汝能之乎"아 李
公曰, "願聞之"하노이다 許生曰, "夫欲聲大義於天下호대 而不先交結天
下之豪傑者는 未之有也요 欲伐人之國호대 而不先用諜이면 未有能成者
也니 今滿洲, 遽而主天下호대 自以不親於中國이어늘 而朝鮮이 率先他國
而服이면 彼所信也리니 誠能請遣子弟하야 入學遊宦[35]을 如唐元故事하고
商賈出入不禁이면 彼必喜其見親而許之리니 妙選[36]國中之子弟하야 薙髮
胡服하야 其君子는 往赴賓擧하고 其小人은 遠商江南하야 覘其虛實하며
結其豪傑이면 天下可圖며 而國恥可雪이요 若求朱氏[37]而不得이어던 率天
下諸侯하야 薦人於天하면 進可爲大國師요 退不失伯舅[38]之國矣"리라 李
公이 憮然曰, "士大夫, 皆謹守禮法하니 誰肯薙髮胡服乎"이까

　許生이 大叱曰, "所謂'士大夫'는 是何等也오 産於彝貊之地하야 自稱
曰, '士大夫'라하니 豈非駭乎며 衣袴純素는 是有喪之服이요 會撮如錐는
是南蠻之椎結[39]也어늘 何謂, '禮法'고 樊於期[40]는 欲報私怨하야 而不惜其
頭하고 武靈王[41]은 欲强其國하야 而不恥胡服이어늘 乃今欲爲大明復讎호
대 而猶惜其一髮하곤 乃今將馳馬擊釖刺鎗弓飛石호대 而不變其廣袖하고
自以爲, '禮法'乎아 吾始三言에 汝無一可得而能者오 自謂, '信臣'하니 信
臣이 固如是乎아 是可斬也"로다하고 左右顧, 索釖하야 欲刺之한대 公이 大
驚而起하야 躍出後牖[42]하야 疾走歸터니 明日復往하니 已空室而去矣러라

『熱河日記・玉匣夜話』

|주석| 1. 古杏樹 : 우리 나라에서는 흔히들 은행을 "고행(古杏)"이라 하였음.

2. 縫刺 : 재봉과 자수.

3. 赴擧 : 과거를 보러 나아감.

4. 雲從街 : 지금의 종로.

5. 卞氏 : 이름은 승업(承業), 실재인물.

6. 丐者 : 비렁뱅이.

7. 媿屈 : 부끄러워하며 비굴함.

8. 怍色 : 부끄러운 안색.

9. 直 : 음은 치, 값.

10. 喟然 : 한숨 쉬는 모양.

11. 篙師 : 뱃사공.

12. 麋鹿 : 고라니와 사슴

13. 悵然 : 섭섭해 하는 모양.

14. 剽掠 : 협박하여 빼앗음.

15. 樹屋 : 집을 짓다.

16. 羅拜 : 빙 둘러 서서 절함.

17. 賊簿 : 도적의 이름을 적어둔 장부.

18. 碩茂 : 크게 번성함.

19. 不菑不畬 : 밭을 매지 않음.

20. 遍行 : 널리 돌아다님.

21. 少瘳 : 조금 나아지다.

22. 賈竪 : 상인을 낮춰 이른 말.

23. 潛踵 : 몰래 남의 뒤를 따라감.

24. 澣 : 빨래하다.

25. 勞神 : 정신을 피로하게 하다.

26. 日篤 : 나날이 인정이 두터워짐.

27. 趙聖期 : 자는 성경(成卿, 1638-1689), 호는 졸수재(拙修齋), 이학(理學)에 침 잠하여 포의로 일생을 마쳤음.

28. 柳馨遠 : 자는 덕부(德夫, 1622-1673), 호는 반계(磻溪), 『반계수록(磻溪隨錄)』 의 저자.

29. 海曲 : 부안(扶安).

30. 李政丞浣 : 자는 징지(澄之, 1602-1664), 호는 매죽헌(梅竹軒).

31. 騶徒 : 귀인의 출입 때 앞뒤를 모시는 사람.

32. 臥龍先生 : 제갈량(諸葛亮), 와룡선생(臥龍先生)과 같은 인재.

33. 三顧草廬 : 중국 삼국시대 유비(劉備)가 제갈량을 융중(隆中) 초려(草廬)로 세
    번 찾아서 군사(軍師)로 삼은 일.

34. 惸鰥 : 형제와 아내가 없는 사람.

35. 遊宦 : 먼 지방에 가서 벼슬함.

36. 妙選 : 정미하게 뽑음.

37. 朱氏 : 명(明)나라 황족.

38. 伯舅 : 천자가 다른 성(姓)의 제후를 높여 일컫는 말.

39. 椎結 : 상투.

40. 樊於期 : 진(秦)의 장수의 이름, 『사기(史記)·형가전(荊軻傳)』에 나옴.

41. 武靈王 : 중국 전국시대 조(趙)나라의 임금.

42. 後牖 : 뒤 창문.

|해제| 이 글은『열하일기(熱河日記)·옥갑야화(玉匣夜話)』중 한 편이다. 「호질
(虎叱)」·「양반전(兩班傳)」과 아울러 연암(燕巖)의 가장 풍류로운 작품의 하나이
다. 허생이 실존한 인물인지, 가상적인 인물인지는 알 수 없겠으나 서울 묵적골에
살고 있던 한 서생임에도 불구하고 당시 속유(俗儒)들의 위학(僞學)과는 달라서
경세치용(經世致用)의 학문을 연구하였다. 그리고 뒤에 빈 섬을 발견하여 해상의
군도(群盜)를 몰아넣어 이상국을 건설한 것은 곧 「수호(水滸)」의 양산박(梁山泊)
과 「홍길동전(洪吉童傳)」의 율도국(硉島國) 등의 천고 기인(奇人)·기사(奇事)를
재연출하였다. 그리고 당시 유명무실한 북벌책을 여지없이 풍자하는 동시에 이완
(李浣)에게 세 개의 대책(大策)을 제시하였으니 이는 북벌의 정반대인 북학(北學)
의 이론이었다. 그는 소매(笑罵)와 비타(悲咤)의 일체를 모두 이 한 편에 붙여 문
학으로 표현하였다.

|작자| 자는 중미(仲美, 1737-1805), 혹은 미중(美仲), 호는 연암(燕巖). 조선후기
실학파 중 특히 북학파의 거성이다. 벼슬이 부사(府使)에 이르렀으며, 저서로는
『열하일기(熱河日記)』·『연암문집(燕巖文集)』 등이 있다.

34. 荊軻　司馬遷

荊卿者는 衛人也라 其先은 齊人이러니 徙於衛로새 衛人이 謂之「慶卿」이라하나 而之燕하면 燕人은 謂之 "荊卿"이라하다

荊卿이 好讀書擊劍하야 以術說衛元君하나 衛元君이 不用이러니 其後에 秦伐魏하야 置東郡하고 徙衛元君之支屬[1]於野王[2]하니라

荊軻, 嘗游過榆次[3]라가 與蓋聶[4]論劍할제 蓋聶이 怒而目之러니 荊軻出이어늘 人或言, "復召荊卿"한대 蓋聶曰, "曩者[5]에 吾與論劍타가 有不稱者ㄹ새 吾目之러니 試往호나 是宜去不敢留"라하고 使使往之主人이러니 荊卿이 則已駕而去榆次矣라 使者還報한대 蓋聶이 曰, "固去也리라 吾曩者目攝[6]之"라하더라

荊軻, 游於邯鄲[7]할제 魯句踐[8]이 與荊軻博타가 爭道어늘 魯句踐이 怒而叱之러니 荊軻, 嘿[9]而逃去하야 遂不復會하니라

荊軻, 旣至燕에 愛燕之狗屠[10]及善擊筑[11]者高漸離[12]러니 荊軻嗜酒하야 日與狗屠及高漸離로 飮於燕市할제 酒酣以往엔 高漸離는 擊筑하고 荊軻는 和而歌於市中하야 相樂也러니 已而相泣호대 旁若無人者러라 荊軻, 雖游於酒人乎나 然, 其爲人이 沈深好書하고 其所游諸侯에 盡與其賢豪長者相結하야 其之燕에 燕之處士[13]田光[14]先生이 亦善待하니 之知其非庸人[15]也러라

居頃之러니 會에 燕太子丹이 質秦亡歸燕하니 燕太子丹者는 故嘗質於趙하고 而秦王政이 生於趙하야 其少時에 與丹驩이러니 及政이 立爲秦王에 而丹이 質於秦하나 秦王之遇燕太子丹不善이라 故, 丹이 怨而亡歸하다 而求爲報秦王者하나 國小力不能이러라

其後에 秦이 日出兵山東하야 以伐齊楚三晋[16]하야 稍蠶食諸侯하야 且至於燕하니 燕君臣이 皆禍之至라 太子丹이 患之하야 問其傅鞠武[17]한대 武對曰, "秦地偏天下하야 威脅韓魏趙氏하고 北有甘泉, 谷口之固하며 南有

涇渭之沃하야 擅巴漢之饒하고 右는 隴蜀之山이며 左는 關殽之險이요 民衆而士厲하야 兵革有餘하니 意有所出이면 則長城之南, 易水以北은 未有所定也어늘 奈何以見陵之怨으로 欲批其逆鱗[18]哉"이까 丹曰, "然則何由"오 對曰, "請入圖之"호리이다

居有間에 秦將樊於期, 得罪於秦王하야 亡之燕일새 太子受而舍之어늘 鞠武諫曰, "不可하다 夫以秦王之暴으로 而積怒於燕하니 足爲寒心이요 又況聞樊將軍之所在乎이까 是謂, '委肉當餓虎之蹊也'니 禍必不振矣라 雖有管晏[19]이라두 不能爲之謀也리니 願太子는 疾遣樊將軍入匈奴하야 以滅口하고 請西約三晉하며 南連齊楚하며 北購於單于[20]오사 其後迺可圖也"리이다 太子曰, "太傅之計는 曠日彌久하야 心惛然하니 恐不能須臾요 且非獨於此也라 夫樊將軍이 窮困於天下하야 歸身於丹하니 丹이 終不以迫於彊秦으로 而棄所哀憐之交니 置之匈奴는 是固丹命卒之時也라 願太傅는 更慮之"하소서 鞠武曰, "夫行危欲求安하며 造禍而求福하며 計淺而怨深하야 連結一人之後交하고 不顧國家之大害는 此謂資, '怨而助禍矣'라 夫以鴻毛로 燎於爐炭之上이면 必無事矣요 且以鵰鷙[21]之秦으로 行怨暴之怒하리니 豈足道哉이까 燕有田光先生하니 其爲人이 智深而勇沈하야 可與謀"니이다 太子曰, "願因太傅而得交於田先生이 可乎"이까 鞠武曰, "敬諾"호이다하고 出見田光先生하고 道, "太子, 願圖國事於先生也"러이다 田光曰, "敬奉教"하리이다하고 乃造焉한대 太子逢迎할새 却行爲導하고 跪而蔽席이러라 田光이 坐定에 左右無人이라 太子, 避席而請曰, "燕秦이 不兩立하리니 願先生은 留意也"하소서 田光曰, "臣은 聞, '騏驥[22]盛壯之時에 一日而馳千里하나 至其衰老하얀 駑馬[23]先之'라하니 今太子, 聞光盛壯之時요 不知臣精已消亡矣로다 雖然이나 光은 不敢以圖國事요 所善荊卿을 可使也"니이다 太子曰, "願因先生하야 得結交於荊卿이 可乎"이까 田光曰, "敬諾"호이다하고 即起趨出할제 太子, 送至門하야 戒曰, "丹所報先生所言者는 國之大事也니 願先生은 勿泄也"하소서

田光이 俛[24]而笑曰, "諾"다하고 僂行見荊卿曰, "光이 與子相善은 燕國
莫不知어늘 今太子, 聞光壯盛之時코 不知吾形이 已不逮也하고 幸而教之
曰, '燕秦不兩立하니 願先生留意也'하소서할새 光이 竊不自外코 言足下
於太子也호니 願足下는 過太子於宮"하라 軻曰, "謹奉教"호리다 田光曰,
"吾聞之호니 '長者爲行은 不使人疑之'어늘 今太子, 告光曰, '所言者는 國
之大事也니 願先生勿泄'하소서하니 是는 太子疑光也니 夫爲行而使人疑
之는 非節俠[25]也"라하고 欲自殺하야 以激荊卿曰, "願足下는 急過太子호대
言, '光已死'하라 明不言也"로라하고 因遂自刎[26]而死하니라

荊卿이 遂見太子, 言田光已死하고 致光之言한대 太子, 再拜而跪하야
膝行流涕타가 有頃而後言曰, "丹所以誡田先生毋言者는 欲以成大事之謀
也어늘 今田先生이 以死明不言하니 豈丹之心哉"아하더라

荊卿, 坐定에 太子避席頓首[27]曰, "田先生이 不知丹之不肖하고 使得至
前하야 敢有所道하니 此天之所以哀燕하야 而不棄其孤也라 今秦有貪利
之心하야 而欲不可足也니 非盡天下之地하며 臣海內之王者면 其意不厭
하야 今秦已虜韓王하야 盡納其地하고 又擧兵南伐楚, 北臨趙하야 王翦[28]
은 將數十萬之衆하야 距漳鄴하고 而李信[29]은 出太原, 雲中하니 趙不能支
秦이면 必入臣이요 入臣則禍至燕하리니 燕이 小弱하야 數困於兵하니 今
計擧國이라두 不足以當秦이요 諸侯服秦하야 莫敢合從[30]하니 丹之私計는
愚以爲, 誠得天下之勇士하야 使於秦호대 闕以重利하면 秦王이 貪하면 其
勢必得所願矣리니 誠得劫秦王하야 使悉反諸侯侵地를 若曹沫[31]之與齊桓
公이면 則大善矣오 則不可어던 因而刺殺之하면 彼秦大將이 擅兵[32]於外어
늘 而內有亂이면 則君臣相疑어던 以其間으로 諸侯得合從이면 其破秦이
必矣리니 此丹之上願이나 而不知所委命하니 唯荊卿은 留意焉"하소 荊軻
曰, "此國之大事也라 臣이 駑下[33]하니 恐不足任使"로이다

太子, 前頓首하고 固請毋讓한대 然後許諾하니 於是에 尊荊卿爲上卿,
舍上舍하고 太子, 日造門下하야 供大牢하며 具異物閒進하고 車騎美女로

恣荆軻所欲하야 以順適其意러라

久之에 荆軻, 未有行意하고 秦將王翦이 破趙虜趙王하야 盡收入其地하고 進兵北略地하야 至燕南界라 太子丹이 恐懼하야 乃請荆軻曰, "秦兵이 旦暮渡易水[34]하면 則雖欲長待足下라두 豈可得哉"이까 荆軻曰, "微太子言이라두 臣願謁之러이다 今行而毋信이면 則秦未可親也리니 夫樊將軍은 秦王이 購之金千斤, 邑萬家하니 誠得樊將軍首와 與燕督亢[35]之地圖하야 奉獻秦王이면 秦王이 必說見臣하리니 臣乃得有以報"ㄹ까하노이다 太子曰, "樊將軍이 窮困來歸丹하니 丹이 不忍以己之私로 而傷長者之意하노니 願足下는 更慮之"하소서

荆軻, 知太子不忍하고 乃遂私見樊於期曰, "秦之遇將軍이 可謂深矣라 父母宗族이 皆爲戮沒하고 今聞, '購將軍首호대 金千金, 邑萬家'라하니 將奈何"오 於期, 仰天太息流涕曰, "於期每念之에 常痛於骨髓하나 顧計不知所出耳"로이다 荆軻曰, "今有一言하야 可以解燕國之患하며 報將軍之仇者하니 何如"오 於期乃前曰, "爲之奈何"오 荆軻曰, "願得將軍之首하야 以獻秦王이면 秦王이 必喜而見臣하리니 臣이 左手把其袖하고 右手揕[36]其匈하면 然則將軍之仇報요 而燕見陵之愧除矣리니 將軍이 豈有意乎"이까 樊於期, 偏袒搤捥而進曰, "此는 臣之日夜切齒腐心也어늘 乃今得聞教"호이다하고 遂自剄이라 太子聞之하고 馳往伏屍而哭極哀하고 旣已不可奈何ㄹ새 遂盛樊於期首하야 函封之하다

於是에 太子, 豫求天下之利匕首하야 得趙人徐夫人匕首하야 取之百金하야 使工以藥焠之하야 以試人하니 血濡縷하야 人無不立死者라 乃裝하야 爲遣荆卿할제 燕國에 有勇士秦舞陽[37]하니 年十三이요 殺人호대 人不敢忤視라 乃令秦舞陽爲副하고 荆軻, 有所待하야 欲與俱하나 其人居遠未來ㄹ새 而爲治行에 頃之未發이라 太子遲之호대 疑其改悔하야 乃復請曰, "日已盡矣라 荆卿이 豈有意哉아 丹이 請得先遣秦舞陽"하노이다 荆軻, 怒叱太子曰, "何太子之遣은 往而不反者豎子[38]也오 且提一匕首하야 入不測

之彊秦할제 僕所以留者는 待吾客與俱터니 今太子遲之하니 請辭決矣"로
이다

遂發할제 太子及賓客知其事者, 皆白衣冠以送之하야 至易水之上하야
旣祖[39]取道하얀 高漸離는 擊筑하고 荊軻는 和而歌호대 爲變徵之聲하니 士
皆垂淚涕泣하고 又前而歌曰,

"風蕭蕭兮여 易水寒이로다 壯士一去兮여 不復還"이로다

復爲羽聲忼慨[40]하니 士皆瞋目[41]하고 髮盡上指冠이라 於是에 荊軻, 就
車而去호대 終已不顧러라

遂至秦하야 持千金之資幣物하야 厚遺秦王寵臣中庶子蒙嘉[42]하야 爲先
言於秦王曰, "燕王이 誠振怖[43]大王之威하야 不敢擧兵以逆軍吏하고 願擧
國爲內臣하야 比諸侯之列하며 給貢職如郡縣하야 而得奉守先王之宗廟하
나 恐懼不敢自陳일새 謹斬樊於期之頭와 及獻燕督亢之地圖函封하야 燕
王이 拜送于庭하고 使使以聞大王호니 唯大王은 命之"하소서 秦王이 聞之
大喜하야 乃朝服設九賓[44]하고 見燕使者咸陽宮하니라

荊軻는 奉樊於期頭函하고 而秦舞陽은 奉地圖柙[45]하야 以次進至陛하야
秦舞陽이 色變振恐이라羣臣이 怪之어늘 荊軻, 顧笑舞陽하고 前謝曰, "北
蕃蠻夷之鄙人이 未嘗見天子라 故振之호니 願大王은 少假借[46]之하야 使得
畢使於前"하노이다 秦王이 謂軻曰, "取舞陽所持地圖"하라 軻, 旣取圖奏
之할제 秦王이 發圖러니 圖窮而匕首見이라 因左手로 把秦王之袖하고 而
右手로 持匕首揕之할제 未至身하야 秦王이 驚하야 自引而起하니 袖絶이
라 拔劍하나 劍長하야 操其室하고 時惶急하야 劍堅故不可立拔이러라 荊
軻, 逐秦王한대 秦王이 環柱而走하고 羣臣皆愕하나 卒起不意하야 盡失其
度러라 而秦法에 羣臣侍殿上者, 不得持尺寸之兵하고 諸郎中은 執兵皆陳
殿下호대 非有詔召[47]면 不得上일새 方急時에 不及召下兵이라 以故로 荊
軻, 乃逐秦王하나 而卒惶急하야 無以擊軻코 而以手共搏之하고 是時에 侍
醫夏無且[48]는 以其所奉藥囊으로 提荊軻也러라

秦王이 方環柱走할제 卒惶急不知所爲라 左右乃曰, "王은 負劍, 負劍" 하소서 遂拔以擊荊軻하야 斷其左股하니 荊軻廢라 乃引其匕首하야 以擿[49] 秦王호대 不中하고 中桐柱라 秦王이 復擊軻하니 軻被八創이라 軻, 自知事 不就하고 倚柱而笑하며 箕倨以罵曰, "事所以不成者는 以欲生刦之하야 必得約契하야 以報太子也"라하더라 於是에 左右, 旣前殺軻하나 秦王이 不怡者良久라 已而論功할제 賞羣臣及當坐者호대 各有差하고 而賜夏無 且黃金二百鎰[50]曰, "無且愛我하야 乃以藥囊으로 提荊軻也"라하더라

於是에 秦王이 大怒하야 發兵詣趙하야 詔王翦以伐燕하야 十月而抜薊 城하니 燕王喜[51], 太子丹等이 盡率其精兵하야 東保於遼東이라 秦將李信 이 追擊燕王急일새 代王嘉, 乃遺燕王喜書曰, "秦所以尤追燕急者는 以太 子丹故也今王이 誠殺丹獻之秦王이면 秦王이 必解하고 而社稷이 幸得血 食[52]하리다 其後에 李信이 追丹한대 丹이 匿衍水中이라 燕王이 乃使使斬 太子丹하야 欲獻之秦하나 秦復進兵攻之러니 後五年에 秦卒滅燕하야 虜 燕王喜하다

其明年에 秦幷天下하고 立號爲皇帝라 於是에 秦逐太子丹, 荊軻之客하 니 皆亡이러라 高漸離, 變名姓하고 爲人庸保[53]하야 匿作於宋子러니 久之 作苦하야 聞其家堂上客擊筑하고 彷徨不能去호대 每出言曰, "彼有善, 有 不善"이러니 從者, 以告其主曰, "彼庸이 乃知音인지 竊言是非"러이다 家 丈人[54]이 召使前擊筑이러니 一坐稱善이라 賜酒할새 而高漸離, 念久隱이면 畏約無窮時己새 乃退出其裝匣中筑과 與其善衣하고 更容貌而前하니 擧 坐客皆驚하야 下與抗禮[55]하야 以爲上客하고 使擊筑而歌하니 客無不流涕 而去者라 宋子, 傳客之하야 聞於秦始皇한대 秦始皇이 召見할제 人有識者 하야 乃曰, "高漸離也로이다 秦皇帝, 惜其善擊筑하야 重赦之호대 乃矐[56] 其目하야 使擊筑코 未嘗不稱善하야 稍益近之己새 高漸離, 乃以鉛置筑中 하고 復進得近하야 擧筑撲秦皇帝호대 不中이라 於是에 遂誅高漸離하고 終身不復近諸侯之人이러라

魯句踐이 已聞荊軻之刺秦王하고 私曰, "嗟乎, 惜哉라 其不講於刺劍之術也여 甚矣라 吾不知人也로다 曩者에 吾叱之러니 彼乃以我爲非人也"리라하더라

『史記·刺客列傳』

|주석| 1. 支屬 : 잘려나간 일족(一族).
2. 野王 : 지명. 지금의 하남성 심양현(沁陽縣).
3. 楡次 : 지명.
4. 蓋聶 : 인명.
5. 曩者 : 지난번.
6. 目攝 : 노한 눈초리로 주의하여 봄.
7. 邯鄲 : 지명. 중국 전국시대 조(趙)나라 수도.
8. 魯句踐 : 인명.
9. 嘿 : 잠자코.
10. 狗屠 : 개백정.
11. 筑 : 악기 이름.
12. 高漸離 : 인명.
13. 處士 : 은둔하여 벼슬하지 않는 사람.
14. 田光 : 인명. 전국시대 연(燕)나라 사람.
15. 庸人 : 용렬한 사람.
16. 三晉 : 한(韓)·위(魏)·조(趙).
17. 鞠武 : 인명. 전국시대 연(燕)나라 사람.
18. 逆鱗 : 임금의 노여움.
19. 管晏 : 관이오(管夷吾)·안영(晏嬰), 모두 제(齊)나라의 어진 재상.
20. 單于 : 흉노의 추장을 일컫는 말.
21. 鵰鷙 : 독수리.
22. 騏驥 : 천리마.
23. 駑馬 : 노둔한 말.
24. 俛 : 머리를 숙이다.
25. 節俠 : 절개를 중하게 여기고 신의를 지키는 사람.
26. 自刎 : 스스로 목을 찔러 죽음.
27. 頓首 : 공경하는 태도로 머리를 꾸벅거림.
28. 王翦 : 인명. 진(秦)나라 장수.

29. 李信 : 인명, 진(秦)나라 장수.

30. 合從 : 전국시대 연(燕)·조(趙)·한(韓)·위(魏)·제(齊)·초(楚)의 6국이 동맹하여 진(秦)에 대항하자고 한 소진(蘇秦)의 설.

31. 曹沫 : 전국시대 노(魯)나라 사람, 제 환공(齊桓公)을 비수로 누르고 잃은 땅을 회복함.

32. 擅兵 : 병권을 독차지함.

33. 駑下 : 재능이 없는 사람, 이엔 자기를 낮추어 일컫는 말.

34. 易水 : 물이름.

35. 督亢 : 지명, 연(燕)의 비옥한 땅.

36. 揕 : 찌르다.

37. 秦舞陽 : 인명, 전국시대 연(燕)나라 사람.

38. 豎子 : 비천한 사람.

39. 祖 : 제사의 명칭, 옛날 출행할 때 노신(路神)에게 드리던 제사.

40. 忼慨 : 의기가 북받쳐, 감격하고 슬픔.

41. 瞋目 : 눈을 부릅뜨다.

42. 蒙嘉 : 전국시대 진(秦)나라 사람.

43. 振怖 : 몹시 두려워함.

44. 九賓 : 구복(九服)의 빈(賓), 공(公)·후(侯)·백(伯)·자(子)·남(男)·경(卿)·대부(大夫)·사(士).

45. 柙 : 상자.

46. 假借 : 사정을 보아줌.

47. 詔召 : 임금의 부름.

48. 夏無且 : 인명.

49. 擿 : 던지다.

50. 鎰 : 옛날 저울대의 명칭.

51. 喜 : 인명.

52. 血食 : 신에게 제사함, 여기선 국가를 보존할 수 있으리란 뜻.

53. 庸保 : 품팔이꾼.

54. 丈人 : 장로를 일컫는 말.

55. 抗禮 : 대등한 예(禮).

56. 矐 : 눈멀게 하다.

|해제| 실패한 자객 형가를 가장 풍신(風神)있게 서술하였다. 칠웅(七雄)이 서로 다투던 때 악랄한 진(秦)의 발굽 밑에 견디지 못하여 최후의 반항으로 연(燕)의

왕자 단(丹)은 자객 형가에게 대사를 맡겼다. 사마씨도 역시 불우한 문호(文豪)인 지라 이 자객열전은 그의 울적한 심중을 드러낸 득의의 작품이다.

|작자| 자는 자장(子長, 前145-86), 20세에 명산대천을 두루 돌아다녀 문장의 기를 계발하였고, 그 아버지 사마염(司馬談)의 태사령(太史令)을 계임(繼任)하였으므로 역시 "태사공(太史公)"이라 일컬었다. 뒤에 이릉(李陵)을 구하려다 궁형(宮刑)을 당하였으므로 크게 비분하여 저술에 전력하여 『사기(史記)』를 지었다. 장법(章法)이 근엄하고 문필이 웅건하여 중국 역사 편찬 상 만장의 광염을 토한 걸작이다.

---

35. 過松江墓有感 權鞸

空山落木雨蕭蕭[1]할제 相國風流此寂寥를
惆悵[2]一杯難更進하니 昔年歌曲[3]卽今朝를

『石洲詩集』

|주석| 1. 蕭蕭 : 바람이나 비의 소리가 쓸쓸하다.
　　　 2. 惆悵 : 몹시 구슬픔.
　　　 3. 歌曲 : 송강(松江)의 「장진주사(將進酒辭)」.

|해제| 일대의 방랑시인 석주(石洲)가 일대의 풍류재상인 송강(松江) 정철(鄭澈)의 무덤을 지나다가 읊은 시다.

|작자| 자는 여장(汝章, 1569-1612), 호는 석주(石洲). 일찍부터 정철(鄭澈)의 풍의(風誼)를 연모하여 정철이 강계(江界)에 귀양살이를 할 때에 이안눌(李安訥)과 함께 찾아갔다. 그러자 정철이 크게 기뻐하여 "천하(天下)의 두 적선(謫仙)을 보았다." 하였다. 그 뒤에 광해(光海)의 왕비의 오라버니인 유희분(柳希奮)이 전권을 행사하자 궁유시(宮柳詩)를 읊었다가 체포되어 동성(東城) 길 위에서 죽었다.

벼슬은 교관(敎官)에 이르렀고, 저서로는 『석주시문집(石洲詩文集)』이 있다.

---

36. 秋風辭[1] 劉徹

秋風起兮여 白雲飛로다

草木黃落兮여 雁南歸로다

蘭有秀兮여 菊有芳이로다

懷佳人兮여 不能忘이로다

汎樓船[2]兮여 濟汾河할제

橫中流兮여 揚素波로다

簫鼓[3]鳴兮여 發棹歌[4]하니

歡樂極兮여 哀情多로다

少壯幾時兮여 奈老何오

『漢武帝故事』

|주석| 1. 辭 : 시체(詩體)의 한 가지.
　　　 2. 樓船 : 다락이 있게 만든 배.
　　　 3. 簫鼓 : 퉁소와 북.
　　　 4. 棹歌 : 뱃노래.

|해제| 한 무제(漢武帝)가 하동(河東)에 거동하여 후토(后土)의 신(神)에 제사하고 분하(汾河)의 중류에서 군신과 함께 잔치할 때에, 스스로 이 노래를 불렀다. 「이부인가(李夫人歌)」·「낙엽애선곡(落葉哀蟬曲)」과 함께 모두 간곡한 정감을 드러낸 작품이다.

|작자| 곧 한무제(漢武帝, 前156-前87), 사부(辭賦)를 좋아하고 사공(事功)에 노력하여 외적을 평정하였으며, 유술(儒術)을 숭상하였다.

37. 赤壁賦 蘇軾

壬戌[1]之秋, 七月旣望[2]에 蘇子, 與客泛舟游於赤壁之下할제 淸風徐來하고 水波不興이라 擧酒屬客하야 誦明月之詩하야 歌窈窕之章[3]이러니 少焉에 月出於東山之上터니 徘徊於斗牛[4]之間이라 白露橫江하고 水光接天이라 縱一葦之所如하야 凌萬頃之茫然이라 浩浩[5]乎如馮虛御風하야 而不知其所止하고 飄飄[6]乎如遺世獨立하야 羽化而登仙이러라

於是에 飮酒樂甚하야 扣舷[7]而歌之하니 歌曰, "桂棹兮蘭槳으로 擊空明[8]兮泝流光이로다 渺渺兮予懷여 望美人[9]兮天一方"이로다

客이 有吹洞簫者하야 倚歌而和之하니 其聲이 嗚嗚然, 如怨如慕하며 如泣如訴하고 餘音嫋嫋[10]하야 不絶如縷하야 舞幽壑之潛蛟하고 泣孤舟之嫠婦[11]러라

蘇子, 愀然[12]하야 整襟危坐而問客曰, "何爲其然也"오

客曰, "'月明星稀하고 烏鵲南飛'는 此非曹孟德[13]之詩乎아 西望夏口[14]하고 東望武昌[15]혼대 山川相繆하야 鬱乎蒼蒼하니 此非曹孟德之困於周郎[16]者乎아 方其破荊州[17], 下江陵[18]하야 順流而東也에 舳艫千里요 旌旗蔽空이라 釃酒臨江하야 橫槊賦詩할제 固一世之雄也러니 而今安在哉오 況吾與子로 漁樵於江渚之上하야 侶魚蝦而友麋鹿하고 駕一葉之扁舟하야 擧匏尊以相屬이라 寄蜉蝣於天地하니 渺滄海之一粟이라 哀吾生之須臾하고 羨長江之無窮이라 挾飛仙以遨遊하고 抱明月而長終이라 知不可乎驟得일새 託遺響於悲風"하노라

蘇子曰, "客亦知夫水與月乎아 逝者如斯하나 而未嘗往也며 盈虛者如彼하나 而卒莫消長也하나니 蓋將自其變者而觀之면 則天地두 曾不能以一瞬이어니와 自其不變者而觀之ㄴ댄 則物我, 皆無盡也리니 又何羨乎리오 且夫天地之間에 物各有主하니 苟非吾之所有면 雖一毫而莫取로대 惟江上之淸風과 與山間之明月은 耳得之而爲聲하고 目遇之而成色이라 取

之無禁하며 用之不竭하나니 是造物者之無盡藏也요 而吾與子之所共適"
이니라

客이 喜而笑하고 洗盞更酌할새 肴核旣盡하고 杯盤狼籍이라 相與枕藉
乎舟中하야 不知東方之旣白이더라

『東坡七集』

|주석| 1. 壬戌 : 원풍(元豊) 5년(1082).
    2. 旣望 : 음력 보름의 다음날.
    3. 誦明月之詩歌窈窕之章 : 명월지시(明月之詩)는『시경(詩經)』진풍(陣風) 월출
       편(月出篇), 요조지장(窈窕之章)은 월출(月出)의 수장(首章)에 "舒窈糾兮, 勞心
       悄兮"의 요규(窈糾)가 요조(窈窕)로 소리가 서로 가까움.
    4. 斗牛 : 북두(北斗)·견우(牽牛).
    5. 浩浩 : 넓어서 끝이 없는 모양.
    6. 飄飄 : 가볍게 나부끼는 모양.
    7. 扣舷 : 뱃전을 치며 박자를 맞춤.
    8. 空明 : 달빛이 물속에 비침.
    9. 美人 : 마음을 알아주는 사람·마음속 사람,『시경(詩經)』·『초사(楚辭)』에서
       미인은 주로 현인군자나 어진 군주를 비유하였음.
  10. 嫋嫋 : 간들거리다.
  11. 嫠婦 : 남편을 잃은 여자.
  12. 愀然 : 슬퍼하는 모양.
  13. 曹孟德 : 조조(曹操), 맹덕은 자.
  14. 夏口 : 지명, 호북(湖北)에 있음.
  15. 武昌 : 지명, 호북에 있음.
  16. 周郞 : 주유(周瑜)를 이름.
  17. 荊州 : 지명, 호북에 있음.
  18. 江陵 : 지명, 호북에 있음.

|해제| 소식(蘇軾)이 황주(黃州) 적벽(赤壁)에 놀다가 이 글을 짓고, 그 뒤에 또
다시 놀면서 후적벽부(後赤壁賦)를 지었다. 이 적벽은 삼국(三國) 때 주유(周
瑜)·조조(曹操)가 큰 전쟁을 벌인 적벽은 아니었으나 소식이 특별히 고사를 차용
하여 문정(文情)을 도왔다. 부(賦)는 운문과 비운문이 혼합된 특이한 문체이다.

한(漢) · 위(魏) · 육조(六朝)의 부가 포진(鋪陳) · 조려(藻麗)에 중점을 둔 데 비하여 송부(宋賦)는 전중(典重) · 유리(流利)에 중점을 두어서 그 서정(抒情)과 사경(寫景)이 극히 비운문에 가깝다.

|작자| 자는 자첨(子瞻, 1037-1101), 호는 동파거사(東坡居士). 송대(宋代)의 최대 시인 · 고문가. 재주가 뛰어나고, 학문이 넓으며, 작품이 가장 많이 전해진다. 벼슬은 한림학사(翰林學士)에 이르렀으며, 저서로는 『동파칠집(東坡七集)』이 있다.

---

38. 新婚別 杜甫

兎絲[1]附蓬麻하니 引蔓故不長을 嫁女與征夫ㄴ댄 不如棄路旁을 結髮爲君妻할제 席不煖君牀하야 暮婚晨告別하니 無乃太匆忙가 君行雖不遠하나 守邊赴河陽코 妾身未分明하니 何以拜姑嫜[2]고 父母養我時에 日夜令我藏을 生女有所歸할젠 雞狗亦得將을 君今往死地하니 沉痛迫中腸을 誓欲隨君去하나 形勢反蒼黃[3]을 勿爲新婚念하고 努力事戎行하소 婦人在軍中하면 兵氣恐不揚을 自嗟貧家女로 久製羅襦裳을 羅襦不復施하고 對君洗紅粧을 仰視百鳥飛혼대 大小必雙翔이어늘 人事多錯迕[4]하야 與君永相望을

『杜工部詩集』

|주석| 1. 兎絲 : 풀이름.
　　　2. 姑嫜 : 시부모.
　　　3. 蒼黃 : 어쩔 겨를이 없도록 매우 급함.
　　　4. 錯迕 : 서로 뒤섞이다.

|해제| 두보(杜甫)는 안록산(安祿山)의 난을 탈출하는 도중에 수많은 유망민들의 생이별과 사별의 광경을 목격하였다. 이 편은 특히 신혼부부의 애끓는 정경을 꾸밈없이 드러내었다. 이는 「수로별(垂老別)」 · 「무가별(無家別)」과 함께 "삼별(三

別)"이라는 명작(名作)이다.

39. 善戱謔 李瀷

林白湖悌, 氣豪不拘檢이러니 病將死에 諸子悲號[1]어늘 林曰, "四海諸國이 未有不稱帝者어늘 獨我邦이 終古不能이라 生於若此陋邦하니 其死不足惜"이로다 命勿哭하고 又嘗戲言호대 "若使吾値五代六朝런들 亦當爲輪遞天子"리라하더라

及壬辰之變에 漢陰李相[2]이 伴接天將[3]할제 天將이 獎許之하야 至有不敢言之說[4]일새 事雖非情이나 亦不自安이라 李白沙[5], 善詼諧[6]러니 一日夜對할제 閭巷俚俗을 無不奏陳타가 仍及林事한대 上이 爲之發笑러라

白沙, 又白云, "近世에 更有可笑之人"하니이다 上曰, "誰也"오 對曰, "李德馨이 擬於王望矣"니이다 上이 大噱[7]라 白沙, 仍白曰, "非聖上之大德深仁이면 渠安敢容貸覆載[8]之間乎"이까 上曰, "吾豈置諸懷耶"아하고 遂促召錫爵[9]하야 盡歡而罷하니 詩[10]云, "善戲謔兮"를 白沙有焉이로다

『星湖僿說』

|주석| 1. 悲號 : 슬피 부르짖다.

　　2. 漢陰李相 : 이름 덕형(德馨), 한음(漢陰)은 호.

　　3. 天將 : 명(明)나라 장수.

　　4. 不敢言之說 : "이덕형(李德馨)이 조선왕(朝鮮王)이 되어야 한다."는 말.

　　5. 李白沙 : 이항복(李恒福), 백사(白沙)는 호.

　　6. 詼諧 : 익살스런 농담.

　　7. 大噱 : 크게 껄껄 웃다.

　　8. 覆載 : 천지.

　　9. 爵 : 술잔.

　　10. 詩 : 『시경(詩經)』.

|해제| 이 글은 『성호사설(星湖僿說)』 중의 한 구절을 뽑은 것이다. 임제(林悌)·이덕형(李德馨)·이항복(李恒福) 등의 풍류고사를 쓴 재미있는 만필이다.

|작자| 자는 자신(子新, 1681-1763), 호는 성호(星湖). 조선 후기 실학파의 거성. 위로 반계(磻溪) 유성원(柳聲遠), 태호(太湖) 이원진(李元鎭)의 학문을 받고, 아래로 연암(燕巖) 박지원(朴趾源), 금대(錦帶) 이가환(李家煥), 다산(茶山) 정약용(丁若鏞)의 기풍(氣風)을 열고, 스스로 이르기를 "퇴계(退溪)를 사숙(私淑)하였다." 하였다. 저서에는 『성호사설(星湖僿說)』·『도동편(道東編)』·『퇴계선생예설유편(退溪先生禮說類編)』·『백언해(百諺解)』·『성호문집(星湖文集)』 등이 있다.

---

40. 湖寺僧卷次韻 李達

東湖停棹暫經過할제 楊柳悠悠水岸斜를
病客孤舟明月在하고 老僧深院落花多를
春愁黯黯連芳草요 鄕夢迢迢隔海波를
獨坐計程關塞外하니 不堪西日聽啼鴉를

『蓀谷集』

|해제| 호사(湖寺)를 지나다가 주지승의 시권(詩卷)에 차운한 율시이다. 특히 3·4구가 당시부터 널리 회자하였다.

|작자| 자는 익지(益之, 1539-1618), 호는 손곡(蓀谷). 시명(詩名)이 일세를 울려서 삼당(三唐)의 정법을 지녔으며, 최경창(崔慶昌)·백광훈(白光勳)과 함께 결사(結社)하였으나 두 사람 모두 그에게 미치지 못하였다. 그 시의 특색은 청신(淸新)·아려(雅麗)에 있었다. 벼슬은 한리학관(漢吏學官)에 이르렀으며, 저서로는 『손곡집(蓀谷集)』이 있다. 허균(許筠)이 그에게 시를 배웠다.

41. 橫塘渡　袁宏道

橫塘渡, 郎西來코 妾東去할제 感郎千金顧를
妾家住虹橋하니 朱門[1]十字屋을
認取辛夷花[2]코 莫過楊柳樹하소

『袁中郎集』

|주석| 1. 朱門 : 단칠(丹漆)로 칠한 붉은 문, 곧 부호의 집.
　　　2. 辛夷花 : 꽃 이름, 영춘화(迎春化)라고도 함.

|해제| 횡당도(橫塘渡)에서 연인을 만났다. 그 여인은 자기의 살고 있는 홍교(紅橋) 십자옥(十字屋)을 정확히 가리킨다.

|작자| 자는 중랑(中郎, 1568~1610) 또는 무학(無學). 시가와 고문에 능하였고, 형 종도(宗道)와 아우 중도(中道)로 더불어 "삼원(三袁)"의 이름을 얻었다. 그의 시는 묘오(妙悟)로 주를 삼아서 왕세정(王世貞)·이반룡(李攀龍)의 방고(倣古)의 폐단을 교정하였으므로 그를 "공안체(公安體)"라 불렀다. 저서로는『상정(觴政)』·『병화재잡록(甁花齋雜錄)』·『원중랑집(袁中郎集)』등이 있다.

42. 夏夜訪燕巖丈人記　李書九

季夏[1]之弦에 步自東鄰하야 訪燕巖丈人[2]하니 時에 微雲在天하고 林月蒼翳하며 鍾聲初起하야 其始也에 殷殷터니 其終也엔 泛泛호대 若水漚之方散이라 意以爲, "丈人在家否"아하고 入其巷하야 先覘其牖하니 燈照焉이라 入其門하니 丈人이 不食已三朝矣로대 方跣足解巾하고 加股房櫳[3]하야 與廊曲賤隷로 相問答이러라

　見余至하고 遂整衣坐하야 劇談"古今治亂과 及當世文章名論之派別同

異하니 余聞而甚奇之也호라 時에 夜已下三更이라 仰見窓外에 天光倏開倏翕하야 輕河亘白호대 益悠揚不自定이라 余驚曰, "彼曷爲而然"고 丈人이 笑曰, "子試觀其側"하라하니 蓋燭火將滅에 焰動搖益大라 乃知向之所見者, 與此相映徹而然也로라

須史⁵에 燭盡이라 遂兩坐黑室中하야 諧笑猶自若이라 余曰, "昔에 丈人이 與余同里하야 嘗雪夜訪丈人이러니 丈人이 爲余親煖酒하고 余亦手執餠하야 蒸之土爐⁶中타가 火氣烘騰일새 余手甚熱하야 數墮餠于灰라 相視甚歡이러니 今幾年之間에 丈人이 頭已白하고 余亦髭髮⁷이 蒼然矣"로이다 하고 因相與悲歎者, 久之러니 是夜後十三日而記成하니라

『薑山集』

|주석| 1. 季夏 : 늦은 여름, 음력 6월.
　　　 2. 丈人 : 장로, 노인.
　　　 3. 房櫳 : 창호.
　　　 4. 劇談 : 유쾌한 담화, 또는 극렬한 담론.
　　　 5. 須臾 : 잠시간.
　　　 6. 土爐 : 흙으로 만든 화로.
　　　 7. 髭髮 : 수염과 머리털.

|해제| 어떤 여름밤에 강산(薑山)은 존경하는 연암(燕巖)을 찾아뵙고 담론하였다. 그 뒤 13일만에 이 글을 썼다.

|작자| 자는 낙서(洛瑞, 1754-1825), 호는 강산(薑山)·척재(惕齋)·소완정(素玩亭)·석모산인(席帽山人). 문학에 정련(精鍊)되고, 경술이 엄아(淹雅)하며, 사무에 기경(機警)하였으며, 벼슬이 우의정에 이르렀다. 저서로는 『강산집(薑山集)』이 있다.

43. 始得西山宴游記　柳宗元

自余爲僇人으로 居是州할제 恒惴慄하야 其隟[1]也엔 則施施[2]而行하며 漫漫而游하야 日與其徒로 上南山, 入深林, 窮迴溪호대 幽泉怪石에 無遠不到하고 到則披草而坐하야 傾壺而醉하고 醉則更相枕以臥하고 臥而夢할제 意有所極에 夢亦同趣하고 覺而起하며 起而歸하야 以爲, "凡是州之山水有異態者는 皆我有也"라하나 而未始知西山[3]之怪特이러니라

今年九月二十八日에 因坐法華[4]西亭타가 望西山하고 始指異之하야 遂命僕人, 過湘江, 緣染溪[5]하야 斫榛莽, 焚茅茷하야 窮山之高而止호대 攀援而登하야 箕踞而遨할제 則凡數州之土壤이 皆在衽席之下라 其高下之勢, 岈然洼然하야 若垤若穴하고 尺寸千里, 攢蹙[6]累積하야 莫得遯隱하고 縈靑繚白[7]하야 遠與天際하야 四望如一이라 然後에 知是山之特出이 不與培塿[8]爲類하야 悠悠乎與顥氣俱하나 而莫得其涯하며 洋洋乎與造物者游호대 而不知其所窮일새 引觴滿酌하야 頹然就醉하야 不知日之入하고 蒼然暮色이 自遠而至하야 至無所見이로대 而猶不欲歸하고 心凝形釋하야 與萬化冥合이라 然後에 知吾嚮之未始游요 游於是乎始己새 故爲之文以志하니 是歲는 元和四年[9]也러라

『柳河東集』

|주석| 1. 隟 : 극(隙)과 같음, 한가.

　　2. 施施 : 기쁘고 즐거운 모양.

　　3. 西山 : 영주(永州) 서쪽 소수(瀟水) 가에 있음.

　　4. 法華 : 절 이름, 영릉현(零陵縣) 동산(東山)에 있음.

　　5. 染溪 : 일명은 염계(冉溪), 유종원이 "우계(愚溪)"라 개명하였음.

　　6. 攢蹙 : 모이다.

　　7. 縈靑繚白 : 청(靑)·백(白)은 산수.

　　8. 培塿 : 작은 언덕.

　　9. 元和四年 : 당 헌종(唐憲宗) 이순(李純) 4년(809).

|해제| 유종원(柳宗元)이 영주(永州)에 폄적되었을 때 일찍이 8편의 유기(遊記)를 쓰되 영주 산수의 풍경을 묘사하였으니 이는 이른바 「영주팔기(永州八記)」이다. 그 중에서 제1편이 곧 이 글이다.

|작자| 자는 자후(子厚, 773-819), 왕숙문(王叔文)의 동당(同黨)으로 오인되어 영주사마(永州司馬)로 좌천되자 산택 간에 방황하면서 그 우울한 정회를 모두 문장에 붙였다. 뒤에 유주자사(柳州刺史)가 되어 그 곳에서 죽었다. 그의 고문(古文)은 한유(韓愈)와 병칭되었으며, 저서로는 『용성록(龍城錄)』·『유하동집(柳河東集)』 등이 있다.

---

44. 山中雪夜　李齊賢

紙被生寒佛燈暗한대　沙彌^{1}一夜不鳴鍾을
應嗔宿客開門早언마는　要看^{2}菴^{3}前雪壓松호라

『益齋亂藁』

|주석| 1. 沙彌 : 불문에 갓 들어간 남중.
　　2. 要看 : 마땅히 보아야 함.
　　3. 菴 : 암자.

|해제| 산중 눈 내린 밤의 즉경(卽景)을 읊었다. 짧은 시이지만 작자의 대가적인 풍모가 잘 나타난 작품이다.

|작자| 자는 중사(仲思, 1287-1367), 호는 익재(益齋). 충선왕(忠宣王)을 따라 연저(燕邸)에 이르러서 당시의 명사인 요수(姚燧)·염복(閻復)·조맹부(趙孟頫) 등과 교유(交遊)하였고, 이르는 곳마다 시명(詩名)이 회자되었던바 우리나라 수천 년이래 제일의 대시인이었다. 저서로는 『익재난고(益齋亂藁)』·『역옹패설(櫟翁稗說)』 등이 있다.

45. 泊秦淮　杜牧

烟籠寒水月籠沙할제　夜泊秦淮近酒家를
商女不知亡國恨하야　隔江猶唱後庭花를

『樊川集』

|해제| 진회(秦淮)는 옛날 남경(南京)인 금릉(金陵)의 승경지이다. 노래 부르고 춤
추는 누대와 배와 말로 오가는 사람들이 모여 있는 곳이라, 강물을 사이에 둔 상
녀(商女)들은 망국의 한을 알지 못하고는 진 후주(陳後主)의 「옥수후정화(玉樹後
庭花)」만 부르고 있다.

|작자| 자는 목지(牧之, 803-852), 얼굴이 아름답고, 가무·시문에 능하며, 풍류
가 극히 호탕하였다. 시가 두보(杜甫)와 비슷하므로 "소두(小杜)"의 이름을 얻었
다. 벼슬은 중서사인(中書舍人)에 이르렀고, 저서로는 『번천집(樊川集)』·『손무
병법주(孫武兵法注)』 등이 있다.

46. 與李士賓書　安鼎福

柳公隨錄은 昔曾一覽호니 推明皇王之道하며 發揮洛建[1]之議에도 亦占得
第一義하야 粹然出於天理之正하고 無分毫苟且彌縫之意하니 誠宇宙間有
氣數文字也로다

　李畏菴[2]이 曰, "磻溪는 我朝之王通[3]"이라하고 朴敎官綟[4]도 亦曰, "本朝
에 有大儒趙靜菴[5]하야 欲行王道하야 而少施焉이러니 柳磻溪, 窮而在下하
야 論說王道하야 爲千古不刊之典"이라하니 斯兩言者, 蓋已得之矣러니 今
見足下所謂, "志似橫渠[6]하나 而怛惻過之하고 才似孔明[7]하나 而醇正勝之"
云者, 亦可謂, "後世子雲[8]" 矣로다

　此書之行世旣久하야 當此黨議虧貳之際에도 無論彼此하고 一口稱善하

야 超然爲局外之完人하니 亦云奇矣로다

『順菴雜錄』

|주석| 1. 洛建 : 낙(洛)은 정호(程顥)·정이(程頤)의 형제가 살던 곳, 건(建)은 주희(朱熹)가 살던 곳.

2. 李畏菴 : 이식(李杺), 외암은 호.

3. 王通 : 자는 중암(仲淹, 584-618), 「중설(中說)」의 저자.

4. 朴敎官絿 : 생몰 미상.

5. 趙靜菴 : 조광조(趙光祖), 정암은 호.

6. 橫渠 : 장재(張載)의 호.

7. 孔明 : 제갈량(諸葛亮)의 자.

8. 子雲 : 양웅(揚雄)의 자.

|해제| 순암(順菴)이 그의 제자 사빈(士濱)에게 준 편지이다. 내용은『반계수록(磻溪隨錄)』을 논하되 제가(諸家)의 논평을 열거하고, 또 자기의 의견을 말하였다.

|작자| 자는 백순(百順, 1712-1791), 호는 순암(順菴). 성호(星湖) 이익(李瀷)을 사사하였고, 서학(西學)이 들어오자『천학고(天學考)』·『천학문답(天學問答)』을 지었다. 벼슬이 동지중추(同知中樞)에 이르고, 광성군(廣成君)을 받았으며, 저서로는 『하학지남(下學指南)』·『희현록(希賢錄)』·『가례집해(家禮集解)』·『동사강목(東史綱目)』·『홍범연의(洪範演義)』·『잡괘설(雜卦說)』·『소학강의(小學講義)』·『사감(史鑑)』·『열조통기(列朝通紀)』·『임관정요(臨官政要)』·『광주지(廣州誌)』·『목주지(木州誌)』·『순암문집(順菴文集)』 등이 있다.

47. 與廖幼卿書 陸九淵

人未知學이면 其精神心術[1]之運이 皆與此道背馳하나니 一旦에 聞正言而知非면 則向來蹊徑이 爲之杜絶[2]이요 若勇於惟新[3]이면 固當精神筋力이 皆

勝其舊리라 然, 如此者는 難得이요 但得不安其舊하면 雖未有日新[4]이라두
亦勝頑然不知하야 與主張舊習者론 遠矣리라

『象山文集』

|주석| 1. 心術 : 마음으로 생각하여 동작하는 방법.
　　　2. 杜絶 : 딱 막혀 끊어짐.
　　　3. 惟新 : 구법을 개혁하고 신정(新政)을 행함.
　　　4. 日新 : 나날이 새로워 감.

|해제| 상산(象山)이 그의 친우 요유경(廖幼卿)에게 주는 편지이다. 사람은 반드
시 학문을 알아야만 정신과 심술이 비뚤어지지 않는다. 이에는 유신(維新)이 가장
중요한 일이다.

|작자| 자는 자정(子靜, 1139-1192), 일찍이 진사에 올랐으나, 강서(江西)의 상산
(象山)에서 강학함에 제자가 많았다. 그리하여 스스로 "상산옹(象山翁)"이라 일컬
었다. 그의 치학(治學)하는 방법은 존덕성(尊德性)을 주장하였으므로 주희(朱熹)
가 주장하는 도문학(道問學)과 달라서 논쟁이 많았다. 저서로는 『상산문집(象山
文集)』이 있다.

48. 詠史[1]六首 選二　洪奭周

芝蘭[2]이 本同臭코 鍼磁도 自相投어늘 人生處斯世하야 孰能無朋儔아 德義
諒不愆타면 燕越亦爲謀리라 同歸在忠孝요 苟合은 非吾求로세 彼哉勢利
交는 傾奪固有由어늘 奈何矜名士가 相率效其尤오 唯唯라야 即虁卨[3]이요
諤諤하면 成共兜[4]하곤 百行이란 置不論하고 一語로 分薰蕕하야 爭端이 祇
毫末이요 杯酒터니 俄戈矛하야 齊中日柴棘[5]커니 寧復國家憂하랴 吾聞涑
水翁[6]이 亦曾詆韓歐[7]하나 千載稱同道하니 誰果非淸流오

聲色[8]으로 蕩性靈코 祿利엔 輕廉恥하야 滔滔衆欲場에 尙云多凡子를 獨有好勝心이 偏誤[9]盛名士를 偉然自任重하야 立志諒不鄙를 苟非上聖姿면 焉能事事是아 一誤羞自屈하야 文飾眩義理를 門庭起矛鋋하야 談笑決生死를 生死도 尙云小하니 黨禍[10]從此始를 浸淫病人國하야 流毒迄千禩[11]를 溫溫退陶翁이 山斗蔚瞻企하나 一聞後生語하곤 捨己如脫屣ㄹ새 令名久益存하니 大勇이 亮在此니라

『淵天集』

|주석| 1. 詠史 : 역사적 사실을 읊은 시.
　　2. 芝蘭 : 지초와 난초.
　　3. 夔禼 : 순(舜)의 두 신하의 이름.
　　4. 共兜 : 공공(共工)·환두(驩兜).
　　5. 柴棘 : 사람을 해치고자함을 말함.
　　6. 涑水翁 : 사마광(司馬光).
　　7. 韓歐 : 한유(韓愈)·구양수(歐陽修).
　　8. 聲色 : 노래와 여색.
　　9. 偏誤 : 편벽되게 그릇됨.
　　10. 黨禍 : 당쟁으로 인한 재앙.
　　11. 千禩 : 천년.

|해제| 연천(淵泉)의 「영사시(詠史詩)」 6수에서 그 둘을 뽑았다. 은연중에 당시 당론(黨論)의 불공정함을 풍자하였다.

|작자| 자는 성백(成伯, 1774-1842), 호는 연천(淵泉). 경술과 문장으로 일대에 이름이 높았으며, 벼슬은 좌의정에 이르렀다. 저서로는 『연천집(淵泉集)』이 있다.

49. 梁甫吟　佚名氏

步出齊城門하야　遙望¹蕩陰里터니
里中有三墳호대　纍纍²正相似ㄹ새
問"是誰家墓"오　"田疆 古冶子³"를
力能排南山코　文能絶地紀터니
一朝被讒言하야　二桃殺三士를
"誰能爲此謀"오　"相國齊 晏子⁴"를

|주석| 1. 遙望 : 멀리 바라보다.
　　　2. 纍纍 : 서로 연결되어 있는 모양.
　　　3. 田疆·古冶子 : 용맹과 무력으로 제(齊)나라 경공(景公)을 섬기던 삼사(三士)
　　　　　중 두 사람.
　　　4. 晏子 : 안영(晏嬰).

|해제|「양보음(梁甫吟)」은 상화가(相和歌) 중 초조곡(楚調曲)의 하나이다. 양보
산(梁甫山)은 태산(泰山) 밑에 있는 장지(葬地)였으니 이는 곧 일종의 장가(葬歌)
이다. 『촉지(蜀志)』에 "諸葛亮, 好爲梁甫吟"이라 하였고, 일설에는 "曾參의 作이
라" 하나 명확치 않다.

50. 與曹孟德論酒禁第二書　孔融

昨承訓答혼대 陳二代¹之禍와 及衆人之敗하니 以酒亡者는 實如來諭로다
雖然이나 徐偃王²은 行仁義而亡이로대 今令不絶仁義하고 燕噲³는 以讓失
社稷⁴하나 今令不禁謙退⁵하고 魯는 因儒而損이어늘 今令不棄文學하고 夏
商도 亦以婦人失天下언만 今令不斷婚姻하곤 而將酒獨急者는 疑但惜穀
耳요 非以亡王爲戒也로다

『孔北海集』

1. 二代 : 하(夏)·상(商).

2. 徐偃王 : 주 목왕(周穆王) 때 사람으로, 인의(仁義)로 알려졌다. 주왕(周王)이 초(楚)로 하여금 연왕(偃王)을 치자 연왕이 백성을 아껴서 싸우지 않다가 끝내 패하였다.

3. 燕噲 : 전국시대 때 연왕(燕王), 쾌(噲)는 이름. 그의 신하 자지(子之)에게 나라를 맡겼다가 나라를 잃었다.

4. 社稷 : 나라, 사(社)는 토지의 신, 직(稷)은 곡식의 신으로 왕이 될 때는 사직을 세우고 제사하여 나라와 흥망을 같이 한데서 온 말.

5. 謙退 : 겸손한 태도로 사양함.

|해제| 그때에 흉년이 들었으므로 조조(曹操)가 금양령(禁釀令)을 내렸다. 공융(孔融)이 그의 부당함을 논하였더니 답서를 보냈다. 이에 그는 다시 이 두 번째 편지를 보냈다.

|작자| 자는 문거(文擧, 153-208), 건안칠자(建安七子)의 하나. 풍류가 호상하여 좌상의 빈우가 많고, 술이 마를 때가 없었으며, 벼슬이 장작대장(將作大匠)에 이르렀다. 조조(曹操)가 그의 명망을 시기하여 죽이고 말았다. 저서로는 『공북해집(孔北海集)』이 있다.

---

51. 歸去來辭　陶潛

歸去來兮여　田園將蕪胡不歸리오　旣自以心爲形役하니　奚惆悵而獨悲아 悟已往之不諫하고　知來者之可追[1]라　實迷途其未遠하니　覺今是而昨非라 舟遙遙以輕颺이요　風飄飄而吹衣라　問征夫[2]以前路하니　恨晨光之憙微라 乃瞻衡宇[3]하고　載欣載奔이라　僮僕歡迎하고　稚子候門이라　三逕[4]就荒하나 松菊猶存이라　攜幼入室하니　有酒盈樽이라　引壺觴以自酌하고　眄庭柯以怡 顔이라　倚南窓以寄傲하니　審容膝之易安이라　園日涉以成趣하고　門雖設而 常關이라　策扶老[5]以流憩[6]하야　時矯首而遐觀이라　雲無心而出岫하고　鳥倦

飛而知還이라 景翳翳以將入하야 撫孤松而盤桓이라 歸去來兮여 請息交
以絶游라 世與我而相遺하니 復駕言兮[7]焉求아 悦親戚之情話하고 樂琴書
以消憂라 農人告余以春及하니 將有事於西疇라 或命巾車[8]하고 或棹孤舟
라 旣窈窕以尋壑하고 亦崎嶇而經丘할제 木欣欣以向榮하고 泉涓涓而始
流라 羨萬物之得時하고 感吾生之行休[9]라 已矣乎라 寓形宇内復幾時오 曷
不委心任去留[10]하고 胡爲乎遑遑欲何之[11]오 富貴非吾願이요 帝鄉[12]不可期
라 懷良辰以孤往하야 或植杖而耘耔라 登東皐[13]以舒嘯하고 臨清流而賦詩
라聊[14]乘化以歸盡하니 樂夫天命復奚疑아

『陶淵明集』

|주석| 1. 悟巳往之不諫知來者之可追 : 『논어(論語)・미자(微子)』에 "往者不可諫, 來者
猶可追"라고 하였다.
2. 征夫 : 행인.
3. 衡宇 : 형문(衡門), 횡목으로 문을 만듦, 우(宇)는 집 주변.
4. 三逕 : 『삼보결록(三輔決錄)』에 "蔣詡, 字元卿, 舍中竹下, 開三徑, 惟羊仲求
仲, 從之遊"라고 하였다.
5. 扶老 : 지팡이.
6. 流憩 : 곳에 따라 휴식함.
7. 駕言兮 : 가(駕)는 수레에 오름, 언혜(言兮)는 조사, 『시경(詩經)・패풍(邶風)』
에 "駕言出遊, 以寫我憂"라고 하였다.
8. 巾車 : 휘장과 덮개가 있는 수레.
9. 行休 : 마땅히 행해야 할 것을 행하고, 마땅히 그쳐야 할 것을 그침.
10. 委心任去留 : 위심(委心)은 명리의 마음을 버림, 거류(去留)는 생사를 가리킴.
11. 何之 : 지(之)는 왕(往).
12. 帝鄉 : 상제의 거처, 이상향, 『장자(莊子)・천지(天地)』에 "乘彼白雲, 至于帝鄉"
이라고 하였다.
13. 東皐 : 고(皐)는 수전(水田).
14. 聊 : 차(且).

|해제| 본문의 원제목은 「귀거래혜(歸去來兮)」이다. 소통(蕭統)의 『도연명전(陶淵
明傳)』과 『문선(文選)』에 혜(兮)자를 없애고 「귀거래(歸去來)」라 하였는데 뒤에

문체명인 사(辭)자를 더해서 「귀거래사(歸去來辭)」라 하였다. 래(來)는 구말(句末)의 조사로서 아무런 뜻이 없으니 마치 『맹자(孟子)·이루(離婁)』의 "합귀호래(盍歸乎來)"와 같다. 사(辭)는 초사(楚辭)의 변체(變體)이기 때문이다. 동진(東晉) 안제(安帝) 의희(義熙) 원년(405) 하력(夏曆) 11월에 작자가 팽택령(彭澤令)을 버리고 귀전할 때 지은 작품이다. 관직을 사양하고 물러나 은거하는 심경과 생활을 서술하였다.

|작자| 자는 연명(淵明, 372-427), 또는 원량(元亮), 호는 오류선생(五柳先生). 인격이 고결하고, 학문이 연박(淵博)하여 중국 역대의 가장 뛰어난 은일(隱逸), 전원시인(田園詩人)이었다. 저서로는 『도연명집(陶淵明集)』이 있다.

52. 進學解 韓愈

國子先生[1]이 晨入太學하야 招諸生立館下하고 誨之曰, "業은 精於勤하고 荒於嬉하며 行은 成於思하고 毁於隨하나니 方今聖賢相逢하야 治具畢張하야 拔去兇邪하고 登崇俊良하야 占小善者도 率以錄하며 名一藝者도 無不庸하야 爬羅剔抉[2]하며 刮垢磨光[3]하야 蓋有幸而獲選하리니 孰云多而不揚고 諸生은 業患不能精이요 無患有司之不明이며 行患不能成이요 無患有司之不公"이어다

言未旣에 有笑於列者曰, "先生이 欺予哉신저 弟子 事先生이 於茲有年矣라 先生이 口不絶吟於六藝之文하며 手不停披於百家之編하야 記事者엔 必提其要하고 纂言者엔 必鉤其玄호대 貪多務得하야 細大不捐하야 焚膏油以繼晷하야 恒兀兀[4]以窮年하니 先生之業아 可謂, '勤'矣요 觗排異端하야 攘斥佛老하고 補苴[5]罅漏하며 張皇[6]幽眇하야 尋墜緒之茫茫하야 獨旁捜而遠紹하며 障百川而東之하야 廻狂瀾於旣倒하니 先生之於儒에 可謂, '勞'矣요 沈浸醲郁[7]하야 含英咀華하야 作爲文章하야 其書滿家하며 上規姚姒[8]하야 渾渾無涯하며 周誥[9]殷盤[10]은 詰屈聱牙[11]하며 春秋는 謹嚴하고 左氏는 浮誇하고 易奇而法하고 詩正而葩하며 下逮莊騷와 太史[12]所錄과 子雲[13]相如[14]는 同工異曲하니 先生之於文에 可謂 '閎其中而肆其外'矣요 少始知學하야 勇於敢爲하고 長通於方[15]하야 左右具宜하니 先生之於文에 可謂, '成'矣나 然, 而公不見信於人코 私不見助於友하야 跋前躓後[16]하야 動

輒得咎하야 暫爲御史타가 遂竄南夷하고 三年博士호대 冗不見治하고 命
與仇謀[17]하니 取敗幾時오 冬暖而兒號寒하며 年豐而妻啼飢하야 頭童齒豁
하니 竟死何裨리오 不知慮此하고 而反敎人爲"오

先生曰, "吁라 子來前하라 夫大木은 爲枅[18]코 細木은 爲桷[19]하며 欂櫨[20]
侏儒[21]와 根闑扂楔[22]이 各得其宜하야 施以成室屋者는 匠氏之功也요 玉札
[23]丹砂와 赤箭[24]靑芝[25]와 牛溲[26]馬勃[27]과 敗鼓之皮를 俱收並蓄하야 待用無
遺者는 醫師之良也요 登明選公하야 雜進巧拙하야 紆餘爲姸하며 卓犖爲
傑하야 校短量長호대 惟器是適者는 宰相之方也니 昔者에 孟軻好辯하야
孔道以明할제 轍環天下타가 卒老於行하고 荀卿[28]守正하야 大論是宏타가
遭讒於楚하야 廢死蘭陵[29]하니 是二儒者는 吐辭爲經하며 擧足爲法하야 絶
類離倫하야 優入聖域하나 其遇於世, 何如也오 今先生은 學雖勤而不繇其
統코 言雖多而不要其中하며 文雖奇而不濟於用코 行雖修而不顯於衆하나
猶且月費俸錢하며 歲糜廩粟하고 子不知耕코 婦不知織하며 乘馬從徒하며
安坐而食하야 踵常途之促促[30]하며 窺陳篇以盜竊이나 然, 而聖主不加誅
하며 宰臣不見斥하니 玆非其幸歟며 動而得謗하나 名亦隨之하니 投閒置
散이 乃分之宜라 若夫商財賄之有亡하며 計班資之崇卑[31]하야 忘己量之所
稱하며 指前人之瑕疵면 是所謂, '詰匠氏之不以杙爲楹[32]하며 而訾醫師以
昌陽[33]引年할제 欲進其豨苓[34]'也"리라

『昌黎先生集』

|주석| 1. 國子先生 : 한유(韓愈)의 자칭, 국자(國子)는 공(公)·경(卿)·대부(大夫)의 자
　　　 제를 말한다.
　　2. 爬羅剔抉 : 인재를 찾음.
　　3. 刮垢磨光 : 인재를 연마함.
　　4. 兀兀 : 마음을 쓰는 모양.
　　5. 補苴 : 미봉(彌縫).
　　6. 張皇 : 드러내 밝힘.
　　7. 醲郁 : 맛이 농후함.

8. 上規姚姒 : 규(規)는 모의(摹擬). 요사(姚姒)는 순(舜)·우(禹)로, 『서경(書經)』 중의 「우서(虞書)」·「하서(夏書)」를 말함.

9. 周誥 : 『서경(書經)』 중의 「대고(大誥)」·「강고(康誥)」·「주고(酒誥)」.

10. 殷盤 : 『서경(書經)』 중의 「반경(盤庚)」.

11. 詰屈聱牙 : 간삽하여 읽기 어려움.

12. 太史 : 사마천(司馬遷).

13. 子雲 : 양웅(揚雄)의 자.

14. 相如 : 사마상여(司馬相如).

15. 通於方 : 옛 성철(聖哲)의 도(道)를 통함.

16. 跋前疐後 : 『시경(詩經)·빈풍(豳風)』에 "狼跋其胡·載疐其尾", 발(跋)은 앞으로 엎어짐이고, 체(疐)는 뒤로 자빠뜨림을 말한다.

17. 命與仇謀 : 운명이 구적(仇敵)과 더불어 꾀함.

18. 棟 : 동량.

19. 桷 : 모난 서까래.

20. 欂櫨 : 주상방목(柱上方木).

21. 侏儒 : 양상단주(梁上短柱).

22. 椳闑扂楔 : 외(椳)는 문구(門臼), 얼(闑)은 문한(門限), 점(扂)은 호모(戶牡), 설(楔)은 문양방목(門兩旁木).

23. 玉札 : 지유(地楡).

24. 赤箭 : 천마(天麻).

25. 靑芝 : 푸른 버섯.

26. 牛溲 : 질경이.

27. 馬勃 : 버섯의 일종.

28. 荀卿 : 순황(荀況), 즉 순자(荀子).

29. 蘭陵 : 산동(山東) 역현(嶧縣)에 있음.

30. 促促 : 삼가는 모양.

31. 班資之崇卑 : 품질의 고하.

32. 以杙爲楹 : 익(杙)은 마소 매는 말목, 영(楹)은 당전직주(堂前直柱).

33. 昌陽 : 백창(白菖).

34. 豨苓 : 저령(豬苓).

|해제| 작자 한유(韓愈)가 당 헌종(唐憲宗) 원화(元和) 6년(811)에 직방원외랑(職方員外郎)이 되었는데, 마침 화음령(華陰令) 유간(柳澗)이 자사에게 반항한 죄를 한유가 변론하였다. 그러자 집정자가 망령된 논의라 하여 국자박사(國子博士)

의 직분으로 한유를 좌천시켰다. 이에 한유가 스스로 생각하기를 '재주는 높으나 자주 폄출(貶黜)을 당했다' 하여 이 글을 지어서 스스로 일깨웠다. 그러자 집정자가 그 재주를 기이하게 여겨 비부낭중(比部郎中) 사관수찬(史館修撰)으로 임명하였다.

|작자| 자는 퇴지(退之, 768-842). 당대(唐代) 고문운동의 선구자로서 팔대(八代)의 쇠한 기운을 부흥시켰다. 벼슬이 이부시랑(吏部侍郎)에 이르렀고 저서로는 『창려선생집(昌黎先生集)』이 있다.

---

53. 浮碧樓　李穡

昨過永明寺¹할제　暫登浮碧樓터니　城空月一片이요　石²老雲千秋를　麟馬³去不返하니　天孫何處遊오　長嘯倚風磴⁴하니　山靑江水流를

『牧隱詩稿』

|주석| 1. 永明寺 : 부벽루(浮碧樓) 서쪽에 있었음.
2. 石 : 조천석(朝天石), 기린굴(麒麟窟) 남쪽에 있음.
3. 麟馬 : 『동국여지승람(東國輿地勝覽)』에 "麒麟窟, 在九梯宮內, 浮碧樓, 東明王養麒麟馬于此, 後人立石誌之, 世傳 '王乘麒麟馬, 入此窟, 從地中出朝天石昇天, 其馬跡, 至今在石上'"라고 하였음.
4. 風磴 : 등(磴)은 가공의 석교.

|해제| 평양 부벽루에 올라 천년 고사를 읊은 일종의 회고시(懷古詩)다. 풍풍(渢渢)한 대가의 풍모가 이 단편(短篇)에도 엿보인다.

|작자| 자 영숙(穎叔, 1328-1396), 호는 목은(牧隱). 문장과 시가 활한(活汗)하여 당시의 대가로 일컬어졌으며, 벼슬은 문하시랑(門下侍郎)에 이르렀고, 저서로는 『목은시문고(牧隱詩文藁)』가 있다.

54. 將進酒 李白

君不見黃河之水天上來했나 奔流到海不復回코 又不見高堂明鏡悲白髮했나 朝如青絲暮成雪을 人生得意하얀 須盡懽이니 莫使金樽空對月하라 天生我材必有用이요 千金散盡還復來하리라 烹羊宰牛且爲樂호대 會須一飮三百杯를 岑夫子, 丹丘生[1]이여 將進酒하리니 君莫停하곤 與君歌一曲하리니 請君爲我側耳聽하소 "鐘鼓饌玉도 不足貴요 但願長醉不願醒을 古來聖賢이 皆寂寞이되 惟有飮者留其名을 陳王[2]昔日宴平樂[3]할제 斗酒十千恣讙謔을 主人何爲言 '少錢'고 徑須沽取對君酌을 五花馬[4], 千金裘를 呼兒將出換美酒하야 與爾同銷萬古愁"하세

『李太白集』

|주석| 1. 岑夫子丹丘生 : 잠훈(岑勛)·원단구(元丹丘), 당시의 두 객.
　　　2. 陳王 : 위(魏) 조식(曺植).
　　　3. 平樂 : 업중(鄴中)의 방명(房名).
　　　4. 五花馬 : 좋은 말의 명칭.

|해제| 장진주(將進酒)는 한(漢)나라 요가십팔곡(鐃歌十八曲) 가운데 하나이다. 작자가 그 곡에 따라서 이 노래를 불렀다. 시(詩)·주(酒)·미인(美人)으로 지상의 향락을 삼은 가사이다.

|작자| 앞에 나왔다.

55. 答李生書 許筠

辱惠書에 詢以不朽大業하니 甚盛心也로다 而僕之譾陋[1]로 何足以揚搉萬一乎리오 然, 竊怪生之問이 不及於先秦漢唐所稱大家作者하곤 獨諄諄吾

東하니 是何卑論耶오

吾東이 僻在海隅하야 唐以上엔 文獻이 邈如하야 雖乙支眞德之詩[2], 彙在史家하나 不敢信其果出於其手也러니 及羅季하야 孤雲[3]學士, 始大厥譽하나 以今觀之컨댄 文菲以萎하며 詩粗以弱하야 使在許鄭[4]間이라두 亦形其醜온 乃欲使盛唐爭其工耶아 麗代知常[5]이 足窺一斑[6]하나 亦晩李[7]中穠麗者요 仁老奎報[8]는 或淸或奇하며 陳灌洪侃[9]은 亦腴艶하나 而俱不出長公[10]度內耳러니 及至益齋[11]倡始하야 稼牧[12]繼躅하고 圃陶惕[13]이 爲季葉名家러니라

逮國初하야 三峯陽村[14]이 獨擅其名하니 文章至是하야 始可稱達이요 追琢[15]炳烺하니 足曰, "丕變[16]"이로다 而中興之功은 文靖[17]爲鉅焉이요 中間 金文簡[18]이 得圃陽之緖하야 人謂, "大家"라하나 只恨文竇之透不高하고 其後容齋[19]相이 詩入神하야 申鄭[20]이 亦瞠乎요 其後엔 蘇相[21]이 又力振之하니 玆數公은 使生中國이라두 則詎盡下於康李[22]二公乎아

當今之業文은 推崔東皐[23]하고 詩推李益之[24]하니 俱是千年以來絶調요 而儕類中엔 汝章[25]은 甚婉亮하며 子敏[26]은 甚淵沆하고 此外는 則不能知也로라 文章이 雖曰, "小技"나 無學力, 無識見, 無工程이면 不可臻其極이요 所臻엔 雖有大小高下하나 及其妙하얀 一也니 我東人이 不博古라 故, 無學力하며 不就師라 故, 無識見하며 不溫習이라 故, 無功程하나니 無此三者코도 而妄自標榜하야 以爲, "可軼古人, 名後世"하니 吾不敢信也로라

僕이 十二에 失嚴訓일새 母兄憐愛하야 不加督責터니 稍長에 見有習科業者하고 從而效之하야 遂有速化之心하야 讀六經諸史略遍호대 已解大義엔 不肯體認沈潛코 豪膓妄膽으로 一日誦數萬言하야 口角瀾翻터니 人以爲, "聰捷絶倫"하고 僕亦自誇하야 殊不知問學及文章이 初不在於記覽之富也러니라

仲兄[27]이 自謫還하야 始敎以古文하니 文從厓相[28]學하고 詩從蓀谷[29]學하야 方知文章之逕이 在是요 不在彼하곤 稍欲入門하나 爲俗累所牽出하고

旣聯擢巍第하얀 以疏儁少檢으로 擯於世ㄹ새 遂杜門盡其業혼지 於今十有
六年이라 所成就는 吾不敢知로니 雖淸屬深倨하야 獨造爲宗者는 少遜於儕
流하나 而包函蘊蓄하야 信手拈來하야 行所當行하며 止所當止하야 沛然如
巨浸稽天하야 貝宮蜃闕에 或間以蠔山鰻屋하나 亦不廢其鉅者엔 比諸數子
에 頗有寸長호니 亦未知, 識者之見許否아

　雖然이나 若無師友淵源之傳코 又安得有此乎아 兄姊[30]之文은 得於家庭
하니 而先大夫, 少學於慕齋[31]하고 慕齋之師, 成虛白俔이 學於其兄侃[32]及
金乖厓守溫하니 二公은 皆柳泰齋[33]之弟子요 柳公은 是文靖公得意門人이
라 文靖이 遊學上國하며 翶翔禁林하야 久在虞道園歐陽圭齋[34]門下하야 被
其獎詡하야 至有 "衣鉢海外傳"之語하니 圭齋는 江西人이라 親事文謝[35]諸
公하야 耳熟石湖誠齋[36]遺訓하야 而臨川南豐六一山谷[37]四老之烈이 尙爾
班班이라 以是學業으로 而傳授於牧老하니 吾東文事之稍覷源委者는 悉
由牧老之東還이라 豈不韙哉아

　汝章先人이 學於駱峯[38]하니 駱峯은 容齋之所推奬이요 子敏은 又其曾
孫이니 亦家學以發者라 申李二公이 俱得佔畢[39]餘學하고 佔畢之父는 師冶
隱[40]하고 冶隱은 師陽村兄弟[41]하며 而牧老는 又其師也라 亦同出於斯하니
凡爲詩文者, 畔此而別立門戶者는 非妄則僭也러라

　來書에 稱, "崔白[42]"하니 二家在唐이라두 亦可爲名家하나 而恨境狹耳요
所云, "鵝溪, 霽峯[43]"은 則僕未嘗覩其全集하니 焉敢容喙哉아 方赴秋官[44]
讞議하야 當闕呼促일새 草草奉覆하야 不盡欲言하고 容更面旣ㄹ새 不具
하노라

『惺所覆瓿藁』

|주석| 1. 譾陋 : 천박하고 고루함.
　　　2. 乙支眞德之詩 : 을지문덕의 「여우중문시(與于仲文詩)」, 진덕여왕의 「대당태
　　　　평송(大唐太平頌)」.
　　　3. 孤雲 : 최치원(崔致遠)의 호.

4. 許鄭 : 허혼(許渾)·정곡(鄭谷).

5. 知常 : 정지상(鄭知常).

6. 窺一斑 : 극히 작은 부분을 엿봄. 『진서(晋書)·왕헌지전(王獻之傳)』에 "此郎 亦管中窺豹, 時見一斑"이라 하였다.

7. 晚李 : 만당(晚唐).

8. 仁老奎報 : 이인로(李仁老)·이규보(李奎報).

9. 陳澕洪侃 : 진화(陳澕)의 호는 매호(梅湖), 홍간(洪侃)은 충경왕(忠敬王) 때 사람이다.

10. 長公 : 소식(蘇軾).

11. 益齋 : 이제현(李齊賢)의 호.

12. 稼牧 : 이곡(李穀)·이색(李穡)의 호로, 가정(稼亭)·목은(牧隱)을 말한다.

13. 圃陶惕 : 정몽주(鄭夢周)·이숭인(李崇仁)·김구용(金九容)의 호로, 포은(圃隱)·도은(陶隱)·척약재(惕若齋)를 말한다.

14. 三峯陽村 : 정도전(鄭道傳)·권근(權近)의 호.

15. 追琢 : 조탁함. 추(追)는 돌기(突起), 탁(琢)은 심입(深入).

16. 丕變 : 비(丕)는 대(大)를 뜻함.

17. 文靖 : 이색(李穡)의 시호.

18. 金文簡 : 김종직(金宗直), 문간(文簡)은 시호.

19. 容齋 : 이행(李荇)의 호.

20. 申鄭 : 신광한(申光漢)·정사룡(鄭士龍).

21. 蘇相 : 노수신(盧守愼)의 호 소재(蘇齋).

22. 康李 : 강해(康海)·이몽양(李夢陽).

23. 崔東皋 : 최립(崔岦).

24. 李益之 : 이달(李達), 익지(益之)는 자.

25. 汝章 : 권필(權韠)의 자.

26. 子敏 : 이안눌(李安訥)의 자.

27. 仲兄 : 하곡(荷谷) 봉(篈).

28. 厓相 : 유성룡(柳成龍).

29. 蓀谷 : 이달(李達)의 호.

30. 兄姊 : 형 하곡(荷谷) 봉(篈), 누이는 난설헌(蘭雪軒) 초희(楚姬).

31. 慕齋 : 김안국(金安國)의 호.

32. 侃 : 호는 진일(眞逸).

33. 柳泰齋 : 유방선(柳方善), 태재(泰齋)는 호.

34. 虞道園歐陽圭齋 : 우집(虞集)·구양현(歐陽玄). 도원(道園)·규재(圭齋)는 그들

의 호.

35. 文謝 : 문천상(文天祥) · 사방득(謝枋得)

36. 石湖誠齋 : 범성대(范成大) · 양정수(楊廷秀)의 호.

37. 臨川南豐六一山谷 : 임천(臨川) · 남풍(南豊)은 왕안석(王安石) · 증공(曾鞏)의
    사는 곳. 육일(六一) · 산곡(山谷)은 구양수(歐陽修) · 황정견(黃庭堅)의 호.

38. 駱峯 : 신광한(申光漢)의 호.

39. 佔畢 : 김종직(金宗直)의 호.

40. 冶隱 : 길재(吉再)의 호.

41. 陽村兄弟 : 양촌(陽村)과 그의 아우 우(遇).

42. 崔白 : 최경창(崔慶昌) · 백광훈(白光勳).

43. 鵝溪霽峯 : 이산해(李山海) · 고경명(高敬命)의 호.

44. 秋官 : 형조(刑曹).

|해제| 작자 교산(蛟山)이 그의 제자 이생(李生)에게 답한 편지이다. 우리나라의
문학의 연원을 서술하되 중간중간 논평을 더하였다. 그리고 자기 가학(家學)의
유래와 조선과 중국의 문학교류의 자취를 거슬러 논하였다. 실로 희대의 기재(奇
才)이자 훌륭한 논의이다.

|작자| 자는 단보(端甫, 1569-1618), 호는 교산(蛟山) · 성소(惺所) · 학산(鶴山).
학식이 해박하고 문장이 정한하여 이른 나이에 참비서(讖秘書)를 지었으며, 예속
(禮俗)에 구애받지 않았고, 정쟁(政爭)에 몰려 희생되었다. 그는 일찍이 수호전
(水滸傳)의 의작(擬作)으로 「홍길동전(洪吉童傳)」을 지었고, 그 밖에도 『성소부
부고(惺所覆瓿藁)』 · 『학산초담(鶴山樵談)』 등이 있다.

---

56. 先妣事略 歸有光

先妣周孺人[1]이 弘治元年[2], 二月十一日에 生하야 年十六來歸하야 踰年에
生淑靜하니 淑靜者는 大姊也요 期而生有光하고 又期而生女子[3]하야 殤一
人하고 期而不育者一人이요 又踰年에 生有尚호대 姙十二月이요 踰年에

生淑順하고 一歲에 又生有功하니라

有功之生也에 孺人이 比乳[4]他子加健이나 然, 數顰蹙이러니 顧諸婢曰, "吾爲多子苦"로다 老嫗, 以杯水盛二螺進曰, "飮此後엔 姙不數矣"리이다 孺人이 擧之盡터니 暗不能言하니라

正德八年[5], 五月二十三日에 孺人이 卒하니 諸兒見家人泣하고 則隨之泣이나 然, 猶以爲, "母寢也"하니 傷哉라 於是에 家人이 延畫工畫할제 出二子命之曰, "鼻以上은 畫有光하고 鼻以下는 畫大姊"하라하니 以二子肖母也러라

孺人의 諱는 桂니 外曾祖諱는 明이요 外祖諱는 行이니 太學生이요 母는 何氏러라 世居吳家橋하니 去縣城東南三十里라 由千墩浦[6]而南이면 直橋並小港以東에 居人環聚하니 盡周氏也러라 外祖與其三兄이 皆以貲雄호대 敦尙簡實하야 與人姁姁[7]說村中語하고 見子弟甥姪에 無不愛러라

孺人이 之吳家橋하면 則治木綿하고 入城則緝纑[8]호대 燈火熒熒하야 每至夜分[9]하고 外祖不二日使人問遺하니 孺人이 不憂米鹽하나 乃勞苦若不謀夕하고 冬月爐火炭屑을 使婢子爲團하야 累累暴[10]階下하고 室靡[11]棄物하며 家無閒人하야 兒女大者는 攀衣하며 小者는 乳抱하나 手中紉綴不輟하고 戶內灑然하며 遇童奴有恩하야 雖至箠楚라두 皆不忍有後言하고 吳家橋, 歲致魚蟹餠餌하면 率人人得食일새 家中人이 聞吳家橋人至하면 皆喜러라

有光이 七歲에 與從兄有嘉入學이러니 每陰風細雨에 從兄이 輒留[12]하나 有光은 意戀戀하야 不得留也러라 孺人이 中夜覺寢하야 促有光暗誦孝經호대 即熟讀하야 無一字齟齬라야 乃喜러라

孺人이 卒에 母何孺人이 亦卒하고 周氏家有羊狗之痾[13]하야 舅母卒하고 四姨歸顧氏又卒하야 死三十人而定하고 惟外祖與二舅存하다

孺人이 死十一年에 大姊는 歸王三接[14]하니 孺人所許聘者也요 十二年에 有光이 補學官弟子[15]하고 十六年而有婦하니 孺人所聘者也요 期而抱女

하야 撫愛之할제 益念孺人하야 夜與其婦泣中追호라 惟一二하니 彷彿如
昨하나 餘則茫然矣라 世乃有無母之人하니 天乎, 痛哉라

『震川文集』

|주석| 1. 孺人 : 『예기(禮記)·곡례(曲禮)』에 천자의 비를 "후(后)", 제후의 비를 "부인
(夫人)", 대부의 비를 "유인(孺人)"이라 하였다. 명대(明代)에는 직관의 아내 칠
품(七品)에 유인(孺人)을 봉하였다.

2. 弘治元年 : 홍치(弘治)는 명 효종(明孝宗)의 연호로, 원년(元年)은 1488년이다.

3. 女子 : 딸 하나와 아들 하나 쌍둥이를 낳음.

4. 乳 : 젖먹임.

5. 正德八年 : 정덕(正德)은 명 무종(明武宗) 연호로, 팔년(八年)은 1513년이다.

6. 千墩浦 : 강남(江南) 곤산현(崑山縣) 동남쪽에 있음.

7. 姁姁 : 화목한 모양.

8. 緝纑 : 집(緝)은 길쌈하다, 로(纑)는 실 가닥.

9. 夜分 : 한밤중.

10. 暴 : 폭(曝).

11. 靡 : 없음.

12. 留 : 유가폐학(留家廢學).

13. 羊狗之痾 : 양구(羊狗)의 역병이 사람에게 전염됨.

14. 王三接 : 자는 여강(汝康), 벼슬이 하동도운전사(河東都運轉使)에 이르렀음.

15. 學官弟子 : 학관(學官)은 학사(學舍), 제자(弟子)는 생원(生員).

|해제| 작자가 그의 모친 주부인(周夫人)의 평생의 자취를 적은 글이다.

|작자| 자는 희보(熙甫, 1506-1571), 호는 진천(震川). 9세에 문장을 이루어 당시
이반룡(李攀龍)·왕세정(王世貞) 등의 진한모의(秦漢摸擬)적인 작풍을 반대하고
문종(文從)·자순(字順)으로 법을 삼아서 문장이 분명하여 법도가 있었다. 벼슬이
남경태복승(南京太僕丞)에 이르렀고, 저서로는 『진천문집(震川文集)』·『삼오수
리록(三吳水利錄)』·『역경연지(易經淵旨)』·『문장지남(文章之南)』 등이 있다.

57. 金官竹枝詞 選 李學逵

山有花[1]傳嶺外歌, 遺音不斷洛東波를 鴉頭十五唱歌女가 月落楓江愁奈
何오

　細竹斑花手染成[2]하야 釜山烟袋[3]鏤文呈을 由來尤物難比幷하니 此是東
方第一名을

　仲春之旬嶺登[4]天에 百隊鳴鴉風打船을 人家隨例昬時餕할제 瀝酒炊糕
星月前을

　南山謝豹[5]一聲悲할제 鐃鼓緣山送葬時를 不揀漁翁與樵子하고 也須一
俉輓歌詞를

　旱天掛佛去燒香할제 埽地隨便作道場을 東社盲師急鞴鼓하고 西廂素
女引龍王을

　上廳行首[6]老銅釵가 撤卻皮鞋躡草鞋를 但願季來作郎意하야 煮茶漉酒
過生涯를

『洛下生集 · 因樹屋集』

|주석| 1. 山有花 : 작자의 『낙하생고(洛下生稿) · 산유화가서(山有花歌序)』에 "山有花,
　　本洛東里娘, 爲江上棄婦作, 今無其辭, 聲調猶傳"이라고 하였다.
　　2. 細竹斑花手染成 : 가는 대나무에 아롱진 무늬를 놓아서 담뱃대를 꾸미다.
　　3. 烟袋 : 연죽(烟竹).
　　4. 嶺登 : 자주(自注)에 "嶺南 二月, 祀風神日, '嶺登神'"이라 하였다.
　　5. 謝豹 : 두원(杜鵑).
　　6. 行首 : 항렬이 높은 기생, 항(行)은 항오(行伍)를 말한다.

|해제| 작자가 서학(西學)의 일파로 지목되어 김해(金海)에서 20년 동안 귀양살이
하여 그 지방의 풍속을 익숙히 알았기에 「죽지사(竹枝詞)」30수를 읊었다. 이는
그 중에서 6수를 뽑은 것이다. 금관(金官)은 김해의 옛 명칭이다.

|작자| 자는 성수(醒叟, 1770-1835), 호는 낙하생(洛下生) · 춘성당(春星堂) · 포화

옥(匏花屋)·인수옥(因樹屋). 금대(錦帶) 이가환(李家煥)의 조카이자, 다산(茶山) 정약용(丁若鏞)의 문인이다. 문장이 유려·청신하고 특히 악부(樂府)와 죽지사(竹枝詞)를 잘 지었다. 저서에『낙하생고(洛下生稿)』가 있다.

---

58. 後赤壁賦 蘇軾

是歲十月之望에 步自雪堂[1]하야 將歸於臨臯[2]할제 二客[3]이 從予過黃泥[4]之坂이러니 霜露旣降하야 木葉盡脱하고 人影在地ㄹ새 仰見明月이라 顧而樂之하야 行歌相答터니 而已歎曰, “有客無酒하며 有酒無肴어늘 月白風淸하니 如此良夜何”오 客曰, “今者薄暮에 擧網得魚호니 巨口細鱗이 狀如松江之鱸[5]하나 顧安所得酒乎”아하야늘 歸而謀諸婦[6]한대 婦曰, “我有斗酒하야 藏之久矣라 以待子不時之須”로이다 於是에 攜酒與魚하고 復遊於赤壁之下하다

江流有聲하고 斷岸千尺이요 山高月小코 水落石出이라 曾日月之幾何완대 而江山을 不可復識矣로다 予乃攝衣[7]而上하야 履巉巖, 披蒙茸하며 踞虎豹[8], 登虯龍[9]하야 攀棲鶻之危巢하며 俯馮夷[10]之幽宮하니 蓋二客은 不能從焉터라

劃然長嘯하니 草木震動하고 山鳴谷應하며 風起水湧일새 予亦悄然而悲하며 肅然而恐하야 凜乎其不可留也ㄹ새 反而登舟하야 放乎中流하야 聽其所止而休焉하니라

時夜將半에 四顧寂寥터니 適有孤鶴이 橫江東來할제 翅如車輪하고 玄裳縞衣로 戛然[11]長鳴하야 掠予舟而西也러라 須臾客去하고 予亦就睡하다

夢一道士, 羽衣翩躚하야 過臨臯之下하야 揖予而言曰, “赤壁之遊, 樂乎”아하야늘 問其姓名호대 俛而不答하니 “嗚呼, 噫嘻라 我知之矣로세 疇昔之夜에 飛鳴而過我者, 非子也耶아 道士顧笑하고 予亦驚悟하야 開戶視

之하니 不見其處러라

『東坡七集』

|주석| 1. 雪堂 : 작자가 일찍이 황주(黃州)의 폄적된 처소에 초옥을 쌓아 사방의 벽에
　　　　　설경을 그리고 이름을 "동파설당(東坡雪堂)"이라 하였다
　　　　2. 臨皐 : 정자의 이름으로, 황주(黃州)에 있음.
　　　　3. 二客 : 한 사람은 도사(道士) 양세창(楊世昌), 다른 한 사람은 미상.
　　　　4. 黃泥 : 언덕의 이름.
　　　　5. 松江之鱸 : 강소(江蘇) 송강현(松江縣) 소산의 사시로(四顋鱸).
　　　　6. 婦 : 작자의 계실(繼室)인 왕부인(王夫人).
　　　　7. 攝衣 : 옷을 잡아들다.
　　　　8. 虎豹 : 기괴한 암석.
　　　　9. 虬龍 : 엉클어진 수목(樹木).
　　　10. 馮夷 : 수신(水神)의 이름으로, 하백(河伯)을 가리킴.
　　　11. 戞然 : 소리가 부딪히고 드날림.

|해제| 송 신종(宋神宗) 원풍(元豐) 5년(1082) 7월 보름에 작자가 황주(黃州) 적벽
(赤壁)에서 놀면서 「적벽부(赤壁賦)」를 짓고, 10월에 다시금 와서 놀면서 이 글을
지었다.

|작자| 앞에 나왔다.

59. 使日本旅懷　鄭夢周

生平南與北에 心事轉蹉跎를 故國海西岸이요 孤舟天一涯를 梅窓春色早
하고 板屋雨聲多를 獨坐消長日하니 那堪苦憶家아

『圃隱文集』

|해제| 일본 객관에서 느낀 것을 시로 나타내었다. 웅혼하고도 청신한 기품이 있다.

|작자| 자는 달가(達可, 1337-1392), 호는 포은(圃隱). 성리학에 밝았으며 시문이 호방하고 청화하였다. 벼슬이 문하시중(門下侍中)에 이르렀으며, 조선을 세운 이씨(李氏)의 정치를 반대하다가 선죽교(善竹橋)에서 피살되었다. 저서로는 『포은문집(圃隱文集)』이 있다.

---

60. 飮馬長城窟行　佚名氏

青青河畔草여 綿綿思遠道터니 遠道를 不可思하곤 凤昔夢見之호라 夢見엔 在我傍타가 忽覺在他鄕을 他鄕各異縣하야 展轉不相見호라 枯桑은 知天風하고 海水는 知天寒을 入門各自媚하니 誰肯相與言고

　客從遠方來하야 遺我雙鯉魚할제 呼童烹鯉魚하니 中有尺素書ㄹ새 長跪讀素書하니 書中竟何如터냐 上有 "加餐食"하고 下有 "長相憶"을

|해제| 다른 제목은 「음마행(飮馬行)」이니 상화가(相和歌) 슬조곡(瑟調曲)의 하나이다. 혹은 "후한(後漢) 채옹(蔡邕)의 작품이다."라고 한다. 진시황(秦始皇)이 만리장성을 쌓자 백성들이 노고를 원망하여 이 노래를 불렀다.

---

61. 與吳質書　曹丕

三月三日에 丕는 白하노라

　歲月易得하야 別來行[1]復四年이로다 三年不見호대 東山猶歎其遠[2]이온 況乃過之하니 思何可支아 雖書疏往返이나 未足解其勞結이로다

　昔年疾疫에 親故多離其災하야 徐陳應劉[3], 一時俱逝하니 痛可言邪아 昔日遊處에 行則連輿코 止則接席하야 何曾相失이런고 每至觴酌流行[4]하며 絲竹並奏하얀 酒酣耳熱하야 仰而賦詩하니 當此之時하야 忽然不自知

樂也호대 謂, "百年已分하니 可長共相保"터니 何圖數年之間에 零落略盡고 言之傷心이로다

頃撰其遺文하야 都爲一集할제 觀其姓名하니 已爲鬼錄이라 追思昔遊혼대 猶在心目하나 而此諸子, 化爲糞壤하니 可復道哉아 觀古今文人이 類不護細行하야 鮮能以名節自立하나 而偉長[5]은 獨懷文抱質하야 恬淡寡欲하야 有箕山之志[6]하니 可謂, "彬彬君子"者矣라 著中論二十篇하야 成一家之言하야 辭義典雅하야 足傳於後하니 此子, 爲不朽矣요 德璉[7]은 常斐然有述作之意하니 其才學이 足以著書러니 美志不遂하니 良可痛惜이로다 間者, 歷覽諸子之文하고 對之抆淚하니 旣痛逝者하야 行自念也호니 孔璋[8]은 章表殊健하며 微爲繁富하고 公幹[9]은 有逸氣하나 但未遒耳며 其五言詩之善者는 妙絶時人하고 元瑜[10]는 書記翩翩하니 致足樂也요 仲宣[11]은 獨自善於辭賦하나 惜其體弱하야 不足起其文이되 至於所善하얀 古人두 無以遠過하리라

昔, 伯牙絶絃於鍾期[12]하고 仲尼覆醢於子路[13]는 痛知音之難遇하고 傷門人之莫逮러니 諸子, 但爲未及古人하나 自一時之儁也라 今之存者는 已不逮矣나 後生可畏[14]요 來者難誣리라 恐吾與足下로 不及見也로다

年行已長大하니 所懷萬端일새 時有所慮하면 至通夜不瞑호라 志意何時復類昔日고 已成老翁하나 但未白頭耳로다 光武[15]曰, "年三十餘되 在兵中十歲하야 所更[16]非一"이라하니 吾, 德不及之하나 年與之齊矣라 以犬羊之質로 服虎豹之文[17]하며 無衆星之明이어늘 假日月之光하야 動見瞻觀하니 何時易乎오 恐永不復得爲昔日遊也하노라 少壯眞當努力이니 年一過往하면 何可攀援이리오 古人이 思 "秉燭夜遊"하니 良有以也로다

頃何以自娛오 頗復有述造不[18]아 東望於邑[19]하야 裁書敍心하노라 丕는 白하노라

『魏文帝集』

|주석| 1. 行：차(且).

   2. 三年不見-猶歎其遠：『시경(詩經)·동산(東山)』에 "我徂東山, 滔滔不歸, 自我不見, 於今三年"이라 하였다.

   3. 徐陳應劉：서간(徐幹)·진림(陳琳)·응창(應瑒)·유정(劉楨).

   4. 流行：곡수(曲水)에 잔을 띄워 술을 돌림.

   5. 偉長：서간(徐幹)의 자.

   6. 箕山之志：은둔적 사상. 기산(箕山)은 소부(巢父)·허유(許由)가 은둔한 곳이다.

   7. 德璉：응창(應瑒)의 자.

   8. 孔璋：진림(陳琳)의 자.

   9. 公幹：유정(劉楨)의 자.

  10. 元瑜：완우(阮瑀)의 자.

  11. 仲宣：왕찬(王粲)의 자.

  12. 伯牙絶絃於鍾期：백아(伯牙)가 거문고를 잘 뜯더니 종자기(鍾子期)가 죽은 뒤에는 지음(知音)이 없으므로 줄을 끊고 다시 거문고를 뜯지 않았음.

  13. 仲尼覆醢於子路：중니(仲尼)는 공구(孔丘), 즉 공자의 제자인 중유(仲由)의 자. 중유가 위첩(衛輒)의 난에 죽자 그의 고기를 젓 담아서 보냈는데, 공구가 바야흐로 음식을 먹다가 젓을 덮었음.

  14. 後生可畏：『논어(論語)·자한(子罕)』에서 나온 말.

  15. 光武：유수(劉秀).

  16. 更：경험.

  17. 以犬羊之質服虎豹之文：외모와 실제 내용이 같지 않음.

  18. 不：부(否)와 같음.

  19. 於邑：슬퍼함.

|해제| 오질(吳質)의 자는 수중(秀重)이니 서간(徐幹)·유정(劉楨)·응창(應瑒)·완우(阮瑀)·진림(陳琳)·왕찬(王粲) 등과 함께 문재(文才)로 조비(曹丕)가 연모한 바 있었는데, 건안(建安) 22년(217)에 큰 역병이 들어서 많은 사람들이 죽었으므로 조비가 오질에게 이 글을 보냈다.

|작자| 자는 자환(子桓, 187-226), 위 문제(魏文帝). 문학을 좋아하여 문인을 중시하였으며, 저술로 업을 삼았다. 그의 「전론논문(典論論文)」은 중국 비평문학의 시초이며, 저서에는 『황람(皇覽)』·『위문제집(魏文帝集)』 등이 있다.

62. 古詩十九首 選四 佚名氏

行行重行行하야 與君生別離라 相去萬餘里하야 各在天一涯라 道路阻且
長하니 會面安可知아 胡馬依北風하고 越鳥¹巢南枝라 相去日已遠하니 衣
帶日已緩이라 浮雲蔽白日하니 遊子不顧返일새 思君令人老하니 歲月忽已
晚이라 棄捐勿復道하고 努力加餐飯하소

　西北有高樓하니 上與白雲齊라 交疏²結綺窗하니 阿閣³三重階라 上有絃
歌聲호대 音響一何悲러냐 誰能爲此曲고 無乃杞梁妻⁴아 淸商隨風發하야
中曲正徘徊라 一彈再三歎하야 慷慨有餘哀라 不惜歌者苦하나 但傷知音
稀라 願爲雙鳴鶴하야 奮翅起高飛라

　涉江采芙蓉할제 蘭澤多芳草라 采之欲遺誰오 所思在遠道라 還顧望舊
鄕하니 長路漫浩浩라 同心而離居하야 憂傷以終老하노라

　迢迢牽牛星이요 皎皎河漢女라 纖纖擢素手하야 札札弄機杼호대 終日
不成章하야 泣涕零如雨라 河漢淸且淺하니 相去復幾許오 盈盈一水間에
脈脈不得語라

『昭明文選』

|주석| 1. 胡馬−越鳥 : 『한시외전(韓詩外傳)』에 "代馬依北風, 飛鳥巢南枝"라 하였음. 불
　　　　망본(不忘本)의 뜻.
　　　2. 疏 : 새기다.
　　　3. 阿閣 : 사아(四阿)의 각(閣), 사아(四阿)는 사주(四注)를 말한다.
　　　4. 杞梁妻 : 전국(戰國) 때 기량(杞梁)이 전사하자 제후(齊侯)가 그 아내를 사랑하
　　　　려고 했으나 듣지 않고 물에 빠져 죽었음.

|해제| 본편 19수는 혹은 "매승(枚乘)의 작(作)"이라 하고, 혹은 "전의(傳毅)·장형
(張衡)·채옹(蔡邕) 등의 작(作)이라" 하나 다 명확치 않다. 대체로 고신(孤臣)·사
부(思婦)·우붕(友朋) 사이의 사생(死生)과 신고(新故)의 느낌을 읊은 것으로 한
때의 작품이 아니고, 한 사람이 읊은 것도 아닌 만큼 소명태자(昭明太子)의 고시
(古詩)로 통칭하는 것이 가장 타당하다. 이에서는 그 중의 4수만 뽑았다.

63. 鶯鶯傳 元稹

唐貞元中에 有張生者하니 性溫茂하며 美風容하고 內秉堅孤하야 非禮不
可入이러라 或朋從遊宴에 擾雜其間하야 他人이 皆洶洶拳拳[1]하야 若將不
及하나 張生은 容順而已요 終不能亂이러라 以是로 年二十三에 未嘗近女
色일새 知者詰之하면 謝而言曰, "登徒子[2]는 非好色者라 是有淫行이요 余
眞好色者로대 而適不我値니 何以言之오 大凡物之尤者[3]는 未嘗不留連於
心하나니 是知其非忘情者也"로라 詰者, 識之러라

無幾何에 張生이 遊於蒲[4]할제 蒲之東十餘里에 有僧舍曰, "普救寺"라
張生이 寓焉이러니 適有崔氏孀婦, 將歸長安할제 路出於蒲하야 亦止茲寺
하니 崔氏婦는 鄭女也라 張出於鄭일새 緖其親하니 乃異派之從母러라

是歲에 渾瑊[5]이 薨於蒲하니 有中人[6]丁文雅, 不善於軍하야 軍人이 因喪
而擾하야 大掠蒲人이라 崔氏之家, 財産甚厚하며 多奴僕하야 旅寓惶駭하
야 不知所托이러니 先是에 張與蒲將之黨有善하야 請吏護之하야 遂不及
於亂하고 十餘日에 廉使杜確이 將天子命하야 以總戎節하야 令於軍하니
軍由是戢이러라

鄭이 厚張之德甚하야 因飾饌以命張하야 中堂宴之할제 復謂張曰, "姨
之孤嫠未亡하야 提攜幼稚할제 不幸屬師徒大潰하야 實不保其身이어늘 弱
子幼女, 猶君之生하니 豈可比常恩哉아 今俾以仁兄禮로 奉見하노니 冀所
以報恩也"로라하고 命其子하니 曰, 歡郎이니 可十餘歲요 容甚溫美하고 次
命女호대 "出拜爾兄하라 爾兄活爾"라하야도 久之에 辭疾이어늘 鄭이 怒
曰, "張兄이 保爾之命호니 不然이런들 爾且擄矣리니 能復遠嫌乎"아 久之
에 乃至할제 常服睟容[7]으로 不加新飾하야 垂鬟接黛하고 雙臉銷紅而已나
顔色艷異하야 光輝動人이라 張이 驚하야 因爲之禮러니 因坐鄭旁호대 以
鄭之抑而見也하야 凝睇怨絶하야 若不勝其體者라 問其年紀러니 鄭曰,
"今天子甲子歲之七月로 終於貞元庚辰하니 生年十七矣"니라 張生이 稍以

詞導之하나 不對하고 終席而罷하니라

張이 自是惑之하야 願致其情하나 無由得也러니 崔之婢曰, "紅娘"이라
生이 私爲之禮者, 數四러니 乘間遂道其衷한대 婢果驚沮하야 腆然[8]而奔
이라 張生이 悔之터니 翼日에 婢復至ㄹ새 張生이 乃羞而謝之호대 不復云
所求矣러니 婢, 因謂張曰, "郎之言은 所不敢言이나 亦不敢泄이로이다 然,
而崔之姻族은 君所詳也니 何不因其德而求娶焉"고 張曰, "余, 始自孩提
로 性不苟合하야 或時紈綺閒居하나 曾莫流盼하야 不爲當年의 終有所蔽
러니 昨日一席間에 幾不自持하야 數日來론 行忘止하며 食忘飽하야 恐不
能逾旦暮하오니 若因媒氏而娶하야 納采問名[9]인댄 則三數月間에 索我於
枯魚之肆矣리니 爾其謂我何"오 婢曰, "崔之貞愼自保는 雖所尊이라두 不
可以非語犯之니 下人之謀, 固難入矣라 然, 而善屬文하야 往往沈吟章句
하야 怨慕者, 久之하니 君은 試爲喩情詩하야 以亂之하소 不然이면 則無由
也"리이다 張이 大喜하야 立綴春詞二首하야 以授之하니라

是夕에 紅娘이 復至하야 持綵牋하야 以授張曰, "崔所命也"로이다하니
題其篇曰, "明月三五夜"라하고 其詞에 曰,

"待月西廂下할제 迎風戶半開를 拂牆花影動하니 疑是玉人來"를

張亦微喩其旨러라 是夕은 歲二月旬有四日矣라 崔之東에 有杏花一株
하야 攀援可踰러라 旣望之夕에 張이 因梯其樹而踰焉하야 達於廂하니 則戶
半開矣라 紅娘이 寢於牀일새 生이 因驚之러니 紅娘이 駭曰, "郎何以至"오
張이 因紿之曰, "崔氏之牋은 召我也니 爾爲我告之"하라 無幾에 紅娘이 復
來하야 連曰, "至矣, 至矣"로이다

張生이 且喜且駭하야 必謂獲濟터니 及崔至에 則端服嚴容하고 大數張
曰, "兄之恩活我之家厚矣라 是以로 慈母, 以弱子幼女見託이어늘 奈何因
不令之婢하야 致淫逸之詞하야 始以護人之亂爲義터니 而終掠亂以求之하
니 是는 以亂易亂이니 其去幾何오 誠欲寢其詞ㄴ댄 則保人之姦이라 不義
요 明之於母ㄴ댄 則背人之惠라 不祥일새 將寄於婢僕하나 又懼不得發其

眞誠일까하야 是用託短章하야 願自陳啓호대 猶懼兄之見難하야 是用鄙靡
之詞하야 以求其必至호니 非禮之動이 能不媿心이리오 特願以禮自持하야
無及於亂"하소서하고 言畢에 翻然而逝하니라

張이 自失者, 久之라가 復踰而出하야 於是絶望이러니 數夕에 張生이
臨軒獨寢할제 忽有人覺일라 驚駭而起하니 則紅娘이 斂衾攜枕而至하야
撫張曰, "至矣, 至矣로니 睡何爲哉"이까하고 並枕重衾而去ㄹ새 張生이
拭目危坐久之호대 猶疑夢寐나 然, 而修謹以俟터니 俄而紅娘이 捧崔氏而
至라 至則嬌羞融冶하야 力不能運支體하야 曩時端莊이 不復同矣러라 是
夕은 旬有八日也라 斜月晶瑩하고 幽輝半牀이라 張生이 飄飄然, 且疑神仙
之徒, 不謂從人間至矣"러라 有頃에 寺鐘鳴하고 天將曉라 紅娘이 促去한
대 崔氏, 嬌啼宛轉이라 紅娘이 又捧之而去하야 終夕토록 無一言하다

張生이 辨色而興하야 自疑曰, "豈其夢邪"아하더니 及明에 覩妝在臂하
며 香在其衣하고 淚光이 熒熒然, 猶瑩於茵席而已러라 是後又十餘日에 杳
不復知ㄹ새 張生이 賦會眞詩三十韻하야 未畢에 而紅娘適至라 因授之하
야 以貽崔氏러니 自是復容之하야 朝隱而出하고 暮隱而入하야 同安於曩
所謂, "西廂"者, 幾一月矣라 張生이 常詰鄭氏之情이러니 則曰, "我不可
奈何矣"로이다할새 因欲就成之러라 無何에 張生이 將之長安할새 先以情
諭之러니 崔氏, 宛無難詞하나 然, 而愁怨之容이 動人矣러라 將行之再夕
에 不可復見하곤 而張生이 遂西不하니라

數月에 復遊於蒲할제 會於崔氏者, 又累月이라 崔氏, 甚工刀札하며 善
屬文하나 求索再三에 終不可見이라 往往張生이 自以文挑호대 亦不甚覿
覽하니 大畧崔之出人者는 藝必窮極하나 而貌若不知하고 言則敏辯이나
而寡於酬對하야 待張之意甚厚나 然, 未嘗以詞繼하고 時, 愁艷幽邃하야
恒若不識하며 喜慍之容을 亦罕形見하고 異時에 獨夜操琴호대 愁弄悽惻
커늘 張이 竊聽之하고 求之러니 終不復鼓矣라 以是로 愈惑之러라

張生이 俄以文調及期로 又當西去할제 當去之夕에 不復自言其情하곤

愁歎於崔氏之側한대 崔, 已陰知將訣矣라 恭貌怡聲하야 徐謂張曰, "始亂之하곤 終棄之는 固其宜矣라 愚不敢恨이로대 必也, 君亂之하고 君終之는 君之惠也니 則歿身之誓, 其有終矣라 又何必深感於此行이리오 然, 而君旣不懌하나 無以奉寧호니 君常謂我, '善鼓琴'하나 向時羞顏하야 所不能及이러니 今且往矣라 旣君此誠"하노이다하고 因命拂琴하야 鼓霓裳羽衣序할제 不數聲에 哀音怨亂하야 不復知其是曲也하니 左右皆歔欷라 崔亦遽止之한대 投琴코 泣下流連하고 趨歸鄭所러니 遂不復至하니라

明旦而張行하야 明年에 文戰不勝하니 張이 遂止於京하고 因貽書於崔하야 以廣其意러니 崔氏의 緘報之詞, 粗載於此하니 曰,

"捧覽來問호니 撫愛過甚일새 兒女之情이 悲喜交集이로이다 兼惠花勝[10] 一合과 口脂五寸하야 致耀首膏脣之飾하니 雖荷殊恩하나 誰復爲容고 睹物增懷하야 但積悲歎耳로이다 伏承, 使於京中就業호니 進修之道엔 固在便安하나 但恨僻陋之人을 永以遐棄하니 命也如此라 知復何言가 自去秋已來로 常忽忽如有所失하야 於諠譁之下에 或勉爲笑語하나 閒宵自處엔 無不淚零하고 乃至夢寐之間에 亦多感咽하야 離憂之思, 綢繆繾綣하야 暫若尋常터니 幽會未終하야 驚魂已斷하니 雖半衾如暖하나 而思之甚遙러이다 一昨拜辭터니 倏逾舊歲하니 長安은 行樂之地라 觸緖牽情이어늘 何幸不忘幽微하고 眷念無斁[11]호니 鄙薄之志로선 無以奉酬하나 至於終始之盟엔 則固不忒이로이다 鄙昔中表相因하야 或同宴處터니 婢僕見誘하야 遂致私誠하니 兒女之心이 不能自固할서 君子有援琴之挑[12]하고 鄙人無投梭之拒[13]러니 及薦寢席에 義盛意深하니 愚陋之情이 永謂, '終託'터니 豈期旣見君子에 而不能定情하야 致有自獻之羞하야 不復明侍巾幘하니 沒身永恨이라 含歎何言가 倘仁人用心하야 俯遂幽眇하면 雖死之日이나 猶生之年이리이다 如或達士略情하야 捨小取大하야 以先配爲醜行하고 以要盟之爲可欺면 則當骨化形銷라두 丹誠不泯이요 因風委露라두 猶託淸塵하리니 存沒之誠이 言盡於此로이다 臨紙嗚咽하야 情不能申호니 千萬珍重하오며

珍重千萬하소서 玉環一枚는 是兒嬰年所弄일새 寄充君子下體所佩하오니
玉取其堅潤不渝며 環取其終始不絕이요 兼亂絲一絇와 文竹茶碾子一枚하
오니 此數物은 不足見珍하나 意者, 欲君子는 如玉之眞하며 弊志는 如環
不解요 淚痕在竹코 愁緖縈絲홀제 因物達情하야 永以爲好耳로이다 心適
身遐하야 拜會無期하나 幽憤所鍾이라 千里神合호니 千萬珍重하소서 春風
多屬하니 强飯爲嘉요 愼言自保코 無以鄙爲念"하소서

張生이 發其書於所知라 由是로 時人이 多聞之러라 所善楊巨源이 好屬
詞러니 因爲賦崔娘詩一絶호대 云, "淸潤潘郎[14]玉不如한데 中庭蕙草雪銷
初를 風流才子多春思하야 腸斷蕭娘[15]一紙書"를

河南元稹이 亦續生會眞詩三十韻하니 詩曰,

"微月透簾櫳할제 螢光度碧空을 遙天初縹緲하고 低樹漸葱朧을 龍吹過
庭竹이요 鸞歌拂井桐을 羅綃垂薄霧하고 環珮響輕風을 絳節隨金母하고
雲心捧玉童을 更深人悄悄하고 晨會雨濛濛을 珠瑩光文履요 花明隱繡龍
을 瑤釵行綵鳳이요 羅帔掩丹虹을 言自 '瑤華浦로 將朝碧玉宮'을 因遊洛
城北하야 偶向宋家東을 戲調初微拒하나 柔情已暗通을 低鬟蟬影動하고
回步玉塵蒙을 轉面流花雪하고 登牀抱綺叢을 鴛鴦交頸舞하고 翡翠合歡
籠을 眉黛羞偏聚요 脣朱暖更融을 氣淸蘭蘂馥이요 膚潤玉肌豐을 無力慵
移腕이요 多嬌愛斂躬을 汗流珠點點이요 髮亂綠葱葱을 方喜千年會터니
俄聞五夜窮을 留連時有恨이요 繾綣意難終을 慢臉含愁態요 芳詞誓素衷
을 贈環明運合이요 留結表心同을 啼粉流淸鏡이요 殘燈遶暗蟲을 華光猶
苒苒이요 旭日漸曈曈을 乘鶩還歸洛이요 吹簫亦上嵩을 衣香猶染麝하고
枕膩尚殘紅을 冪冪臨塘草요 飄飄思渚蓬을 素琴鳴怨鶴이요 淸漢望歸鴻
을 海闊誠難渡요 天高不易沖을 行雲無處所한데 簫史[16]在樓中"을

張之友聞之者, 莫不聳異之나 然, 而張志는 亦絕矣러라 稹이 特與張厚
己새 因徵其詞한대 張曰, "大凡天之所命尤物也에 不妖其身이면 必妖於
人하나니 使崔氏子로 遇合富貴하야 秉寵嬌면 不爲雲하며 不爲雨콘 爲蛟

爲螭를 吾不知其所變化矣리니 昔殷之辛과 周之幽는 據百萬之國하며 其勢甚厚하나 然, 而一女子敗之하야 潰其衆하여 屠其身하야 至今爲天下僇笑하니 予之德이 不足以勝妖孼일새 是用忍情"이로라하니 於時坐者, 皆爲深歎이러라

後歲餘에 崔已委身於人하고 張亦有所娶러니 適經所居할새 乃因其夫言於崔하야 求以外兄見이러니 夫語之호대 而崔, 終不爲出하니 張의 怨念之誠이 動於顔色이라 崔知之하고 潛賦一章하니 詞曰,

"自從消瘦減容光하야 萬轉千迴懶下牀을 不爲旁人羞不起라 爲郞憔悴却羞郞"을

竟不之見하고 後數日, 張生이 將行에 又賦一章하야 以謝絶云, "棄置今何道오 當時且自親을 還將舊時意하야 憐取眼前人하소"

自是로 絶不復知矣라 時人이 多許張爲善補過者러라 予常於朋會之中에 往往及此意者는 使夫知者不爲하며 爲之者不惑이로라

貞元歲九月에 執事李公垂, 宿於予靖安里第할새 語及於是러니 公垂, 卓然稱異ㄹ새 遂爲鶯鶯歌하야 以傳之하노라 崔氏, 小名鶯鶯일새 公垂, 以命篇하니라

『太平廣記』

|주석| 1. 洶洶拳拳 : 고조(鼓噪)·쟁집(爭執)의 뜻.

2. 登徒子 : 옛 호색자로, 송옥(宋玉)이 「등도자부(登徒子賦)」를 지었음.

3. 物之尤者 : 절색의 여인, 우(尤)는 과(過).

4. 蒲 : 산서(山西) 포현(蒲縣).

5. 渾瑊 : 인명, 안록산(安祿山)·주비(朱沘)의 난을 평정하였음.

6. 中人 : 환관, 당(唐)의 환관은 조명(朝命)을 받아서 군대에 임하였음.

7. 睟容 : 윤택한 얼굴.

8. 腆然 : 부끄러운 모양, 전(腆)은 전(靦)과 같음.

9. 納采·問名 : 육례(六禮) 중 두 가지.

10. 花勝 : 부인의 머리 장식.

11. 無斁 : 싫지 않음.

12. 援琴之挑 : 사마상여(司馬相如)가 금심(琴心)으로써 탁문군(卓文君)을 유혹하였음.

13. 投梭之拒 : 『진서(晋書)·사곤전(謝鯤傳)』에 "鄰家高氏女, 有美色, 鯤嘗挑之, 女投梭, 折其兩齒"라고 하였다.

14. 潘郎 : 반악(潘岳), 얼굴이 아름다웠으며 남들이 「반랑(潘郎)」이라 일컬었음.

15. 蕭娘 : 『남사(南史)·임천왕굉전(臨川王宏傳)』에 "帝詔宏侵魏, 宏聞援近, 畏懦不敢進, 魏人遺以巾幗歌曰, '不畏蕭娘與呂姥, 但畏合肥有韋虎'"라고 하였음. 굉(宏)의 성(姓)이 소(蕭)였으므로 위인(魏人)이 그의 소심함이 부인과 같다고 놀렸던 것이다. 여기서는 여인의 범칭임.

16. 簫史 : 전국(戰國) 때 사람, 퉁소를 잘 불더니 진 목공(秦穆公)이 그의 딸 농옥(弄玉)을 시집보냈다. 그 뒤에 농옥은 봉황을 타고 소사(簫史)는 용을 탄 채 신선이 되었음.

|해제| 또 다른 제목은 「회진기(會眞記)」이다. 장생(張生)이 회진시(會眞詩) 30운을 읊었으므로 이렇게 이름붙인 것이다. 본편이 당대(唐代) 전기(傳奇) 중에서 가장 저명한 연애 고사이므로 많이 유전되었으며, 그 영향도 지극히 컸다. 이렇게 남녀 사이의 사사롭고 은밀한 약속의 일이란 예법을 지키는 선비들이 싫어함직도 하다. 그렇지만 이런 기이한 일이 고금을 통해서 없어지지 않는 동시에 그 뿌리가 깊어서 결코 저 무미건조한 예법으로서는 억제, 또는 소멸시키기 어려울뿐더러 도리어 인심에 강렬한 자극이 되고 만다. 본편이 이러한 방면에 있어서 가장 중요한 작품임을 알 수 있겠다.

|작자| 자는 미지(微之, 779-831), 벼슬이 상서좌승(尙書左丞)에 이르렀으며, 시명(詩名)이 백거이(白居易)와 같으므로 "원백(元白)"이라 일컬었다. 그는 문학에 대하여서는 인생에 유익하기를 주장하였으며, 쉬운 문장으로써 민중의 고통을 덜어주되, 음풍농월하는 작품은 배격하였다. 저서로는 『원씨장경집(元氏長慶集)』·『유집(類集)』·『앵앵전(鶯鶯傳)』 등이 있다.

64. 雜詩 許楚姬

精金明月珠를 贈君爲雜佩하노니

不惜棄道傍이되 莫結新人帶하소

『蘭雪軒集』

|해제| 작자는 다정다감한 여성이기 때문에 이런 심경을 섬세하고 완곡하게 묘사함에 성공하였다. 비록 소시(小詩)이지만 수많은 여성의 심금을 울린다.

|작자| 자는 경번(景樊, 1563-1589), 호는 난설헌(蘭雪軒). 허균(許筠)의 누이, 김성립(金誠立)의 아내. 우리 나라의 여류 한시작가로 제일의 대가였다. 저서로는 『난설헌집(蘭雪軒集)』이 있다.

65. 虎叱 朴趾源

虎는 睿聖文武와 慈孝智仁과 雄勇壯猛이 天下無敵이나 然, 狒胃[1], 食虎하며 竹牛[2], 食虎하며 駮[3]이 食虎하며 五色獅子[4], 食虎於巨木之岫하며 兹白[5]이 飛食虎하며 鼮犬이 飛食虎豹[6]하며 黃要[7], 取虎豹心而食하며 猾[8]이 爲虎豹所吞하야 內食虎豹之肝하며 酋耳[9], 遇虎하면 則裂而啖之하고 虎, 遇猛鏞[10]하면 則閉目而不敢視하나니 人, 不畏猛鏞이로대 而畏虎하니 虎之威, 其嚴乎ㄴ저

　虎, 食狗則醉하며 食人則神하고 虎, 一食人하면 其倀이 爲屈閣하야 在虎之腋타가 導虎入廚하야 舐其鼎耳하면 主人思飢하야 命妻夜炊하고 虎, 再食人하면 其倀이 爲彛兀하야 在虎之輔하야 升高視虞호대 若谷穽弩어던 先行釋機하고 虎, 三食人하면 其倀이 爲鬻渾하야 在虎之頤타가 多贊其所識朋友之名하나니라

虎, 詔倀曰, “日之將夕하니 于何取食”고하야늘 屈閣이 曰, “我昔占之호
니 匪角匪羽요 黔首[11]之物인데 雪中有跡호대 彳亍踈武[12]요 瞻尾在腦[13]하
야 莫掩其尻”러이다하고 鼳兀은 曰, “東門有食호대 其名曰, ‘醫’니 口含百
草하야 肌肉馨香하고 西門有食호대 其名曰, ‘巫’니 求媚百神하야 日沐齊
潔하니 請爲擇肉於此二者”하노이다 虎, 奮髥作色曰, “醫者는 疑也니 以
其所疑로 而試諸人호대 歲所殺이 常數萬이요 巫者는 誣也니 誣神以惑民
호대 歲所殺이 常數萬일새 衆怒入骨하야 化爲金蠶[14]하야 毒不可食”이니라

鷰渾이 曰, “有肉在林하니 仁肝義膽이요 抱忠懷潔하며 戴樂履禮하야
口誦百家之言하며 心通萬物之理하니 名曰, ‘碩德之儒’ㄴ데 背盎體胖하야
五味俱存”하나이다 虎, 軒眉垂涎하고 仰天而笑曰, “朕聞홀지니 如何”오
倀이 交薦虎曰, “一陰一陽之謂道어늘 儒, 貫之하고 五行相生하며 六氣[15]
相宣이어늘 儒, 導之하나니 食之美者, 無大於此”니이다 虎, 愀然變色易容
하야 而不悅曰, “陰陽者는 一氣之消息也어늘 而兩之하니 其肉雜也요 五
行定位하야 未始相生이어늘 乃今强爲子母하야 分配醎酸하니 其味未純也
요 六氣自行하야 不待宣導어늘 乃今妄稱財相[16]하야 私顯己功하니 其爲食
也, 無其硬强滯逆하야 而不順化乎”아하더라

鄭之邑에 有不屑宦之士하니 曰, “北郭先生”이니 行年四十에 手自校書
者가 萬卷이요 敷衍九經之義하야 更著書一萬五千卷이러니 天子는 嘉其
義하며 諸侯는 慕其名하고 邑之東에 有美而早寡者하니 曰, “東里子”니 天
子는 嘉其節하고 諸侯는 慕其賢하야 環其邑數里而封之曰, “東里寡婦之
閭”라하다 東里子, 善守寡나 然, 有子五人에 各有其姓이라 五子, 相謂曰,
“水北鷄鳴이어늘 水南明星이로다 室中有聲하니 何其甚似北郭先生也”오
하고 兄弟五人이 迭窺戶隙터니 東里子, 請於北郭先生曰, “久慕先生之德
호니 今夜에 願聞先生讀書之聲”하노이다 北郭先生이 整襟危坐하야 而爲
詩曰, “鴛鴦在屛할제 耿耿流螢이로다 維鬵維錡[17]云誰之型고 興[18]也”라하
니 五子, 相謂曰, “禮에 不入寡婦之門하나니 北郭先生은 賢者也라 吾聞,

'鄭之城門이 壞而狐穴焉'이라하고 吾聞, '狐老千年이면 能幻而像人'이라
하니 是其像北郭先生乎"ㄴ저하고 相與謀曰, "吾聞, '得狐之冠者는 家致
千金之富하고 得狐之履者는 能匿影於白日하고 得狐之尾者는 善媚而人
悅之'라하니 何不殺是狐而分之"리오하더라

　於是에 五子, 共圍而擊之한대 北郭先生이 大驚遁逃호대 恐人之識己也
하야 以股加頸하고 鬼舞鬼笑하야 出門而跑타가 乃陷野窖하니 穢滿其中이
라 攀援出首而望할제 有虎當徑이러라

　虎, 顰蹙嘔哇하며 掩鼻左首而噫曰, "儒여 臭矣로다" 北郭先生이 頓首
匍匐而前하야 三拜以跪하야 仰首而言曰, "虎之德이 其至矣乎신저 大人은
效其變하며 帝王은 學其步하며 人子는 法其孝하며 將帥는 取其威하고 名
並神龍하야 一風一雲하나니 下土賤臣이 敢在下風"이로이다

　虎, 叱曰, "母近前하라 曩也에 吾聞之호니 儒者는 諛라하더니 果然이
로다 汝, 平居에 集天下之惡名하야 妄加諸我터니 今也엔 急而面諛하니 將
誰信之耶아 夫天下之理는 一이니 虎誠惡也ㄴ댄 人性도 亦惡也요 人性이
善이면 則虎之性도 亦善也리니 汝, 千語萬言이 不離五常[19]하며 戒之勸之,
恒在四綱[20]하나 而都邑之間에 無鼻無趾와 文面而行者는 皆不遜五品[21]之
人也라 然而徽墨斧鉅, 日不暇給해도 莫能止其惡焉이어늘 而虎之家엔 自
無是刑호니 由是觀之컨댄 虎之性이 不亦賢於人乎며 虎는 不食草木하며
不食虫魚하고 不嗜麴蘖悖亂之物하며 不忍字伏細瑣之物하야 入山獵麕鹿
하며 在野畋馬牛호대 未嘗爲口腹之累와 飮食之訟하니 虎之道, 豈不光明
正大矣乎며 虎之食麕鹿엔 而汝不疾虎로대 虎之食馬牛엔 而人謂之讐焉
하나니 豈非麕鹿之無恩於人이나 而馬牛之有功於汝乎아 然而不有其乘服
之勞와 戀效之誠코 日充庖廚호대 角鬣不遺하곤 而乃復侵我之麕鹿하야
使我乏食於山하며 缺餉於野하니 使天而平其政인댄 汝在所食乎아 所捨
乎아 夫非其有而取之를 謂之'盜'요 殘生而害物者를 謂之 '賊'이니 汝之所
以日夜遑遑하야 揚臂努目하야 挐攫而不恥호대 甚者는 呼錢爲兄[22]하고 求

將殺妻[23]하니 則不可復論於倫常之道矣어늘 乃復攘食於蝗하며 奪衣於蠶하며 禦蜂而剽甘호대 甚者는 醢蟻之子[24]하야 以羞其祖考하나니 其殘忍薄行이 孰甚於汝乎며 汝, 談理論性호대 動輒稱 '天'하나 自天所命而視之면 則虎與人이 乃物之一也요 自天地生物之仁而論之면 則虎與蝗蠶蜂蟻는 與人並畜하야 而不可相悖也요 自其善惡而辨之면 則公行剽刦於蠭蟻之室者, 獨不爲天地之巨盜乎며 肆然攘竊於蝗蠶之資者, 獨不爲仁義之大賊乎아 虎, 未嘗食豹者는 誠爲不忍於其類也어늘 然, 而計虎之食麕鹿이 不若人之食麕鹿之多也며 計虎之食馬牛, 不若人之食馬牛之多也며 計虎之食人이 不若人之相食之多也로다 去年에 關中大旱하야 民之相食者, 數萬이요 往歲에 山東大水하야 民之相食者, 數萬이러니라 雖然이나 其相食之多, 又何如春秋之世也오 春秋之世엔 樹德之兵이 十七이면 報仇之兵이 三十이라 流血千里에 伏屍百萬이로대 而虎之家는 水旱不識이라 故, 無怨乎天하며 讐德兩忘이라 故, 無忤於物하고 知命而處順이라 故, 不惑於巫醫之姦하며 踐形而盡性이라 故, 不疚乎世俗之利하나니 此, 虎之所以睿聖也요 窺其一斑하야도 足以示文於天下也며 不藉尺寸之兵해도 而獨任爪牙之利하나니 所以耀武於天下也며 彝卣蜼尊[25]은 所以廣孝於天下也며 一日一擧하나 而烏鳶螻蟻, 共分其餕하나니 仁不可勝用也며 讒人을 不食하며 廢疾者를 不食하며 衰服[26]者를 不食하나니 義不可勝用也리라 不仁哉라 汝之爲食也여 機穽之不足하야 而爲罝也, 罟也, 罛也, 罾也, 罜也, 罠也하니 始結網罟者, 哀然首禍於天下矣요 有鈹者, 戣者, 殳者, 斨者, 名者, 稍者, 鍜者, 鈼者, 矜者하며 有發焉하야 聲隤華嶽하며 火洩陰陽하야 暴於震霆코도 是猶不足以逞其虐焉하얀 則乃吮柔毫하야 合膠爲鋒하야 體如棗心호대 長不盈寸하야 淬以烏賊[27]之沫하야 縱橫擊刺호대 曲者如矛하며 銛者如刀하며 銳者如劍하며 歧者如戟하며 直者如矢하며 彀者如弓하야 此兵一動에 百鬼夜哭하나니 其相食之酷이 孰甚於汝乎오"

　北郭先生이 離席俯伏하야 逡巡再拜하고 頓首頓首曰 "傳에 有之호대

'雖有惡人이나 齋戒沐浴하면 則可以事上帝'라하니 下土賤臣이 敢在下風"이로이다하고 屛息潛聽하나 久無所命일새 誠惶誠恐하야 拜手稽首하야 仰而視之하니 東方明矣요 虎則已去러라

農夫有朝菑者러니 問, "先生은 何早敬於野"시니이꼬 北郭先生이 曰, "吾聞之호니 '謂天蓋高하나 不敢不局이요 謂地蓋厚라두 不敢不蹐[28]'"이라 하나니라

『熱河日記·關內程史』

|주석| 1. 狒胃 : 동물의 이름으로, 비비(狒狒)의 일종(一種). 출전은 미상이다.

2. 竹牛 : 동물의 이름으로, 출전은 미상이다.

3. 駮 : 수명(獸名), 『이아(爾雅)·석축(釋畜)』에 "駮如馬, 倨牙, 食虎豹", 『산해경(山海經)·서산(西山)』에 "中曲之山, 有獸焉, 其狀如馬, 而白身黑尾, 一角, 虎牙爪, 音如鼓音, 其名曰, '駮', 是食虎豹"라 하였음.

4. 五色獅子 : 『호회(虎薈)』에 "見異獸於山中, 金毛五文, 狀類獅子, 是必食虎者也, 然, 不知其何名"이라 하였음.

5. 玆白 : 수명(獸名), 출전미상(出典未詳).

6. 駒犬飛食虎豹 : 『호회(虎薈)』에 "渠搜國, 有犬曰, '駒犬', 一名露犬, 高三尺, 能飛食虎豹"라 하였음.

7. 黃要 : 『호회(虎薈)』에 "㲉似貔而大 , 似豹而小, 犬屬, 腰以上黃, 腰以後黑, 少者名曰, '淸要', 亦能食虎"라 하였음. 요(要)는 요(腰)와 같음.

8. 猾 : 『호회(虎薈)』에 "猾, 無骨, 入虎口, 虎不能噬, 處虎腹中, 自內嚙之, 今云, '蠻夷猾夏', 取此義"라 하였음.

9. 酋耳 : 『호회(虎薈)』에 "山君, 虎也, 玳而長尾曰, '酋耳'"라 하였음.

10. 猛獹 : 동물의 이름으로, 출전은 미상이다.

11. 黔首 : 사람.

12. 彳亍踈武 : 척촉(彳亍)은 좌우보(左右步), 무(武)는 반보(半步).

13. 尾在腦 : 상투.

14. 金蠶 : 『속박물지(續博物志)』에 "南方人畜金蠶, 飼以蜀錦, 取其遺矢, 雜飮食毒人, 多以銀藏篋, 置蠶其中, 投路隅, 人或收之, 蠶隨往, 俗稱 '嫁金蠶'"이라 하였음.

15. 六氣 : 음(陰)·양(陽)·풍(風)·우(雨)·회(晦)·명(明).

16. 財相 : 재정과 교접.

17. 維鬵維錡 : 심(鬵)은 증(甑), 기(錡)는 삼족부(三足釜).

18. 興 : 먼저 다른 물건을 이끌어서 읊고자 하는 것을 표함. 원앙(鴛鴦)을 먼저 이끌어서 부부(夫婦)의 일을 서술함.

19. 五常 : 부의(父義)·모자(母慈)·형우(兄友)·제공(弟恭)·자효(子孝).

20. 四綱 : 예의염치.

21. 五品 : 오상(五常)과 같음.

22. 呼錢爲兄 : 노포(魯褒)의 『전신론(錢神論)』에 "親之如兄, 字曰, '孔方'"이라 하였음.

23. 求將殺妻 : 전국(戰國) 오기(吳起)의 고사.

24. 醢蟻之子 : 개미 알로 젓을 담음.

25. 彝卣蜼尊 : 범의 새끼를 새긴 술잔.

26. 衰服 : 상복(喪服).

27. 烏賊 : 오징어 먹물 묵을 일렀음.

28. 謂天-不蹐 : 『시경(詩經)』에서 나온 말.

|해제| 이 글은 『열하일기(熱河日記)·관내정사(關內程史)』중 한 편이다. 「허생(許生)」·「양반전(兩班傳)」과 아울러 연암(燕巖)의 가장 득의한 작품이다. 남주인공 북곽 선생(北郭先生)과 여주인공 동리자(東里子)를 등장시켜서 당시 사회의 부패상을 여지없이 폭로시켰다. 하나는 유학의 대가로, 또 하나는 정절부인으로 가장하여 사회를 속이며, 풍기를 혼란케 하였다. 그러한 사실을 알게 된 범은 북곽 선생을 꾸짖었다. 이는 범을 인격화하여 훌륭한 문장을 만들어 낸 것이다.

|작자| 앞에 나왔다.

---

66. 景陽岡武松打虎　施子安

武松¹이 提了哨棒²하고 大著步自過景陽岡來하야 約行了四五里路하야 依到岡子下할제 見一大樹에 刮了樹皮호대 一片白하고 上寫二行字라 武松도 也頗識幾字러니 抬頭看時에 上面寫道, "近因景陽岡大蟲³傷人하니 但有過

往客商커던 可於已午未⁴三個時辰에 結夥成隊過岡호대 請勿自誤"하라

武松이 看了에 笑道, "這是酒家詭詐하야 驚嚇那等客人이로다 便去那廟⁵家裏宿歇이니 我卻怕甚麼"리오하고 橫拖着哨棒하고 便上岡子來할제 那時엔 已有申牌時分⁶이라 這輪紅日이 厭厭地⁷相傍下山이라 武松이 乘着酒興하야 只管走上岡子來하야 走不到半里多路에 見一個敗落的山神廟라 行到廟前하자 見這廟門上에 貼着一張印紙榜文⁸이라 武松이 住了腳하고 讀時에 上面寫道,

"陽穀縣示하노라 爲景陽岡上에 新有一隻大蟲하야 傷害人命일새 現今杖限⁹各鄉里正¹⁰과 並獵戶人等하야 行捕未獲호니 如有過往客商人等은 可於巳午未時辰에 結伴過岡이요 其餘時分과 及單身客人의 不許過岡은 恐被傷害性命하노니 各宜知悉하라 政和¹¹年月日"이라

武松이 讀了印信榜文해서 方知端的有虎하고 欲待轉身再回酒店裏來타가 尋思道, "我回去時엔 須喫他恥笑不是好漢하리니 難以轉去"로다하고 存想了一回하고 說道, "怕甚麼아 且只顧上去看怎地¹²"오하고 武松이 正走着할제 看看酒湧上來라 便把氈笠兒掀在脊梁¹³上하며 將哨棒縮在肋下하고 一步步卜那岡子來할제 回頭看那天色時에 漸漸地墜下去了하니 此時는 正是十月間이어서 天氣日短夜長하야 容易得晚이라 武松이 自語道, "那得甚麼大蟲이완대 人自怕了하야 不敢上山"고하더라

武松이 走了一直¹⁴에 酒力發作하야 焦熱起來라 一隻手提着哨棒하며 一隻手把胸膛前袒開하고 踉踉蹌蹌¹⁵하야 直奔過亂樹林來할제 見一塊光撻撻¹⁶大青石하자 把那哨棒倚在一邊하고 放翻身體하야 卻待要睡터니 只見發起一陣狂風하야 那一陣風過了하고 只聽得亂樹背後撲地一聲響에 跳出一隻吊睛¹⁷白額大蟲來라

武松이 見了에 叫聲 "阿呀"하고 從青石上翻將下來하야 便拿那條哨棒在手裏하고 閃在青石邊하니 那大蟲이 又飢又渴하야 把兩隻爪在地下按一按하며 和身¹⁸望上一撲하야 從半空裏攛¹⁹將下來ㄹ새 武松이 被那一驚

하야 酒都做冷汗出了러라

說時遲하나 那時快하다 武松이 見大蟲撲來하고 只一閃하야 閃在大蟲背後하니 那大蟲이 背後看人最難하야 便把前爪搭在地下하고 把腰胯一掀하야 掀將起來라 武松이 只一閃하야 閃在一邊하니 大蟲이 見掀他不着하고 吼一聲호대 卻似半天裏起個霹靂하야 震得那山岡也動터니 把這鐵棒也似[20]虎尾하야 倒豎起來하야 只一翦할제 武松이 卻又閃在一邊터라 原來那大蟲이 拿人에 只是一撲, 一掀, 一翦하야 三般捉不着時면 氣性先自沒了一半이러라

那大蟲이 又翦不着하매 再吼了一聲하며 一兜[21]하야 兜將回來라 武松이 見那大蟲이 復翻身回來하고 雙手輪起哨棒하야 儘平生氣力하야 只一棒으로 從半空劈將下來터니 只聽得一聲響이 簌簌地將那樹連枝帶葉劈打將下來라 定睛看時에 一棒劈不著大蟲하니 原來打急了하야 正打在枯樹上하야 把那條哨棒折做兩截일새 只拿得一半在手裏러라

那大蟲이 咆哮터니 性發起來하야 翻身又只一撲하야 撲將來라 武松이 又只一跳하야 卻退了十步遠하니 那大蟲이 恰好把兩隻前爪하야 搭在武松面前일새 武松이 將半截棒丟在一邊하고 兩隻手就勢把大蟲頂花皮하야 肐搭地[22]揪住하고 一按하야 按將下來하니 那隻大蟲이 急要掙扎하나 被武松儘氣力捺定하니 那裏肯放半點兒鬆寬가

武松이 把隻脚하야 望大蟲의 面門上, 眼睛裏하야 只顧亂踢하니 那大蟲이 咆哮起來하야 把身底下爬起兩堆黃泥하야 做了一個土坑이라 武松이 把大蟲嘴하야 直按下黃泥坑裏去하니 那大蟲이 喫武松奈何得[23]하야 沒了些氣力이로새 武松이 把左手緊緊地揪住頂花皮하고 偷出右手來하야 提起鐵鎚般大小拳頭하야 儘平生之力하야 只顧打하야 打得五七十拳에 那大蟲이 眼裏, 口裏, 鼻子裏, 耳朵裏에 都迸出鮮血來라 更動彈不得하고 只剩口裏兀自[24]氣喘이러라

武松이 放了手하고 來松樹邊하야 尋那打折的哨棒하야 拿在手裏하고 只

怕大蟲不死하야 把棒橛²⁵又打了一會타가 眼見氣都沒了하고 方纔才丟了棒하고 尋思道, "我就地拖得這死大蟲下岡子去"하리라하고 就血泊裏하야 雙手來提時에 那裏提得動가 原來使盡了氣力하야 手足이 都蘇軟了러라

武松이 再來這青石上하야 坐了半歇할제 尋思道, "天色이 看看黑了하니 儻或又跳出一隻大蟲來時면 卻怎地鬥得他過리오 且掙扎下岡子去타가 明早來理會"하리라하고 就石頭邊하야 尋了氈笠兒하야 轉過亂樹林邊하야 一步步捱下岡子來하다

『水滸』

|주석| 1. 武松 : 북송(北宋)의 강직하고 용맹한 사람.

　　　2. 哨棒 : 목곤(木棍), 몸을 방어하는 무기.

　　　3. 大蟲 : 범.

　　　4. 巳午未 : 상오(上午) 9시에서 하오(下午) 3시까지.

　　　5. 廝 : 소자(小子).

　　　6. 申牌時分 : 하오(下午) 3시에서 5시까지.

　　　7. 厭厭地 : 종용(從容).

　　　8. 印信榜文 : 관부의 도장을 찍은 방문.

　　　9. 杖限 : 기한이 지나 장형(杖刑)을 받음.

　　10. 里正 : 촌장.

　　11. 政和 : 송 휘종(宋徽宗) 조길(趙佶)의 연호(1111-1117).

　　12. 怎地 : 어찌하여.

　　13. 脊梁 : 배(背).

　　14. 一直 : 일진(一陣).

　　15. 踉踉蹌蹌 : 걸음이 혼란한 모양.

　　16. 光撻撻 : 평정(平正)·광골(光滑).

　　17. 吊睛 : 안정적기(眼睛吊起).

　　18. 和身 : 전신.

　　19. 攛 : 종도(縱跳).

　　20. 也似 : 같음.

　　21. 兜 : 전(轉).

　　22. 肐搭地 : 일파(一把)·일하(一下).

23. 奈何得 : 농득(弄得).

24. 兀自 : 상자(尙自).

25. 橛 : 단목(斷木), 반절봉(半截棒)을 일렀음.

|해제| 본편은 『수호(水滸)』 제22회 가운데에서 선록한 것이다. 무송(武松)이 창주(倉州)로부터 자기 고향인 산동(山東) 청하현(淸河縣)으로 돌아오는 도중에 양곡현(陽穀縣)을 지나가 취중에 경양강(景陽岡)에서 적정백액호(吊睛白額虎)를 타살한 고사를 서술하였다. 사람과 범, 또는 풍경의 묘사가 모두 비상하게 생동하고 있다. 이것은 『수호』 중에서 가장 정채롭고도 유명한 부분이다.

|작자| 호는 내암(耐庵, 1333-1368). 그는 일찍이 진사출신으로 전당(錢塘)의 관리(官吏)로 있을 때 상사와 불합하여 벼슬을 버리고 돌아와서 저술로 소일하였다. 그의 저서로는 『수호(水滸)』가 가장 저명하다.

---

67. 中和道中　林悌

嬴駿이 駄倦客하야 日暮發黃州를
可惜踏靑節[1]에 未登浮碧樓를
佳人金縷曲[2]이요 江水木蘭舟를
寂寂生陽館[3]에 孤燈夜似秋를

『白湖遺稿』

|주석| 1. 踏靑節 : 음력 2월 2일.

2. 金縷曲 : 사조(詞調) 중 하신랑(賀新郎)의 또 다른 명칭.

3. 生陽館 : 평양 객관의 이름.

|해제| 봄날에 나귀를 타고 황주(黃州)를 떠나 평양(平壤)으로 향하는 도중에 지은 즉흥시이다.

|작자| 자는 자순(子順, 1549-1587), 호는 백호(白湖)·겸재(謙齋)·소치(嘯癡)·풍강(楓江). 재주가 뛰어나고 문장이 호탕하되 시를 더욱 잘 하였으며, 일찍이 문과에 올랐으나 붕당의 논쟁을 보고 벼슬에 뜻을 두지 않았다. 죽을 때에 처자들에게 이르되, "사이(四夷)·팔만(八蠻)이 모두 제국(帝國)이 되었으나 다만 우리 조선만이 자립하여 중국에 들어가 주인이 되지 못하니 내 비록 산들 무엇 하며 죽는다 해서 무엇이 한스러울까보냐." 하였다. 저서로는 『백호유고(白湖遺稿)』가 있다.

---

68. 長干行　崔顥

"君家何處住오 妾住在橫塘"을
停船暫借問하노니 或恐是同鄉을

|해제| 「장간행(長干行)」은 곡명이며, 고사(古辭) 장간곡(長干曲)의 의작으로 아녀자의 춘정을 서술한 소시(小詩)이다. 장간은 금릉(金陵)의 지명이다.

|작자| 당(唐)의 낭만시인(?-754). 바둑과 술을 사랑하며, 미녀를 골라서 서너 번 거듭 장가를 갔다. 저서로 『시집(詩集)』이 있다.

---

69. 孔方傳　林椿

孔方[1]의 字는 貫之니 其先은 嘗隱首陽山호대 居窟穴中하야 未嘗出爲世用이러니 始黃帝時에 稍採取之나 然, 性强硬하야 未甚精鍊於世事ㄹ새 帝, 召相工觀之러니 工이 熟視良久에 曰, "山野之質이 雖蓁莒[2]不可用이나 若得遊於陛下之造化爐錘間하야 而刮垢磨光하면 則其資質이 當漸露矣리이다 王者는 使人也에 器之하나니 願陛下는 無與頑銅으로 同棄爾"소서하니

由是로 顯於世러니 後避亂하야 徙江淮之鐵鑪步[3]하야 因家焉하니 父泉[4]은 周冢宰로 掌邦賦러라

方의 爲人이 圓其外, 方其中하야 善趨時應變하고 仕漢爲鴻臚卿이러니 時에 吳王濞, 驕僭專擅일새 方이 與之爲利焉이러니 虎帝[5]時에 海內虛耗하고 府庫空竭일새 上이 憂之하야 拜方爲富民侯하야 與其徒充과 鹽鐵丞僅으로 同在朝할제 僅이 每呼爲家兄하고 不名이러라

方의 性이 貪汙而少廉隅하야 旣摠管財用에 好權子母輕重之法하야 以爲, "便國者는 不必古在陶鑄之術爾"라하고 遂與民爭錙銖之利하야 低昂物價하야 賤穀而重貨하야 使民棄本逐末하야 妨於農要ㄹ새 時에 諫官이 多上疏論之호대 上이 不聽이러라

方이 又巧事權貴하야 出入其門하야 招權鬻爵호대 升黜이 在其掌하니 公卿이 多撓節事之하야 積實聚斂하야 券契如山하야 不可勝數하고 其接人遇物엔 不問賢不肖하고 雖市井人이라두 苟富於財者면 皆與之交通하니 所謂, "市井交"者也러라 時或從閭里惡少하야 以彈棋格五[6]爲事나 然, 頗好然諾이라 故, 時人이 爲之語曰, "得孔方一言이면 重若黃金百斤"이라하더라

元帝卽位에 貢禹, 上書호대 以爲, "方이 久司劇務하야 不達農要之本하고 徒興管榷之利하야 蠹國害民하야 公私俱困하고 加以賄賂狼藉하며 請謁公行하니 蓋 '負且乘致寇至'는 大易之明戒也니 請免官하야 以懲貪鄙"하소서하고 時에 執政者, 有以穀梁學進하야 以軍資之將으로 立邊策할새 疾方之事하야 遂助其言이라 上이 乃頷其奏하다

方이 遂見廢黜하야 謂門人曰, "吾頃遭主上이 獨化陶鈞之上하야 將以使國用足而民財阜而已러니 今以微罪로 乃見毀棄하니 其進用與廢黜엔 吾無所增損矣요 幸吾餘息이 不絶如線인댄 苟括囊不言하고 容身而去하야 以萍遊之跡으로 便歸于江淮別業하야 垂綸若冶溪上하야 釣魚買酒하야 與閩商海賈로 拍浮酒船中하야 以了此生이 足矣요 雖千鍾之祿과 五鼎之食

이라두 吾安肯以彼而博此哉아 然, 吾之術이 其久而當復興乎"ㄴ저 하더라

晉和嶠, 聞其風而悅之하야 致貲巨萬하야 遂愛之成癖이라 故, 魯褒, 著論[7]非之하야 以矯其俗하고 唯阮宣子[8]는 以放達로 不喜俗物하고 而與方之徒로 杖策出遊타가 至酒壚하야 輒取飮之하고 王夷甫는 口未嘗言方之名하고 但稱, "阿睹物[9]耳"라하니 其爲淸議者의 所鄙如此러라

唐興에 劉晏이 爲度支判官하야 以國用不贍으로 請復方術하야 以便於國用하니 語在食貨志하니라 時에 方이 沒已久라 其門徒의 遷散四方者를 物色求之하야 起而復用이라 故, 其術이 大行於開元天寶之際ㄹ새 詔追爵方, 朝議大夫少府丞하니라

及炎宋神宗朝하야 王安石이 當國에 引呂惠卿하야 同輔政할제 立靑苗하니 時에 天下始騷然大困일새 蘇軾이 極論其弊하야 欲盡斥之라가 反爲所陷하야 遂貶逐하니 由是로 朝廷之士, 不敢言이러니 司馬光이 入相에 奏廢其法하고 薦用蘇軾하니 而方之徒, 稍衰減하야 而不復盛焉이러라 方子輪이 以輕薄으로 獲譏於世러니 後爲水衡令타가 贓發見誅云이러라

史臣이 曰, "爲人臣而懷二心하야 以邀大利者를 可謂, '忠'乎아 方이 遭時遇主하야 聚精會神하야 以握手丁寧之契로 橫受不貲之寵하니 當興利除害하야 以報恩遇어늘 而助溟擅權하야 乃樹私黨하니 非忠臣의 無境外之交者也요 方이 沒後 其徒, 復用於炎宋하야 阿附執政하야 反陷正人하니 雖脩短之理는 在於冥冥하나 若元帝, 納貢禹之言하야 一旦盡誅린들 則可以滅後患也어늘 而止加裁抑하야 使流弊於後世하니 豈先事而言者, 嘗患於不見信乎"아

『西河集』

|주석| 1. 孔方 : 돈의 구멍이 모났으므로 "공방(孔方)"이라 함, 노포(魯褒)의 『전신론(錢神論)』에 "親之如兄, 字曰, '孔方'"이라 하였음.

2. 虆苴 : 적합하지 않은 모양.

3. 鐵鑪步 : 보(步)는 물가.

4. 泉 : 전(錢)과 같음

5. 虎帝 : 무제(武帝) 유철(劉徹), 고려왕의 이름 무(武)를 피하여 호(虎)로 고쳤음.

6. 格五 : 옛 놀이기구의 이름. 바둑류.

7. 著論 : 전신론(錢神論).

8. 阮宣子 : 완적(阮籍).

9. 阿睹物 : 아도(阿睹)는 그것. 『진서(晉書)·왕연전(王衍傳)』에 "衍久未嘗言錢, 婦令婢以錢繞床下, 衍晨起, 不得出, 呼婢曰, '擧却阿睹物'"이라 하였음.

|해제| 공방(孔方)은 돈이다. 그 구멍이 모났기 때문이다. 이는 돈을 의인화한 전기체(傳奇體)의 일종이다. 작자의 「국순전(麴醇傳)」, 이규보(李奎報)의 「청강사자현부전(淸江使者玄夫傳)」, 이곡(李穀)의 「죽부인전(竹夫人傳)」, 이첨(李詹)의 「저생전(楮生傳)」, 정수강(丁壽崗)의 「포절군전(抱節君傳)」 등은 모두 사물을 의인화한 작품들이다.

|작자| 자는 기지(耆之), 호는 서하(西河). 당시의 이름난 유학자 오세재(吳世才)·조통(趙通)·황보항(皇甫沆)·함순(咸淳)·이담지(李湛之) 등으로 더불어 시주(詩酒)를 일삼았으므로 세상 사람들이 그들을 강좌칠현(江左七賢)에 빗대었다. 저서로는 『서하집(西河集)』이 있다.

---

70. 楮先生傳　張潮

會稽楮先生者는 上世엔 不知何許人이요 亦不傳其名氏하고 爲人이 柔和端整하야 有方潔稱하고 善屬文하며 識卷舒之義하야 不欲受汚流俗하야 高隱會稽剡溪間하야 自號, "楮先生"일새 人이 因以是呼之云이러라

　幼時에 師事蔡倫[1]하야 其所造就爲多하고 居常與歙州羅文[2]과 絳人陳𢨥[3]과 中山毛穎[4]으로 相友善하야 其出處必偕호대 而與穎尤莫逆하야 間有任使하면 隨所指畵하야 莫不帖然從하고 卽𢨥이 欲有所致於楮하면 亦必藉穎爲介紹하고 獨於文에 爲稍疎러라

後三人이 咸貴顯하야 羅는 封萬石君하고 毛는 授中書令하고 陳은 拜墨卿하나 獨楮, 未嘗以尺寸長으로 干謁於上하니 蓋自分草木同朽腐焉이러라 一日에 上欲下求賢詔하야 命毛穎草創하며 陳佽琢磨하며 羅文潤色한대 三人이 辭以, "臣等이 雖蒙任使나 然, 三臣所爲를 不能行之四方이요 臣友楮先生者, 工於典籍하고 又能舖集衆長하니 若共事면 臣等이 可藉以施功矣"리이다 上이 乃敕侍臣하야 徵之會稽하니라

楮, 方托體林麓間하야 與木石居遊하야 自以, "樗櫟餘材"라하야 辭不就어늘 詔郡縣敦迫하야 繫維登車하야 至에 乃衣素衣하고 礐折[5]見上한대 上이 以其樸素하야 顧而喜하야 拜尚書令하고 且笑之曰, "昔有白衣宰相터니 今復有白衣尙書乎ㄴ저 解黃袍衣之하노니 爾其體朕意하야 爲求賢詔"어다 楮, 謝受命하고 卽展己之長하야 集數子所爲者하야 加以敍次하야 皆成文章하니 上甚嘉焉이러라

會에 遠方寇起ㄹ새 武臣이 咸議興兵하나 或謂, "興兵則多費하고 楮生이 善於辭命하니 使說之면 必降"하리이다 上亦知先生이 能辨賊하고 趣之行한대 先生이 至하야 爲之陳說利害러니 寇果延頸受命이라 報捷에 上이 喜曰, "楮生此行이 賢於十萬師遠矣"라하더라

嗣是로 四人이 以知舊同朝하야 戮力秉政하야 凡策文詔誥之屬을 必僉謀라야 始各奏其能하며 而楮常沐異寵하야 名之曰, "柔翰"이라하고 召見에 呼 "楮卿"이라하나 顧性畏風하야 遇徵颸면 輒戰栗호대 擧體搖動하야 不能自持라 上이 憐而佩之玉하야 以爲鎭하니라

不數月에 中書令이 以老戇謝政하며 墨卿이 又才盡壽終하고 踰年에 萬石君이 亦以闕失斥歸하고 惟楮, 校書中秘하야 纂錄無遺하니 上이 時加眷顧나 然, 文等이 已去에 孤處無援하고 且有蠹國鼠竊之臣이 嫉其才能하야 日揭短長缺損於上前이러라

上이 見楮體日薄하고 考之小事하나 漸復糊塗ㄹ새 乃令休致하고 以子領其職한대 亦克繼父績하고 而其族이 緣以宦顯者甚衆하며 衣朱紫者, 不

可勝計하고 自學士大夫로 以至諸子百家히 皆與之相處하야 不能一日無
之左하고 蓋其柔和端整도 猶有乃祖風焉이러라

『古今滑稽文選』

|주석| 1. 蔡倫 : 종이를 창조한 사람.
　　 2. 羅文 : 연(硯).
　　 3. 陳玄 : 묵(墨).
　　 4. 毛穎 : 필(筆). 한유(韓愈)의 『모영전(毛穎傳)』이 있음.
　　 5. 磬折 : 허리를 꺾음.

|해제| 종이를 의인화한 가전체(假傳體)이다. 이전 글 임춘(林椿)의 「공방전(孔方
傳)」과 다름없다.

|작자| 자는 산래(山來), 또는 심재(心齋). 그는 일찍이 각 문장가들의 문집 중 전
기(傳奇)를 뽑아서 『우초신지(虞初新志)』를 엮고, 또 『소대총서(昭代叢書)』·『단
궤총서(檀几叢書)』를 엮었다. 사(詞)를 지어서 「화영사(花影詞)」가 전한다.

---

71. 高靈歎　李建昌

人生이 會止此니 至此亦大難을 恩封府院君하고 大匡議政官을 子孫數十
人이 一一登朝端을 賜宅第一區하고 賜號稱"保閑"을 前門榮戟樹고 後堂
絲竹彈을 步履落天上하고 咳唾流人間을 功德被黔黎하고 文章耀戎蠻을
一朝嬰疚疾하니 御醫齎御藥을 承旨與內侍가 奉敎來几閣하야 "相公疾何
如오 能無甚癃瘁가 相公疾何如오 聖主爲不樂"이러이다 相公默無言하고
仰天長歔欷를
　　人生이 會止此니 五十九年非를 五十九年事가 歷歷復依依를 依依復歷
歷하니 相公心自知리라 卄二에 魁司馬하고 卄三에 狀元爲를 三十重試第

하야 四十踐台司를 憶昔三十前에 際會英陵¹時를 英陵大聖人이 愛才如金
玉하야 置我集賢殿하고 賜我湖堂讀할제 內廚饋盤饈하고 內府供筆札을
內侍宣召入하고 內人宣醞出하야 宣醞四五行에 御樂奏未闋을 娟娟上林²
花요 灩艶天池³月을 小臣이 醉如泥⁴터니 月墮香沁骨을 煌煌紫貂裘는 驚
顧此何物고 聖主手自解하야 覆與小臣醉하나 小臣醉不知하니 小臣死無
地를 仁叟⁵好經術하고 謹甫⁶多文章을 仲章⁷經濟士요 太初⁸英妙郎을 伯高⁹
富才思하니 小臣同翶翔을 翶翔復何爲오 戒之愼勿忘터니라

人生이 會止此니 誰意大不然고 英陵旣棄臣코 顯陵¹⁰又賓天을 英陵好
孫子는 聖人曾有言호대 "千秋萬歲後에 望卿念此孫"터니 此孫在何處오
此事不可論을 淸泠浦¹¹水淸하고 子規啼明月을 不聞子規聲하고 但見子規
血을 仁叟好經術하고 謹甫多文章을 仲章經濟士요 太初英妙郎을 伯高富
才思터니 此輩盡淪亡을 此輩盡淪亡하곤 小臣獨翶翔을 翶翔數十年에 富
貴未遽央을

人生이 會止此니 日月不我與를 富貴不相留하야 五十九年去를 去去何
所見이며 何以見先王고 先王在我上하며 謹甫在我傍코 仁叟與太初와 伯
高與仲章을

人生이 會止此니 此事難又難을 願世爲臣者는 勿復有此歎하소

『明美堂集』

|주석| 1. 英陵 : 세종(世宗).
   2. 上林 : 지금 창경원.
   3. 天池 : 봄 연못.
   4. 泥 : 벌레 이름.
   5. 仁叟 : 박팽년(朴彭年)의 자.
   6. 謹甫 : 성삼문(成三問)의 자.
   7. 仲章 : 하위지(河緯地)의 자.
   8. 太初 : 유성원(柳誠源)의 자.
   9. 伯高 : 이개(李塏)의 자.

10. 顯陵 : 문종(文宗).

11. 淸泠浦 : 영월에 있음.

|해제| 작자의 소서(小序)에 "가제(家弟)가 동사(東史)를 읽다가 악부 한 편을 청하기에 이 시를 써서 보였다."하였다. 고령(高靈)은 조선 세조 때의 훈신(勳臣) 신숙주(申叔舟)의 고령부원군(高靈府院君)을 가리킨 것이다.

|작자| 자는 봉조(鳳藻, 1852-1898), 또는 봉조(鳳朝), 호는 영재(寧齋)·명미당 (明美堂), 시문이 명결(明潔)·청경(淸勁)하여 왕안석(王安石)·증공(曾鞏)을 배웠 으며, 벼슬은 관찰사(觀察使)에 이르렀다. 저서로는 『명미당집(明美堂集)』·『독 역수기(讀易隨記)』·『당의통략(黨議通略)』 등이 있다.

---

72. 木蘭辭　佚名氏

唧唧[1]復唧唧하니 木蘭當戶織을 不聞機杼聲하고 唯聞女嘆息을 問女 "何 所思"며 問女 "何所憶"터니 "女亦無所思하며 女亦無所憶"을 昨夜見軍帖[2] 하니 可汗[3]大點兵을 軍書十二卷에 卷卷有爺名을 阿爺無大兒코 木蘭無長 兄하니 願爲市鞍馬하야 從此替爺征"하련다

東市買駿馬하고 西市買鞍韉코 南市買轡頭하고 北市買長鞭하야 旦辭 爺孃去하야 暮宿黃河邊할제 不聞爺孃喚女聲이요 但聞黃河流水鳴濺濺코 旦辭黃河去하야 暮至黑山頭할제 不聞爺孃喚女聲이요 但聞燕山胡騎鳴啾 啾를

萬里赴戎機할제 關山度若飛를 朔氣는 傳金柝이요 寒光은 照鐵衣를 將 軍百戰死하고 壯士十年歸를

歸來見天子한대 天子坐明堂하야 策勳十二轉하며 賞賜百千强을 可汗 問所欲호대 木蘭 "不用尙書郎코 願借明駝千里足하야 送兒還故鄕"을

爺孃聞女來하고 出郭相扶將코 阿姊聞妹來하고 當戶理紅妝코 小弟聞姊來하고 磨刀霍霍向豬羊을 開我東閣門하야 坐我西閣牀코 脫我戰時袍하고 著我舊時裳코 當牕理雲鬢하고 對鏡貼花黃⁴코 出門看火伴⁵하니 火伴이 始驚惶호대 "同行十二年에 不知木蘭是女郎"을

雄兎는 脚撲朔⁶하고 雌兎는 眼迷離⁷하야 兩兎傍地走하니 安能辨我是雄雌리오

『古樂府』

|주석| 1. 唧唧 : 탄식하는 소리, 혹은 베 짜는 소리.
    2. 軍帖 : 군사에 관한 통첩(通帖).
    3. 可汗 : 돌궐(突厥), 회흘(回紇) 등의 국왕의 명호.
    4. 貼花黃 : 화장품의 일종. 황금색 화전(花鈿)으로 이마에 붙였음.
    5. 火伴 : 동료.
    6. 撲朔 : 걸음이 느릿한 모양.
    7. 迷離 : 일광이 모호함.

|해제| 여걸 목란(木蘭)의 종군(從軍) 고사를 읊었다. 여자가 국가를 보위하기 위하여 전쟁에 참가하되 남자와 다름없는 공로를 세웠음을 찬탄하였다. 북위(北魏) 시대 중국 북방의 민가로 추정된다.

73. 溫達 金富軾

溫達은 高句麗平岡王¹時人也라 容貌龍鍾可笑하나 中心은 則曄然하고 家甚貧하야 常乞食以養母할제 破衫弊履로 往來於市井間하니 時人이 目之爲, "愚溫達"이러라

平岡王少女兒, 好啼ㄹ새 王이 戲曰, "汝常啼하야 聒我耳하니 長必不得爲士大夫妻하리니 當歸之愚溫達"하리라하야 王이 每言之러니 及女年二

八에 欲下嫁於上部高氏한대 公主, 對曰, "大王이 常語, '汝必爲溫達之婦'러시니 今何故改前言乎이까 匹夫도 猶不欲食言이온 況至尊乎이까 故曰, '王者는 無戲言'이라하니 今大王之命이 謬矣로소니 妾不敢祗承"하여이다 王이 怒曰, "汝, 不從我敎하니 則固不得爲吾女也니 安用同居리오 宜從汝所適矣"로리라

於是에 公主, 以寶釧數十枚로 繫肘後하고 出宮獨行할제 路遇一人하야 問溫達之家하야 乃行至其家하야 見盲老母하고 近前拜問其子所在한대 老母, 對曰, "吾子는 貧且陋하니 非貴人之所可近이로이다 今聞子之臭하니 芬馥異常하고 接子之手혼대 柔滑如綿하니 必天下之貴人也리니 因誰之佴하야 以至於此乎오 惟我息은 不忍饑하야 取楡皮於山林하러 久而未還"이로이다 公主, 出行 至山下하야 見溫達이 負楡皮而來하고 公主與之言懷한대 溫達이 勃然曰, "此非幼女子의 所宜行하니 必非人也요 狐鬼也리니 勿迫我也"하라하고 遂行不顧하니라

公主, 獨歸宿柴門下하고 明朝更入하야 與母子備言之호대 溫達이 依違未決이라 其母曰, "吾息이 至陋하니 不足爲貴人匹이요 吾家至窶하니 固不宜貴人居"니이다 公主, 對曰, "古人이 言, '一斗粟도 猶可舂이요 一尺布도 猶可縫²'이라하니 苟爲同心이면 何必富貴然後에 可共乎"이까하고 乃賣金釧하야 買得田宅, 奴婢, 牛馬, 器物호대 資用完具러라

初에 買馬할제 公主, 語溫達曰, "愼勿買市人馬하고 須擇國馬病瘦而見放者하야 而後換之"하소서 溫達이 如其言이러니 公主, 養飼其勤하야 馬日肥且壯이러라 高句麗, 常以春三月三日로 會獵樂浪之丘하야 以所獲猪鹿으로 祭天及山川神이라 至其日하야 王이 出獵할새 羣臣及五部兵士皆從이라 於是에 溫達이 以所養之馬隨行호대 其馳騁이 常在前하고 所獲이 亦多하야 他無若者ㄹ새 王이 召來하야 問姓名하고 驚且異之러라

時에 後周武帝, 出師伐遼東이라 王이 領軍逆戰於肄山之野할새 溫達이 爲先鋒하야 疾鬪하야 斬數十餘級이라 諸軍이 乘勝奮擊하야 大克하니라

及論功에 無不以溫達爲第一이라 王이 嘉歎之曰, "是吾壻也"라하고 備禮
迎之하야 賜爵爲大兄하니 由此로 寵榮尤渥하고 威權日盛이러라

及陽岡王[3]이 卽位에 溫達이 奏曰, "惟新羅, 割我漢北之地하야 爲郡縣
일새 百姓이 痛恨하야 未嘗忘父母之國하니 願大王은 不以愚不肖하고 授
之以兵이면 一往에 必還吾地"호리이다 王이 許焉하니라 臨行에 誓曰, "鷄
立峴竹嶺以西를 不歸於我면 則不返也"라라하고 遂行하야 與羅軍으로 戰
於阿旦城之下타가 爲流矢所中하야 路而死하니라 欲葬할제 柩不肯動이라
公主, 來撫棺曰, "死生이 決矣니 於乎歸矣"소서하고 遂擧而窆하니라 大王
이 聞之하고 悲慟하더라

『三國史記·列傳』

|주석| 1. 平岡王 : 곧 평원왕(平原王, 559-589).
　　　2. 斗粟-猶可縫 : 한(漢)의 민요.
　　　3. 陽岡王 : 곧 영양왕(嬰陽王, 590-617).

|해제| 본편은 『삼국사기』 열전(列傳)에서 뽑은 것이다. 바보 온달(溫達)의 고사
를 적은 글이다.

|작자| 고려의 명신(1075-1151). 벼슬은 문하시중(門下侍中)에 이르렀으며, 문장
은 당시에 으뜸이었다. 저서로는 『삼국사기(三國史記)』·『문집(文集)』 등이 있다.

---

74. 劉伶　劉義慶

劉伶이 病酒渴甚하야 從婦求酒러니 婦捐酒毀器하고 涕泣諫曰, "君飮太
過하니 非攝生之道라 必宜斷之"니이다 伶曰, "甚善하나 我不能自禁이요
惟當祝鬼神하야 自誓斷之耳리니 便可具酒肉"하라 婦曰, "敬聞命"호리이

다하고 **供酒肉於神明**하고 **請伶祝誓**러니 **伶**이 **跪而祝曰**, "**天生劉伶**이어늘 **以酒爲名**하야 **一飮一斛**하며 **五斗解酲**이요 **婦人之言**은 **愼不可聽**"이로이 다하고 **便引酒進肉**하야 **隗然已醉矣**러라

『世說新語』

|해제| 『세설신화(世說新話)』 중의 일칙(一則)인 유령(劉伶)을 뽑은 것이다. 기인 과 기담으로 가장 많이 유행되었으며, 웃음의 밑천이 되었다. 유령은 진(晉) 죽림 칠현의 한 사람이자, 「주덕송(酒德頌)」의 작자이다.

|작자| 벼슬이 자사(刺史)에 이르렀으며(403~444), 육조(六朝)의 가장 큰 소설가이 다. 저서로는 『선험기(宣驗記)』·『유명록(幽明錄)』·『세설(世說)』·『소설(小說)』· 『선현전(先賢傳)』·『문집(文集)』·『곡서(曲叙)』 등이 있다.

---

75. 題寶蓋山寺壁　柳夢寅

七十老孀婦, 單居守空壺할제
慣讀女史詩하야 **頗知妊姒訓**이라
傍人勸之嫁호대 "**善男顔如槿**"이라하나
白首作春容하면 **寧不媿脂粉**가

『於于文集』

|해제| 또 다른 제목은 「상부사(孀婦詞)」이다. 앞의 내용을 참고하라.

|작자| 앞에 나왔다.

76. 采薇歌　伯夷叔齊

登彼西山兮여　采其薇兮로다

以暴易暴兮여　不知其非兮로다

神農虞夏, 忽然沒兮여　吾安適歸兮오

呼嗟徂兮여　命之衰兮로다

『史記·伯夷列傳』

|해제| 주 무왕(周武王)이 은(殷)나라의 난을 평정하자 천하가 모두 주(周)를 종주
국으로 높였다. 은의 유신(遺臣) 백이(伯夷)·숙제(叔齊)가 그를 부끄럽게 여겨서
수양산(首陽山)에 숨어 고사리를 캐어 먹다가 죽을 무렵에 이 노래를 불렀다.

|작자| 은나라 고죽군(孤竹君)의 두 아들이다. 주 무왕의 새 정권을 반대하여 수양
산에서 함께 아사하였다.

77. 歌者宋蟋蟀傳　李鈺

宋蟋蟀은 漢城歌者也라 善歌호대 尤善歌蟋蟀曲이라 以是名蟋蟀하니라
蟋蟀이 自少學爲歌하야 旣得其聲에 往急瀑洪舂硪薄之所하야 日唱歌혼지
歲餘에 惟有歌聲하나 不聞瀑流聲하고 又往于北岳顚하야 倚縹緲, 怊愯而
歌할제 始塺析不可壹이러니 歲餘에 飄風도 不能散其聲이러라

　自是로 蟋蟀이 歌于房하면 聲在梁하고 歌于軒하면 聲在門하고 歌于航
하면 聲在檣하고 歌于溪山하면 聲在雲間하야 桓如鼓鉦하며 皦如珠瓔하며
嫋如烟輕하며 逗如雲橫하며 璆如啼鶯하며 振如龍鳴하고 宜於琴하며 宜
於笙하며 宜於簫하며 宜於箏하야 極其妙而盡之러라 乃斂衣整冠하고 歌
于衆人之席하면 聽者, 皆側耳向空하야 不知歌者之爲誰也러라 時에 西平

君公子標, 富而俠하야 性好音樂이러니 聞蟋蟀而悅之하야 日與游호대 每蟋蟀이 歌에 公子必援琴自和之하니 公子琴亦妙一世하야 相得甚驩如也러라 公子, 嘗語蟋蟀曰, "汝能使我로 失琴不能和耶"아한대 蟋蟀이 乃曼聲爲後庭花之弄하야 歌醉僧曲하니 其歌에 曰,

"長衫分兮, 美人褌이요 念珠剖兮, 驢子紖로다 十年工夫, 南無阿彌陀佛하니 伊去處兮, 伊之去"어다

唱繞轉第三章에 忽鏘然作僧鈸聲이라 公子, 急抽撥叩琴腹하야 以當之한대 蟋蟀이 又變唱樂時調하야 歌黃鷄曲할제 至下章하야 曰,

"直到壁上畵所하면 黃雄鷄, 彎折長嚨候하고 兩翼橐橐鼓하야 鵠槐搖啼時游"로다

仍曳尾聲叫하고 一大嚎러라 公子, 方拂宮振角하야 冶餘音호대 泠泠未及應하야 不覺手撥이 自墜러라 公子, 問曰, "君固失矣로라 然爾之初爲僧鈸聲하고 又一大嚎者는 何"오 蟋蟀이 曰, "僧唱佛엔 旣必鈸而成之하고 鷄聲之終에도 必嚎하나니 是以然"이로라한대 公子與衆이 皆大笑하니 其滑稽, 又如此러라 公子, 旣好音樂하니 一時歌者, 若李世春趙㙼子池鳳瑞朴世瞻之類, 皆日游公子門하야 與蟋蟀相友善터라 世春이 喪其母에 蟋蟀이 與其徒로 往吊之할새 入門하야 聞孝子哭하고 曰, "此界面調也니 法當以平羽調로 承之"하리라하고 遂就位哭호대 哭如歌하니 聽者, 傳笑러라

公子, 家畜樂奴十餘人하고 姬妾이 皆能歌舞라 操絲竹하며 恣歡樂한지 二十餘年에 卒하고 蟋蟀之徒도 亦皆淪落老死하고 獨朴世瞻이 與其婦梅月로 至今居北山下하야 往往酒酣歌歇에 爲人說公子舊游호대 未嘗不欷歔嘆息也러라

『潭庭叢書』

|해제| 본편은 김려(金鑢)의 『담정총서(潭庭叢書)』에 수록된 『문무자문초(文無子文鈔)』 중 한편이다. 가객(歌客) 송실솔(宋蟋蟀)의 일생과 그의 벗 이세춘(李世

春)·조욱자(趙煜子)·지봉서(池鳳瑞)·박세첨(朴世瞻) 등에 대해 소개한 재미있는 글이다.

|작자| 호는 문무(文無, 1760-1815). 김려(金鑢)의 지우로서 불우한 문학가인 듯싶다.

78. 左忠毅公逸事 方苞

先君子¹, 嘗言, "鄕先輩左忠毅公이 視事京畿할제 一日에 風雪嚴寒이라 從數騎出하야 微行入古寺러니 廡下一生이 伏案臥하야 文方成草라 公이 閱畢에 卽解貂覆生코 爲掩戶하고 叩之寺僧하니 則史公可法²也러라 及試에 吏呼名至史公하얀 公이 瞿然注視러니 呈卷에 卽面署第一하고 召入使拜夫人³曰, '吾諸兒碌碌하니 他日繼吾志事는 惟此生耳'라하더니 及左公이 下廠獄하야 史, 朝夕獄門外할제 逆閹⁴이 防伺甚嚴하야 雖家僕이라두 不得近이러라 久之에 聞左公被炮烙하야 旦夕且死하고 持五十金하야 涕泣謀於禁卒한대 卒이 感焉하야 一日에 使史公更敝衣草屨하며 背筐手長鑱호대 爲除不潔者引入하야 微指左公處하니 則席地倚牆而坐호대 面額焦爛不可辨하고 左膝以下엔 筋骨이 盡脫矣라 史, 前跪하야 抱公膝而嗚咽한대 公이 辨其聲하나 而目不可開라 乃奮臂以指撥眥⁵하니 目光如炬라 怒曰, '庸奴야 此何地也오 而汝來前하라 國家之事, 糜爛至此하니 老夫는 已矣어니와 汝復輕身而昧大義하니 天下事를 誰可支拄者오 不速去아 無俟姦人構陷하라 吾今卽撲殺汝'하리라하고 因摸地上刑械하야 作投擲勢하니 史, 噤不敢發聲하고 趨而出하다 後常流涕述其事하야 以語人曰, '吾師肺肝은 皆鐵石所鑄造也'라더라 崇禎末에 張獻忠⁶이 出沒蘄黃潛桐할제 史公이 以鳳廬道奉檄守禦러니 每有警하면 輒數月不就寢하야 使將士更休하고 而自坐幄幕外하야 擇健卒十人하야 令二人蹲踞而背倚之호대 漏鼓移하면

則番代하야 每寒夜起立하야 振衣裳하면 甲上冰霜迸落하야 鏗然有聲이라
或勸以少休하면 公曰, '吾上恐負朝廷이요 下恐愧吾師也'라하더라 史公이
治兵하야 往來桐城할제 必躬造左公第하야 候太公太母⁷起居하고 拜夫人
於堂上"이라하더라

余宗老塗山⁸은 左公甥也라 與先君子善일새 謂, "獄中語는 乃親得之於
史公"云이러라

『方望溪集』

|주석| 1. 先君子 : 방포(方苞)의 아버지. 이름은 중서(仲舒), 호는 일소(逸巢).
2. 史公可法 : 사가법(史可法), 자는 헌지(憲之) 또는 도린(道隣).
3. 夫人 : 광두(光斗)의 계배(繼配)인 대부인(戴夫人).
4. 逆閹 : 위충현(魏忠賢)·허현순(許顯純)의 무리.
5. 撥眥 : 눈을 뜨다.
6. 張獻忠 : 도적의 이름.
7. 太公太母 : 광두(光斗)의 부모.
8. 宗老塗山 : 종로(宗老)는 동족 중 항렬이 가장 높은 사람. 도산(塗山)의 이름은
   문(文), 자는 이정(爾正).

|해제| 좌광두(左光斗, 1575-1625)의 자는 유직(遺直), 벼슬은 좌첨도어사(左僉
都御史)에 이르렀다. 충의(忠毅)는 그의 시호이다. 몹시 충직하여 광종(光宗)이
붕어하자 양련(楊漣)과 함께 환관과 궁첩을 물리치고 유주(幼主)를 보좌하였으나
뒤에 위충현(魏忠賢)이 농권하여 하옥·피살되었다. 「일사(逸事)」는 사전(史傳)에
빠진 일을 기록한 글이다.

|작자| 자는 영고(靈皐, 1668-1749), 호는 망계(望溪). 벼슬이 예부우시랑(禮部右
侍郎)에 이르렀으며, 일찍이 무영전총재(武英殿總裁)로서 『대청일통지(大淸一統
志)』·『황청문영(皇淸文穎)』·『흠정제의(欽定制義)』·『주례의소(周禮義疏)』등을
편집(編輯)하였다. 문장은 의법에 엄격하였으며, 고아함을 존숭하였다. 저서로는
『방망계집(方望溪集)』·『춘추통론(春秋通論)』·『의례석의(儀禮析疑)』·『주관집
주(周官集注)』·『예기석의(禮記析疑)』등이 있다.

제3강 원전(3)

79. 涵碧亭贈申老人　黃玹

兩行秋柳一灣沙　拂袖亭亭野菊花
莫向西風怨搖落　古來白髮似君多

|해제| 함벽정(涵碧亭)을 지나다가 그 주인인 신노인(申老人)에게 준 즉흥시이다. 특히 제2구 "拂袖亭亭野菊花"는 맑은 정취가 있는 운어(韻語)이다.

|작자| 자는 운경(雲卿, 1855-1910), 호는 매천(梅泉). 강위(姜瑋)·이건창(李建昌)·김택영(金澤榮) 등과 교유하여 특히 시명(詩名)이 당대에 높았다. 한일(韓日)이 병합되자 「절명시(絕命詩)」 4수를 남기고 음독자결(飮毒自決)을 하였다. 저서로는 『매천야록(梅泉野錄)』·『동비기략(東匪紀略)』·『매천집(梅泉集)』 등이 있다.

80. 招隱　左思

杖策招隱士　荒塗橫古今　巖穴無結構　丘中有鳴琴　白雲停陰岡　丹葩曜陽林
石泉漱瓊瑤　纖鱗或浮沉　非必絲與竹　山水有清音　何事待嘯歌　灌木自悲吟
秋菊兼糇糧[1]　幽蘭間重襟[2]　躊躇足力煩　聊欲投吾簪[3]

『昭明文選』

|주석| 1. 秋菊兼糇糧 : 『초사(楚辭)』에 "夕餐秋菊之落英".

　　　2. 幽蘭間重襟 : 『초사(楚辭)』에 "紉秋蘭以爲佩".

　　　3. 投吾簪 : 棄吾官.

|해제| 속사(俗士)를 불러 함께 숨기를 권한다. 산수와 총림의 아름다움을 흥취 있게 서술하였다.

|작자| 자는 태충(太沖). 박학하고 글에 능하며, 사조(辭藻)가 장엄하면서도 아름다워 「제도(齊都)」·「삼도(三都)」등 부(賦)를 짓자 현귀한 이들이 다투어 가면서 서로 전사(傳寫)하였다. 저서로는 『문집(文集)』이 있다.

---

81. 聞安重根報國讎事　　金澤榮

平安壯士目雙張 快殺邦讎似殺羊 未死得聞消息好 狂歌亂舞菊花傍
海蔘港裏鶻摩空 哈爾濱頭霹火紅 多少六洲豪健客 一時匙箸落[1]秋風
從古何甞國不亡 纖兒[2]一例壞金湯[3] 但令得此撑天手 却是亡時也有光

　　　　　　　　　　　　　　　　　　　　　　　『韶護堂集』

|주석| 1. 匙箸落 : 『삼국지연의(三國志演義)』중 자주론영웅(煮酒論英雄)의 고사(故事).

　　　2. 纖兒 : 소아(小兒), 『진서(晉書)·육납전(陸納傳)』에 "好家居, 纖兒欲揑壞之耶" 라고 하였음.

　　　3. 金湯 : 금성(金城)·탕지(湯池), 엄고(嚴固)함을 일렀음.

|해제| 1909년 10월에 의사(義士) 안중근(安重根)이 하얼빈(哈爾濱)에서 이토 히로부미(伊藤博文)를 사살하였다. 그 소식을 듣고 작자는 이 시를 읊었다.

|작자| 자는 우림(于霖, 1850-1927), 호는 창강(滄江)·소호당(韶護堂). 시문(詩文)에 있어서 자하(紫霞)·연암(燕巖)을 숭배하였고, 벼슬은 중추원참서관(中樞院

參書官)에 이르렀으며, 중국 통주(通州)에 우거하여 일생을 마쳤다. 저서로는『소호당집(韶濩堂集)』·『한국역대소사(韓國歷代小史)』·『신고려사(新高麗史)』등이 있다.

---

82. 出塞 王昌齡

秦時明月漢時關 萬里長征人未還
但使龍城飛將在 不敎胡馬渡陰山

『王昌齡詩集』

|해제| 당대(唐代)의 수많은 「출새곡(出塞曲)」 중에서 가장 유명한 작품이다.

|작자| 자는 소백(少伯, 698-755년경). 시가 맑고 진밀(縝密)하였다. 저서로는『시집(詩集)』·『시격(詩格)』·『시중밀지(詩中密旨)』·『고악부해제(古樂府解題)』 등이 있다.

---

83. 淸代學術槪論自序 梁啓超

(一) 吾著此篇之動機有二 其一 胡適 語我 "晚淸 今文學運動 於思想界 影響至大 吾子實躬與其役者 宜有以紀之" 其二 蔣方震著歐洲文藝複興時代史新成 索余序 吾覺泛泛爲一序 無以益其善美 計不如取吾史中 類似之時代 相印證焉 庶可以校彼我之短長 而自淬厲也 乃與約 作此文以代序 旣而下筆不能自休 遂成數萬言 篇幅 幾與原書垺 天下古今 固無此等序文 脫稿後 只得對於蔣書 宣告獨立矣

　(二) 余於十八年前 嘗著中國學術思想變遷之大勢 刊於新民叢報 其第

八章 論清代學術 章末結論 云"此二百餘年間 總可命爲中國之文藝複興時代 特其興也 漸而非頓耳 然 固儼然若一有機體之發達 至今日而蒠蒠鬱鬱 有方春之氣焉 吾於我思想界之前途 抱無窮希望也" 又云"有清學者 以實事求是爲學鵠 饒有科學的精神 而更輔以分業的組織" 又云"有清二百餘年之學術 實取前此二千餘年之學術 倒卷而繅演之 如剝春筍 愈剝而愈近裏 如啖甘蔗 愈啖而愈有味 不可謂非一奇異之現象 此現象 誰造之 曰'社會周遭 種種因緣造之'" 余今日之根本觀念 與十八年前 無大異同 惟局部的觀察 今視昔似較爲精密 且當時 多有爲而發之言 其結論 往往流於偏至 故 今全行改作 探舊文者 十一二而已

(三) 有清一代學術 可紀者不少 其卓然成一潮流 帶有時代運動的色彩者 在前半期爲考證學 在後半期爲今文學 今文學 又實從考證學衍生而來 故 本篇所記述 以此兩潮流爲主 其他 則附庸耳

(四) 今文學之運動 鄙人 實爲其一員 不容不敍及 本篇 純以超然客觀之精神 論列之 即以現在執筆之另一梁啟超 批評三十年來史料上之梁啟超也 其批評正當與否 吾不敢知 吾惟對於史料上之梁啟超 力求忠實 亦如對於史料上之他人之力求忠實而已矣

(五) 篇中對於平生所極崇拜之先輩 與夫極尊敬之師友 皆直書其名 不用別號 從質家言 冀省讀者腦力而已

(六) 自屬稿至脫稿 費十五日 稿成 即以寄改造雜誌 應期出版 更無餘裕複勘 舛漏當甚多 惟讀者教之

民國9 年10 月14日 啟超識

『清代學術概論』

|해제| 『청대학술개론(清代學術概論)』은 청대(清代)의 학술과 사상을 개론적으로 쓴 명저이다. 본편은 작자가 그에 대한 편찬의 경유와 내용을 서술하였다.

|작자| 자는 탁여(卓如, 1873-1929), 호는 임공(任公)·음빙실주인(飮氷室主人). 강유위(康有爲)를 좇아서 금문학(今文學) 곧 공양학(公羊學)을 전수받았으며, 무술(戊戌)년의 유신운동(維新運動)에 참가하여 구금을 당했다가 일본으로 도피하였다. 민국이 성립되자 진보당에 가입하였으며, 벼슬이 재정총장(財政總長)에 이르렀고, 뒤에 구주(歐洲)에 머물다가 귀국해서는 강학에 전력하였다. 그의 저서는 심히 풍부하여 『음빙실전집(飮氷室全集)』·『음빙실총서(飮氷室叢書)』·『청대학술개론(淸代學術槪論)』 등이 있다.

---

84. 別蘇陽谷　黃眞伊

月下梧桐盡　霜中野菊黃
樓高天一尺　人醉酒千觴
流水和琴冷　梅花入笛香
明朝相別後　情與碧波長

『朝鮮女流詩歌選』

|해제| 작자가 양곡(陽谷) 소세양(蘇世讓)을 작별하는 시이다. 작자는 시조작가로 이름 높은 여류시인이지만 한시(漢詩)에서도 이편은 맑고 성대하기가 비할 데 없는 명작이 아닐 수 없다.

|작자| 황진사(黃進士)의 기첩(妓妾) 진현금(陳玄琴)의 딸. 음률과 시문에 능통하여 조선의 여류문학가 중에 허난설헌과 함께 쌍벽을 이루는 존재이다.

85. 白頭吟 卓文君

皚如山上雪 皎若雲間月 聞君有兩意 故來相決絶 今日斗酒會 明旦溝水頭 蹀躞[1]御溝上 溝水東西流 淒淒復淒淒 嫁娶亦不啼 願得一心人 白頭不相離 竹竿何嫋嫋[2] 魚尾何簁簁[3] 男兒重何意氣 何用錢刀爲

『西京雜記』

|주석| 1. 蹀躞 : 다니는 모양.
2. 嫋嫋 : 바람에 움직이는 모양.
3. 簁簁 : 번쇄한 모양.

|해제| 본편은 「상화가(相和歌)」 중 초조곡(楚調曲)의 하나이다. 사마상여(司馬相如)가 무릉(茂陵)에 살고 있는 여인을 얻어 첩을 삼으려 할 때에 작자가 본편을 지어서 먼저 관계를 끊었더니, 사마상여가 이 시를 받고서 중지하였다. 그의 열렬하고 분방한 감정이 온유한 붓 아래에 용솟음치고 있다.

|작자| 사마상여의 아내(前175-前121). 17세에 과부가 되었을 때에 사마상여가 금심(琴心)으로 그를 유인하여 아내를 삼았다. 그는 미인일 뿐 아니라, 애정이 가장 풍부한 여류문학가였고, 작품은 본편을 제외하고도 「여상여서(與相如書)」·「상여뢰(相如誄)」 등이 있다.

86. 講製文臣設置教 李祘

文風不振 由培養之失其本也 譽髦之盛 尚矣不可論 如詞翰 小藝 亦未能躐等而襲取 必須磨礱激礪 然後乃可成就而需用

近來年少文官 纔決科第 便謂"能事已畢" 不曾看一字 做一文 又從以東閣書籍 不識爲何物 習俗轉痼 矯革未易 雖有專經之規 月課之式 或作

輠無常 名實不符 朝家勸課 旣乖其方 新進怠忽 不暇專責

　予於曩日 十事責躬也 以人才之不興 惓惓爲說 大抵人才 不可以一槩論 而文學 爲最重 蓋其蘊之德行 發諸事業 以至飾皇猷 礪頹俗 鳴國家之盛 者 實有關於世道之汙隆 治敎之興衰 豈可曰"少補"也哉

　今欲倣古設敎 以爲作成之道 則湖堂 太簡 徒啓奔競之風 知製 稍爲 反 歸濫屑之科 若就文臣堂下中 限其年 廣其選 月講經史 旬試程文 月終聚 而考之 較勤慢 行賞罰 未必不爲振文風之一助 文臣參上參下 年幾歲以上 抄啓

『弘齋全書』

|해제| 정조(正祖)는 일찍부터 문풍(文風)이 떨쳐지지 못함을 우려하여 문체(文體)의 반정(反正)을 주장하였다. 본편은 강제문신(講製文臣)을 설치할 때 내린 교서이다.

|작자| 자는 형운(亨運, 1752-1800), 호는 홍재(弘齋)·관물헌(觀物軒), 곧 정조왕(正祖王). 역대 제왕 중에 가장 문화적인 구상이 많았으나 실현이 어려웠다. 저서로는 『홍재전서(弘齋全書)』 밖에도 많이 있다.

---

87. 上太公尊號詔　劉邦

人之至親 莫親於父子 故 父有天下 傳歸於子 子有天下 尊歸於父 此人道 之極也

　前日天下大亂 兵革並起 萬民苦殃 朕披堅執銳 自率士卒 犯危難 平暴 亂 立諸侯 偃兵息民 天下大安 此皆太公之敎訓也 諸王通侯將軍卿大夫 已尊朕爲皇帝 而太公未有號 今上尊太公曰"太上皇"

『史記』

|해제| 작자가 이미 천하를 평정하고 천자의 자리에 오르고서 그의 부공(父公)에게 태상황(太上皇)의 존호를 드릴 때, 이 글을 내려서 국내 인민들에게 선언하였다.

|작자| 자는 계(季, 前247?-前195), 곧 한고조(漢高祖). 그의 영웅적인 사업은 훌륭했거니와 문학에 있어서도 「대풍가(大風歌)」·「홍곡(鴻鵠)」 등은 모두 웅대한 작품들이다.

---

88. 流民歎　　魚無迹

蒼生難 蒼生難 年貧爾無食 我有濟爾心 而無濟爾力
蒼生苦 蒼生苦 天寒爾無衾 彼有濟爾力 而無濟爾心
願回小人腹 暫爲君子慮 暫借君子耳 願聽小民語 小民有語君不知 今歲蒼
生皆失所
北闕雖下憂民詔 州縣傳看一虛紙 特遣京官問民瘼
馹騎日馳三百里 吾民無力出門限 何暇面陳心內事
縱使一郡一京官 京官無耳民無口 不如喚起汲長孺 未死孑遺猶可救

『國朝詩刪』

|해제| 당시에 사회의 혼란으로 말미암아 인민이 도탄에 빠졌으나 구출할 길이 없었다. 한(漢)의 급암(汲黯)과 같은 어진 관리가 절실히 요청되었다. 작자는 더욱이 하층계급 출신이라, 누구보다도 이러한 정경을 깊이 슬퍼하였다.

|작자| 자는 잠부(潛夫), 호는 낭선(浪仙), 김해의 관노로 면천하였다. 뛰어난 재주가 있어서 시를 잘 지었는데, 이쉬(李倅)의 탐욕을 기롱하여 읊은 시가 있으므로 체포하려 하자, 다른 군(郡)으로 도피하였다가 객사하였다.

89. 自京赴奉先縣詠懷五百字　杜甫

杜陵有布衣 老大意轉拙 許身一何愚 竊比稷與契 居然成濩落 白首甘契闊[1]
蓋棺事則已 此志常覬豁[2] 窮年憂黎元 嘆息腸內熱 取笑同學翁 浩歌彌激
烈 非無江海志 瀟灑送日月 生逢堯舜君 不忍便永訣 當今廊廟具 構廈豈云
缺 葵藿傾太陽 物性固莫奪

　顧惟螻蟻輩 但自求其穴 胡爲慕大鯨 輒擬偃溟渤 以茲悟生理 獨恥事干
謁 兀兀[3]遂至今 忍爲塵埃没 終愧巢與由[4] 未能易其節 沉飮聊自適 放歌頗
愁絶 歲暮百草零 疾風高岡裂 天衢[5]陰崢嶸 客子中夜發 霜嚴衣帶斷 指直
不得結 凌晨過驪山[6] 御榻在嵽嵲[7]

　蚩尤塞寒空 蹴踏崖谷滑[8] 瑤池氣鬱律[9] 羽林[10]相摩戛 君臣留歡娛 樂動
殷膠葛[11] 賜浴[12]皆長纓 與宴非短褐 彤庭所分帛 本自寒女出 鞭撻其夫家[13]
聚斂貢城闕 聖人筐篚[14]恩 實欲邦國活 臣如忽至理 君豈棄此物 多士盈朝
廷 仁者宜戰慄 況聞內金盤[15] 盡在衛霍[16]室

　中堂有神仙[17] 煙霧散玉質 煖客貂鼠裘 悲管逐清瑟 勸客駝蹄羹 霜橙壓
香橘 朱門酒肉臭 路有凍死骨 榮枯咫尺異 惆悵難再述 北轅就涇渭 官渡
又改轍 羣水從西下 極目高崒兀 疑是崆峒來 恐觸天柱折[18] 河梁幸未坼 枝
撑聲窸窣[19] 行旅相攀援 川廣不可越

　老妻既異縣 十口隔風雪 誰能久不顧 庶往共飢渴 入門聞號咷 幼子飢已
卒 吾寧捨一哀 里巷亦嗚咽 所愧爲人父 無食致夭折 豈知秋禾登 貧窶有
倉卒 生常免租稅 名不隸征伐 撫迹猶酸辛 平人固騷屑[20] 黙思失業徒[21] 因
念遠戍卒 憂端齊終南 澒洞[22]不可掇[23]

『杜工部詩集』

|주석| 1. 契闊 : 근고(勤苦).
　　 2. 覬豁 : 이르기를 바람.
　　 3. 兀兀 : 마음의 모양.

4. 巢與由 : 소부(巢父)·허유(許由), 요임금 때의 두 은사(隱士).

5. 天衢 : 구가(衢街).

6. 驪山 : 산 이름, 제왕이 출유(出遊)하는 곳.

7. 嶻嵲 : 산이 높은 모양.

8. 蚩尤-谷滑 : 위사(衛士)의 노고를 이름.

9. 鬱律 : 온천 기운이 상승하는 모양.

10. 羽林 : 우림군(羽林軍).

11. 摎嶙 : 교여(交如).

12. 賜浴 : 안록산(安祿山)이 희수(戲水)할 때에 온천에 사욕하였음.

13. 夫家 : 백성 중에 직분이 없는 이는 부가(夫家)의 세를 냄.

14. 筐篚 : 예폐(禮幣).

15. 內金盤 : 군용의 도구.

16. 衛霍 : 위청(衛靑)·곽거병(霍去病)으로 양국충(楊國忠)에게 비한 것이다.

17. 神仙 : 제이(諸姨)를 가리켰음.

18. 恐觸天柱折 : 국가의 전복이 걱정됨.

19. 竊窣 : 불안한 소리.

20. 騷屑 : 처량.

21. 失業徒 : 출백자(出帛者).

22. 澒洞 : 이어지는 모양.

23. 掇 : 거두다.

|해제| 당시 정계에 불우한 작자는 봉선현(奉先縣)으로 가는 도중에 평생의 가장
득의작인 본편을 지었다. 첫째 자기의 포부를 설명하고, 이어서 도중의 체험한
바를 서술하였으며, 끝에는 집에 이른 뒤의 모든 정경을 묘사하였다. 몸은 곤궁에
빠졌으나 속으로는 애국적, 인민적인 사상이 불타는 듯하다.

|작자| 앞에 나왔다.

90. 六蠹 李瀷

人無奸濫 天下何由而不治 奸濫 生於財不足 財不足 生於不務農 農之不
務 其蠹有六 而逐末 不與焉 一曰"奴婢" 二曰"科業" 三曰"閥閱" 四曰"技
巧" 五曰"僧尼" 六曰"遊惰" 夫商賈者 固四民之一 猶有通貨之益 六者之
害 甚於盜賊

奴婢傳世 亘古今四海 無有者也 無德不材 而稱爲"上典" 不思猷爲 坐
役臧獲 遍走推劫 倀覓傾産 使之失所 乃巳也

凡文藝之無所補於世道身心者 莫非害事 應擧儒士 緩於孝悌 抃棄生業
竟歲終日 含毫費牋 不過 喪心術之伎倆 幸而得志 則便自高致 奢泰無度
剝民以充其願慾也

閥閱者 "身有功伐"之謂也 今俗 指衣纓家子孫 混稱"兩班" 而區別於庶
氓 雖使先業耗盡 才藝不逮 非理求生 耻事錢鏄 寧餓死 不肯賤事 一執耕
耒 目以"農夫" 昏姻不通 交際每下 人或有心於自力 亦無奈何

技巧者 不但玩好器什 凡方術惑人者 皆是 而倡優巫覡 爲尤害也

僧尼 非因事佛 只思逃役 深竄無田之境 日費沃壤之粒也 農之利 不過
數倍 而夏畦之苦 無上 故 人家生子 目其最蠹曰"農也" 此無他 國風固多
別歧 非農 而亦可以厚占也 若使士農合一 法有遵化 如魚之遊水 鳥之歸
林 其有才德 拔之於阡陌之間 不待自衒 則民將視作己分 目熟手習 而各
安其業矣

今也 幼多慢 長旣扞格 博奕嬉戲 裒餒亦縮 至於欺詐冒奪 穿窬盜竊而
不憚 雖欲屈首於本業 亦無如之何 數者不去 欲望世治 難矣

『星湖僿說』

|해제| 영·정조시대의 실학파 학자들은 농업을 몹시 강조하였다. 작자는 국가의
재정이 부족함은 농사를 힘쓰지 않는 데에 있고, 농정(農政)이 진흥되지 않음은
육두(六蠹)에 있음을 말하였다. 본편은 그의 명저 『사설(僿說)』의 한 절목이다.

|작자| 앞에 나왔다.

---

91. 大同與小康　佚名氏

昔者 仲尼[1] 與於蜡賓[2] 事畢 出遊觀[3]之上 喟然而歎 仲尼之歎 蓋歎魯[4]也
言偃[5] 在側 曰 "君子何歎"

孔子曰 "大道[6]之行也 三代之英[7] 丘 未之逮也 而有志焉 大道之行也 天
下爲公[8] 選賢 與能 講信 修睦 故 人不獨親其親 不獨子其子 使老有所終
壯有所用 幼有所長 矜寡孤獨癈疾者 皆有所養 男有分 女有歸 貨 惡其弃
於地也 不必藏於己 力 惡其不出於身也 不必爲己 是故 謀閉而不興[9] 盜竊
亂賊 而不作故 外戶 而不閉 是謂 '大同' 今大道旣隱 天下爲家 各親其親
各子其子 貨力爲己 大人 世及 以爲禮 城郭溝池 以爲固 禮義以爲紀 以正
君臣 以爲父子 以睦兄弟 以和夫婦 以設制度 以立田里 以賢勇知 以功爲
己 故 謀用是作 而兵由此起 禹湯文武成王周公 由此其選也 此六君子者
未有不謹於禮者也 以著其義 以考其信 著有過 刑仁[10] 講讓 示民有常 如
有不由此者 在勢者去 衆以爲殃 是謂 '小康'"

『禮記 · 禮運』

|주석| 1. 仲尼 : 공구(孔丘)의 자.
2. 蜡賓 : 사제(蜡祭)에서 제사를 돕는 사람.
3. 觀 : 궁문의 쌍궐.
4. 蓋歎魯 : 노(魯)나라의 제례(祭禮)가 갖추어지지 않았음을 슬퍼함.
5. 言偃 : 자는 자유(子游), 공구(孔丘)의 제자.
6. 大道 : 옛 현철들의 노선.
7. 三代之英 : 하(夏) · 상(商) · 주(周)의 영주.
8. 天下爲公 : 천하는 공공의 것.
9. 謀閉而不興 : 음모가 일지 않음.

10. 刑仁 : 인인(仁人)을 법칙으로 삼음.

|해제| 본편은 『예기(禮記)』 제 9편 예운(禮運) 중에서 선록한 것이다. 표제는 편 중에서 뽑아 썼다.

---

92. 東萊孟夏有感 李安訥

四月十五日 平明家家哭 天地變蕭瑟 凄風振林木 驚怪問老吏 "哭聲何慘怛" "壬辰海賊至 是日城陷沒 惟時宋使君 堅壁守忠節 闔境驅入城 同時化爲血 投身積屍底 千百遺一二 所以逢是日 設奠哭其死 父或哭其子 子或哭其父 祖或哭其孫 孫或哭其祖 亦有母哭女 亦有女哭母 亦有婦哭夫 亦有夫哭婦 兄弟與姉妹 有生皆哭之"

　　蹙額聽未終 涕泗忽交頤 吏乃前致詞 "有哭猶未悲 幾多白刃下 擧族無哭者"

『東岳文集』

|해제| 음력 4월 15일은 임진왜란에 동래성(東萊城)이 함락되던 날이다. 이는 작자가 그 사변 직후에 동래부사(東萊府使)로 이 날을 당하여 읊은 한 편의 기사시(記事詩)이다.

|작자| 자는 자민(子敏, 1571~1637), 호는 동악(東岳). 벼슬이 형조판서에 이르렀으며, 저서로는 『동악문집(東岳文集)』이 있다.

93. 秋聲賦 歐陽脩

歐陽子 方夜讀書 聞有聲 自西南來者 悚然而聽之曰 "異哉" 初淅瀝[1]以蕭
颯 忽奔騰而砰湃[2] 如波濤夜驚 風雨驟至 其觸於物也 鏦鏦錚錚 金鐵皆鳴
又如赴敵之兵 銜枚疾走 不聞號令 但聞人馬之行聲

　余謂童子 "此何聲也 汝出視之" 童子曰 "星月皎潔 明河在天 四無人聲
聲在樹間"

　余曰 "噫嘻 悲夫 此秋聲也 胡爲而來哉 蓋夫[3]秋之爲狀也 其色慘淡 烟
霏雲歛 其容清明 天高日晶 其氣慄冽 砭人肌骨 其意蕭條 山川寂寥 故其
爲聲也 凄凄切切 呼號憤發 豐草綠縟而爭茂 佳木蔥蘢而可悅 草拂之而
色變 木遭之而葉脫 其所以摧敗零落者 乃其一氣之餘烈 夫秋 刑官[4]也 於
時爲陰 又兵象也 於行爲金 是謂 '天地之義氣' 常以肅殺而爲心 天之於物
春生秋實 故其在樂也 商聲 主西方之音 夷則爲七月之律 商 傷也 物既老
而悲傷 夷 戮也 物過盛而當殺 嗟乎 草木無情 有時飄零 人爲動物 惟物之
靈 百憂感其心 萬事勞其形 有動乎中 必搖其精 而況思其力之所不及 憂其
智之所不能 宜其渥然丹者爲槁木 黝然黑者爲星星 奈何非金石之質 欲與
草木而爭榮 念誰爲之戕賊 亦何恨乎秋聲"

　童子莫對 垂頭而睡 但聞四壁 蟲聲唧唧 如助余之嘆息

『歐陽文忠公集』

|주석| 1. 淅瀝 : 낙엽, 또는 비와 눈 소리.
　　　2. 砰湃 : 파도가 부딪히는 소리.
　　　3. 蓋夫 : 대개.
　　　4. 刑官 : 『주례(周禮)』 육관(六官)의 하나인 추관(秋官)으로, 형법을 맡았다.

|해제| 부(賦)는 시와 산문이 융합된 일종의 문체다. 본편은 가을 소리를 맑고 서
글프게 서술한 작품이다.

94. 書經集傳序　蔡沉

慶元己未[1]冬 先生文公[2] 令沈作書集傳 明年 先生歿 又十年 始克成編 總
若干萬言 嗚呼 書豈易言哉 二帝三王[3] 治天下之大經大法 皆載此書 而淺
見薄識 豈足以盡發蘊奧 且生於數千載之下 而欲講明於數千載之前亦已
難矣

　然 二帝三王之治 本於道 二帝三王之道 本乎心 得其心 道與治 固可得
而言矣 何者 精一執中[4] 堯舜禹 相授之心法也 建中建極[5] 商湯周武 相傳
之心法也 曰“德”曰“仁”曰“敬”曰“誠” 言雖殊而理則一 無非所以明此心
之妙也 至於言天 則嚴其心之所自出 言民 則謹其心之所由施 禮樂敎化
心之發也 典章文物 心之著也 家齊國治而天下平 心之推也 心之德 其盛
矣乎

　二帝三王 存此心者也 夏桀商受 亡此心者也 太甲成王 困而存此心者也
存則治 亡則亂 治亂之分 顧其心之存不存如何耳 後世人主 有志於二帝三
王之治 不可不求其道 有志於二帝三王之道 不可不求其心 求心之要 舍是
書 何以哉

　沈 自受讀以來 沈潛其義 參考衆說 融會貫通 廼敢折衷 微辭奧旨 多述
舊聞 二典三謨[6] 先生 蓋嘗是正 手澤尚新 嗚呼 惜哉 集傳 本先生所命 故
凡引用師說 不復識別 四代之書 分爲六卷 文以時異 治以道同 聖人之心
見於書 猶化工之妙著於物 非精深 不能識也 是傳也 於堯舜禹湯 文武周
公之心 雖未必能造其微 於堯舜禹湯 文武周公之書 因是訓詁 亦可得其指

意之大略矣 嘉定己巳[7] 三月旣望 武夷蔡沈 序

『監本書經』

|주석| 1. 慶元己未 : 1199년, 경원(慶元)은 남송(南宋) 영종(寧宗)의 연호.
　　　2. 文公 : 주희(朱熹)의 시호.
　　　3. 二帝三王 : 이제(二帝)는 요(堯)·순(舜), 삼왕(三王)은 우(禹)·탕(湯)·무(武).
　　　4. 精一執中 : 『서경(書經)·우모(禹謨)』에 "惟精惟一, 允執厥中", 정심(精心) 한
　　　　　뜻으로 중정(中正)의 도(道)를 잡음.
　　　5. 建中建極 : 『서경(書經)·홍범(洪範)』에 "五皇極, 皇建其有極", 소(疏)에 "皇,
　　　　　大也, 極, 中也. 施政教, 治下民, 當使大得其中, 無有邪僻.".
　　　6. 二典三謨 : 이전(二典)은 堯典(요전)·舜傳(순전), 삼모(三謨)는 大禹謨(대우
　　　　　모)·皐陶謨(고요모)·益稷(익직).
　　　7. 嘉定己巳 : 1209년, 가정(嘉定)은 남송(南宋) 영종(寧宗)의 연호.

|해제| 『서경(書經)』은 중국 고대의 정치서(政治書)로서 『시경(詩經)』·『역경(易
經)』과 함께 삼경(三經)이 된다. 유가(儒家)의 모든 정치적인 이념과 실천이 이에
갖추어졌다. 작자가 일찍이 스승인 주희(朱熹)의 명령을 받아 『집전(集傳)』을 지
었으므로 이에 자서(自序)를 쓴 것이다.

|작자| 자는 중묵(仲默, 1167-1230), 호는 구봉(九峯). 주희(朱熹)의 지시를 받아
서 『서경집전(書經集傳)』을 짓고, 아버지 원정(元定)의 교훈으로 『홍범황극(洪範
皇極)』을 지었다.

---

95. 君子行　　佚名氏

君子防未然 不處嫌疑間 瓜田不納履 李下不正冠 嫂叔不親授 長幼不比
肩 勞謙[1]得其柄 和光[2]甚獨難 周公下白屋[3] 吐哺不及餐 一沐三握髮 後世
稱聖賢

『古樂府』

|주석| 1. 勞謙 : 몸가짐을 부지런히 하고, 남에게 공손함.『역경(易經)』에 "勞謙, 君子終吉"라고 하였음.
　　　2. 和光 : 물아(物我)가 조화됨.『노자(老子)』에 "和其光"이라 하였음.
　　　3. 白屋 : 천인(賤人)의 집.『한서(漢書)·소망지전(蕭望之傳)』에 "周公戒伯禽曰, '我一沐三握髮, 一飯三吐哺, 起以待士, 惟恐失天下之賢人'"이라 하였음.

|해제| 사람이 살고 있는 이 세상에는 가끔 혐의를 받게 된다. 그러므로 군자(君子)는 이를 미연에 방지하여야 한다.

---

96. 花王戒　薛聰

臣 聞花王之始來也 植之以香園 護之以翠幕 當三春而發艶 凌百花而獨出 於是 自邇及遐 艶艶之靈 夭夭之英 無不奔走上謁 唯恐不及

　忽有一佳人 朱顔玉齒 鮮粧靚服 伶俜而來 綽約而前曰 "妾 履雪白之沙汀 對鏡淸之海面 而沐春雨以去垢 快淸風而自適 其名曰 '薔薇' 聞王之令德 期薦枕於香帷　王其容我乎"

　又有一丈夫 布衣韋帶 戴白持杖 龍鍾而步 傴僂而來曰 "僕 居京城之外 居大道之旁 下臨蒼茫之野景 上倚嵯峨之山色 其名曰 '白頭翁' 竊謂 "左右供給雖足 膏粱以充腸 茶酒以淸神 巾衍¹儲藏 須有良藥以補氣 惡石²以蠲毒 故曰 '雖有絲麻 無棄菅蒯 凡百君子 無不代匱³' 不識 王亦有意乎"

　或曰 "二者之來 何取何捨" 花王曰 "丈夫之言 亦有道理 而佳人難得 將如之何" 丈夫 進而言曰 "吾謂 '王聰明識義理' 故 來焉耳 今則非也 凡爲君者 鮮不親近邪佞 疎遠正直 是以 孟軻 不遇以終身 馮唐⁴ 郞潛而皓首 自古如此 吾其奈何" 花王曰 "吾過矣 吾過矣"

『三國史記』

|주석| 1. 巾衍 : 협사(篋笥), 연(衍)은 협(篋).

2. 惡石 : 금석(金石)의 극약.
3. 雖有─代匱 : 관(菅)은 짚신의 원료, 괴(蒯)는 자리의 원료, 『시경(詩經)』에 "雖有絲麻, 無棄菅蒯, 雖有姬妾, 無棄蕉萃, 凡百君子, 莫不代匱"라고 하였음.
4. 馮唐 : 한 문제(漢文帝) 때에 중랑서장(中郞署長)으로 늙었음.

|해제| 신문왕(神文王)이 5월 어느 날 높은 대에서 설총(薛聰)에게 이르기를 "오늘은 숙우(宿雨)가 처음 개이고, 훈풍(薰風)이 불어오니 이때엔 비록 진찬(珍饌)과 애음(哀音)이 있다 하더라도 고담(高談)·선학(善謔)으로 유울(幽鬱)을 펴는 것만 못할 것이라, 생각건대 그대는 반드시 아름다운 이야기가 있을 테니 어찌 나를 위해 말씀하지 않겠습니까" 했다. 설총이 곧 이 글을 여쭈었더니 신문왕이 초연히 낯빛을 변하면서 "그대의 우언(寓言)은 실로 깊은 뜻이 있으니 이 글을 기록하여 왕자(王者)의 경계를 삼으리다" 하고 설총을 높은 벼슬에 발탁하였다.

|작자| 자는 총지(聰智). 자품이 총명하여 우리말로 9경(九經)을 해독해 후생을 훈도하였으니 이는 세상에서 이르는 '이두(吏讀)'이다.

---

97. 出師表 諸葛亮

臣亮言 先帝[1]創業未半 而中道崩殂 今天下三分 益州疲弊 此誠危急存亡之秋[2]也 然侍衛之臣 不懈於內 忠志之士 忘身於外者 蓋追先帝之殊遇 欲報之於陛下也

誠宜開張聖聽 以光先帝遺德 恢弘志士之氣 不宜妄自菲薄[3] 引喩失義[4] 以塞忠諫之路也 宮中府中[5] 俱爲一體 陟罰臧否 不宜異同 若有作姦犯科 及爲忠善者 宜付有司 論其刑賞 以昭陛下平明之治 不宜偏私 使內外異法也

侍中侍郞[6]郭攸之 費禕 董允等 此皆良實 志慮忠純 是以 先帝簡拔 以遺陛下 愚以爲 "宮中之事 事無大小 悉以咨之 然後施行 必能裨補闕漏 有所廣益" 也 將軍向寵 性行淑均 曉暢軍事 試用於昔日 先帝稱之曰 "能" 是以

衆議擧寵爲督 愚以爲, "營中之事 事無大小 悉以咨之 必能使行陣和穆 優劣得所"也 親賢臣 遠小人 此先漢[7]所以興隆也 親小人 遠賢臣 此後漢[8]所以傾頹也 先帝在時 每與臣論此事 未嘗不歎息痛恨於桓靈[9]也 侍中 尙書 長史 參軍[10] 此悉貞良死節之臣也 願陛下 親之信之 則漢室之隆 可計日而待也

臣本布衣 躬耕南陽 苟全性命於亂世 不求聞達於諸侯 先帝不以臣卑鄙 猥自枉屈 三顧臣於草廬之中 諮臣以當世之事 由是感激 遂許先帝以驅馳 後値傾覆[11] 受任於敗軍之際 奉命於危難之間 爾來二十有一年矣 先帝知臣謹慎 故 臨崩寄臣以大事也 受命以來 夙夜憂勤 恐託付不效 以傷先帝之明 故 五月渡瀘[12] 深入不毛 今南方已定 甲兵已足 當獎率三軍 北定中原 庶竭駑鈍 攘除奸凶 興復漢室 還於舊都 此臣所以報先帝而忠陛下之職分也 至於斟酌損益 進盡忠言 則攸之褘允之任也

願陛下 託臣以討賊興復之效 不效 則治臣之罪 以告先帝之靈 若無興德之言 則責攸之褘允等之咎 以彰其慢 陛下 亦宜自謀 以諮諏善道 察納雅言 深追先帝遺詔 臣不勝受恩感激 今當遠離 臨表涕泣 不知所云

『諸葛忠武侯集』

|주석| 1. 先帝 : 선주(先主)인 유비(劉備).
   2. 秋 : 시기.
   3. 妄自菲薄 : 자중할 줄을 모름.
   4. 引喩失義 : 의리에 어긋난 사례와 언론을 인용함.
   5. 宮中府中 : 궁중(宮中)은 궁정, 부중(府中)은 승상부(丞相府).
   6. 侍中侍郎 : 시중(侍中)은 곽유지(郭攸之)·비위(費禕), 시랑(侍郎)은 동윤(董允).
   7. 先漢 : 서한(西漢)·동한(東漢)의 전기(前期).
   8. 後漢 : 동한(東漢)의 말기(末期).
   9. 桓靈 : 후한(後漢) 두 마지막 황제인 환제(桓帝)·영제(靈帝).
  10. 侍中–參軍 : 시중(侍中)은 곽유지(郭攸之)·비위(費禕), 상서(尙書)는 진진(陳震), 장사(長史)는 장예(張裔), 참군(參軍)은 장완(張琬).

11. 後値傾覆 : 한 헌제(漢獻帝) 건안(建安) 13년(208)에 유비(劉備)가 호북(湖北)
    당양(當陽) 장판파(長板坡)에서 조조(曹操)에게 패하여 하구(夏口)로 퇴보하였음.
12. 五月渡瀘 : 후주(後主) 건흥(建興) 3년 5월에 제갈량(諸葛亮)이 남정(南征)하
    였음.

|해제| 본편은 작자가 촉한(蜀漢) 건흥(建興) 5년(227)에 출병하여 조위(曹魏)를
칠 때에 출발에 임해 후주(後主) 유선(劉禪)에게 올린 표문(表文)이다. 글자마다
어려 있는 충의(忠義)의 혈성은 후세 사람으로 하여금 눈물을 금치 못하게 한다.

|작자| 자는 공명(孔明, 181-234). 대정치가이자 군사가이며, 문장이 박실(樸
實)·진지(眞摯)하여 남을 감동시키는 힘이 있었다. 저서로는 『제갈충무후집(諸
葛忠武侯集)』이 있다.

---

98. 田家 <small>聶夷中</small>

父耕原上田 子斸山下荒 六月禾未熟 官家已修倉 二月賣新絲 二月賣新絲
五月糶新穀 醫得眼前瘡 剜卻心頭肉 我願君王心 化作光明燭 不照綺羅筵
徧照逃亡屋

『全唐詩』

|해제| 작자가 지방의 현리(縣吏)로서 백성의 고통을 깊이 민망히 여겨서 이 시를
읊었다. 이는 실로 시속을 근심하는 작품으로 『시경』 300편의 남은 뜻을 지닌
것이다.

|작자| 자는 탄지(坦之, 837?-884?). 천성이 검박하며, 초택(草澤) 출신으로 고
생을 많이 겪었으므로 화음현위(華陰縣尉)로 있을 때 시속을 근심하는 정사가 많
이 행해졌다. 저서로는 『시집(詩集)』이 있다.

99. 太子河 姜瑋

易水長城豈易過 怳親燕趙共悲歌
幾人能辦千秋事 六國亡時太子多

『古歡堂集』

|해제| 작자가 태자하(太子河)를 지나다가 연단(燕丹)의 고사를 슬퍼하여 읊은 시이다.

|작자| 자는 위옥(韋玉, 1820-1884), 호는 추금(秋琴). 한말의 시인. 저서로는 『고환당집(古歡堂集)』·『손무자주평(孫武子注評)』 등이 있다.

100. 悲歌 佚名氏

悲歌可以當泣 遠望可以當歸 思念故鄉 鬱鬱纍纍 欲歸家無人 欲渡河無船
心思不能言 腸中車輪轉

|해제| 악부(樂府) 「잡곡가사(雜曲歌辭)」 중의 하나이다. 단장(短章)이지만 천고의 절조이다.

101. 蔣生傳 許筠

蔣生 不知何許人 己丑[1]年間 往來都下 以乞食爲事 問名 則 "吾亦不知" 問
其祖父居住 則曰 "父爲密陽座首 生我三歲 而母沒 父惑婢妾之譖 黜我莊
奴 十五 奴爲娶民女 數歲 婦死 因流至湖南西數十州 今抵洛矣"
　其貌甚都秀 眉目如畫 善談笑 捷給 尤工謳 發聲凄絶動人 常被紫錦裌

衣 寒暑不易 凡倡店姬廊 靡不歷入慣交 遇酒 輒自引滿發唱 極其懽而去 或於酒半 效盲卜 醉巫 懶儒 棄婦 乞者 老僧所爲 種種逼眞 又以面孔 學十八羅漢 無不酷似 又蹙口作笳簫箏琶鴻鵠鶯鷺鴉鶴等音 難辨眞贗 夜作雞鳴狗吠 則隣之犬雞皆鳴吠焉 朝則出乞於野市 一日所獲 幾三四斗 炊食數升 則散他丐者 故 出則群乞兒尾之 明日又如是 人莫測其所爲

嘗寓樂工李漢家 有叉鬟 學胡琴 朝夕與之熟 一日失綴珠紫花鳳尾 莫知所在 蓋朝自街上來 有俊年少調笑俔倚 因而不見 啼哭不止 生曰 "咦 小兒何敢乃爾 願娘無泣 夕當袖來" 翩然而去 及夕 招叉鬟出 迤從西街傍景福西牆 至神虎門角 以大帶縮鬟之腰 纏於左臂 奮迅一踊 飛入數重門 時曛黑 莫辨逕路 俄抵慶會樓上 有二年少 秉燭相迓 相視大嚯 因自梁上鑑嵌中 出金珠羅絹甚多 叉鬟所失鳳尾 亦在焉 年少自還之 生曰 "二弟 愼行止 毋使世人 瞰吾蹤也" 遂引還 飛出北城 送還其家 未明 詣李家謝之 則醉齁齁 人亦不知夜出也

壬辰[2]四月初吉 賒酒數斗 大醉攔街以舞 唱歌不綴 殆夜 倒於水標橋上 遲明 人見之 死已久矣 屍爛爲蟲悉生翼飛去 一夕皆盡 唯衣襪在

武人洪世熹者 居于蓮花坊 最與之昵 四月 從李鎰防倭 行至鳥嶺 見生芒屩曳杖 握手甚喜曰 "吾實非死也 向海東覓一國土去矣" 因曰 "君 今年不合死 有兵禍 向高林 勿入水 丁酉年 愼毋南來 或有公幹 勿登山城" 言訖 如飛而行 須臾失所在 洪果於琴臺[3]之戰 憶此言 奔上山 得免 丁酉[4]七月 以禁軍在直 致有旨於梧里相[5] 都忘其戒 回至星州 爲賊所迫 聞黃石城有備 疾馳入 城陷倂命

余少日 狎游俠邪 與之諧謔甚親 悉覩其技 噫 其神矣 卽古所謂 "劍仙"者 非耶

『惺所覆瓿藁』

1. 己丑 : 1589년.

2. 壬辰 : 1592년.

3. 琴臺 : 탄금대(彈琴臺).

4. 丁酉 : 1597년.

5. 梧里相 : 이원익(李元翼), 오리(梧里)는 호.

|해제| 재자(才子) 허균(許筠)이 기인(奇人) 장생(蔣生)의 평생을 서술한 명작이다. 전기체(傳奇體)로서 당(唐)·송(宋)의 명작과 맞설 수 있는 작품이다.

|작자| 앞에 나왔다.

---

102. 煮酒論英雄　羅本

操曰 "適見枝頭梅子靑靑 忽感去年征張繡時 道上缺水 將士皆渴 吾心生一計 以鞭虛指曰 '前面有梅林' 軍士聞之 口皆生唾 由是不渴 今見此梅不可不賞 又値煮酒正熟 故 邀使君小亭一會" 玄德 心神方定 遂至小亭 已設樽俎 盤置靑梅 一樽煮酒 二人對坐 開懷暢飮

酒至半酣 忽陰雲漠漠 驟雨將至 從人 遙指天外龍掛 操與玄德 憑欄觀之 操曰 "使君 知龍之變化否" 玄德曰 "未知其詳" 操曰 "龍能大能小 能升能隱 大則興雲吐霧 小則隱介藏形 升則飛騰於宇宙之間 隱則潛伏於波濤之內 方今春深 龍乘時變化 猶人得志而縱橫四海 龍之爲物 可比世之英雄 玄德 久歷四方 必知當世英雄 請試指言之" 玄德曰 "備 肉眼 安識英雄" 操曰 "休得過謙" 玄德曰 "備叨恩庇 得仕於朝 天下英雄 實有未知"

操曰 "旣不識其面 亦聞其名" 玄德曰 "淮南袁術 兵糧足備 可爲 '英雄'" 操笑曰 "塚中枯骨 吾早晩必擒之" 玄德曰 "河北袁紹 四世三公 門多故吏 今虎踞冀州之地 部下能事者極多 可爲 '英雄'" 操笑曰 "袁紹 色厲膽薄 好謀無斷 幹大事而惜身 見小利而忘命 非英雄也" 玄德曰 "有一人名稱 '八

駿' 威鎭九州 劉景升 可爲英雄" 操曰 "劉表 虛名無實 非英雄也" 玄德曰
"有一人 血氣方剛 江東領袖 孫伯符 乃英雄也" 操曰 "孫策 藉父之名 非英
雄也" 玄德曰 "益州劉季玉 可爲 '英雄'乎" 操曰 "劉璋 雖係宗室 乃守戶之
犬耳 何足爲英雄" 玄德曰 "如張繡 張魯 韓遂等輩 皆何如" 操鼓掌大笑曰
"此等碌碌小人 何足掛齒"

玄德曰 "舍此之外 備實不知" 操曰 "夫英雄者 胸懷大志 腹有良謀 有包
藏宇宙之機 吞吐天地之志者也" 玄德曰 "誰能當之" 操以手指玄德 復自
指曰 "今天下英雄 惟使君與操耳"

玄德 聞言吃了一驚 手中所執匙箸 不覺落於地下 時正値天雨將至 雷
聲大作 玄德 乃從容俯首拾箸曰 "一震之威 乃至於此" 操笑曰 "丈夫亦畏
雷乎" 玄德曰 "聖人 '迅雷風烈 必變' 安得不畏" 將聞言失箸緣故 輕輕掩
飾過了 操遂不疑玄德

『三國志演義』

|해제| 본편은 『삼국지연의(三國志演義)』 제21회 「조조자주론영웅(曹操煮酒論英
雄)」 중에서 발췌하였다. 조조(曹操)의 교려(驕厲)한 기개와, 유비(劉備)의 반굴
(蟠屈)한 정경이 살아있는 그림처럼 묘사되었다.

|작자| 자는 관중(貫中), 호는 호해산인(湖海散人). 통속소설의 대가. 작품으로는
『충정효자연환간(忠正孝子連環諫)』·『삼평장사곡비호자(三平章死哭蜚虎子)』·『송
태조용호풍운회(宋太祖龍虎風雲會)』 등 세 잡극(雜劇)과, 『충의수호전(忠義水滸
傳)』·『삼국지통속연의(三國志通俗演義)』·『수당양조지전(隋唐兩朝志傳)』·『잔
당오대사연전(殘唐五代史演傳)』·『평요전(平妖傳)』 등이 있다.

103. 自題小照　金正喜

覃谿[1]云 "嗜古經" 芸臺[2]云 "不肯人云亦云" 兩公之言 盡吾平生 胡爲乎海天一笠[3] 忽似元祐罪人[4]

『阮堂文集』

|주석| 1. 覃谿 : 옹방강(翁方綱)의 호.
 2. 芸臺 : 완원(阮元)의 호.
 3. 海天一笠 : 제주에 귀양.
 4. 元祐罪人 : 원우(元祐)는 송 철종(宋哲宗) 연호(1086-1093), 당시 청의파(淸議派)가 죄를 입은 고사.

|해제| 작자가 자기 초상에 쓴 화상찬(畵像贊)이다. 이 밖에도 또 한 편이 있다.

|작자| 자는 원춘(元春, 1786-1856), 호는 추사(秋史)·완당(阮堂), 이 밖에도 수십 종의 호가 있다. 벼슬이 병조참판에 이르렀으며, 완원(阮元)·옹방강(翁方綱)을 종유하여 금석(金石)·전예(篆隷)에 일가를 이루었다. 저서로는 『금석과안록(金石過眼錄)』·『완당문집(阮堂文集)』 등이 있다.

104. 孫文贊　章炳麟

香山先覺 激揚民主 狎交宗帥 不更戎旅 私智自矜 賴玆匡輔 迫竄良將 夷其肢股 屢跌復振 逢天之祜

『太炎文錄續編·民國五更贊』

|해제| 중국의 민족지도자 손문(孫文)의 전찬(傳贊)이다. 작자의 간고(簡古)한 문장이 단편에서도 나타난다.

|작자| 자는 태염(太炎, 1869-1936), 청말(淸末)의 고문(古文) 작가, 정치혁신을 주창하다가 체포된 때도 있었다. 저서로는『장씨총서(章氏叢書)』·『태염문록(太炎文錄)』·『태염문록속편(太炎文錄續編)』등이 있다.

---

105. 輓宮媛　李希輔

宮門深鎖月黃昏 十二鐘聲到夜分

何處靑山埋玉骨 秋風落葉不堪聞

『國朝詩刪』

|해제| 연산군(燕山君)의 애첩이 죽자 작자가 이 만사(輓辭)를 지었는데 연산이 기뻐했다.

|작자| 자는 백익(伯益, 1473-1548), 호는 안분당(安分堂). 벼슬이 대사성(大司成)에 이르렀고, 이 시를 지어 세상 사람들의 기롱을 받았다. 저서로는『안분당집(安分堂集)』이 있다.

---

106. 北方有佳人　李延年

北方有佳人 絶世而獨立

一顧傾人城 再顧傾人國

寧不知傾城與傾國 佳人難再得

『前漢書·外戚傳』

|해제| 작자가 한 무제(漢武帝) 유철(劉徹)의 사랑을 받아 무제를 모셨는데, 하루

는 이 노래를 불렀다. 무제가 탄식하되 "이 세상에 그런 인물이 있겠는가" 하였다. 평양주(平陽主)가 이내 이연년의 여동생을 소개하자 무제가 불러 보고서 사랑하니 이 사람이 곧 이부인(李夫人)이다.

|작자| 한(漢)의 악인(樂人). 한 무제가 처음 악부(樂府)를 세우고 이연년을 협률도위(協律都尉)로 삼았다. 작품으로는 이 시가 남아 있다.

---

107. 兩班傳 朴趾源

兩班者 士族之尊稱也 旌善之郡 有一兩班 賢而好讀書 每郡守新至 必親造其廬 而禮之 然家貧 歲食郡糶 積歲至千石 觀察使 巡行郡邑 閱糶糴大怒曰 "何物兩班 乃乏軍興[1]" 命囚其兩班 郡守 意哀其兩班 貧無以爲償 不忍囚之 亦無可奈何 兩班 日夜泣 計不知所出 其妻 罵曰 "生平子讀書無益縣官糶 咄 兩班 兩班 不直一錢"

其里之富人 私相議曰 "兩班 雖貧 常尊榮 我雖富 常卑賤 不敢騎馬 見兩班 則跼蹜屛營 匍匐拜庭 曳鼻膝行 我常如此其僇辱也 今兩班 貧不能償糶 方大窘 其勢誠不能保其兩班 我且買而有之" 遂踵門而請償其糶 兩班 大喜 許諾 於時 富人 立輸其糶於官

郡守 大驚異之 自往勞其兩班 且問償糶狀 兩班 氊笠衣短衣 伏塗謁稱 "小人" 不敢仰視 郡守 大驚下扶曰 "足下 何自貶辱若是" 兩班 益恐懼 頓首俯伏曰 "惶悚 小人 非敢自辱 已自鬻其兩班 以償糶 里之富人 乃兩班也 小人 復安敢冒其舊號 而自尊乎"

郡守 歎曰 "君子哉 富人也 兩班哉 富人也 富而不吝 義也 急人之難 仁也 惡卑而慕尊 智也 此眞兩班 雖然 私自交易 而不立券 訟之端也 我與汝約 郡人而證之 立券而信之 郡守 當自署之" 於是 郡守歸府 悉召郡中之

士族及農工商賈 悉至于庭 富人 坐鄉所[2]之右 兩班 立於公兄[3]之下 乃爲
立券曰

"乾隆十年[4] 九月日 右明文段 庫賣兩班 爲償官穀 其直千斛 維厥兩班
名謂多端 讀書曰士 從政爲大夫 有德爲君子 武階列西 文秩叙東 是爲兩
班 任爾所從 絶棄鄙事 希古尙志 五更常起 點硫燃脂 目視鼻端 會踵支尻
東萊博議[5] 誦如氷瓢 忍餓耐寒 口不說貧 叩齒彈腦 細嗽嚥津 袖刷氈冠 拂
塵生波 盥無擦拳 漱口無過 長聲喚婢 緩步曳履 古文眞寶[6] 唐詩品彙[7] 鈔
寫如荏 一行百字 手毋執錢 不問米價 暑毋跣襪 飯毋徒髻 食毋先羹 歠毋
流聲 下箸毋舂 毋餌生蔥 飲醪毋嗜鬚 吸煙毋輔窊 忿毋搏妻 怒毋踢器 毋
拳毆兒女 毋罵死奴僕 叱牛馬 毋辱鬻主 病毋招巫 祭不齋僧 爐不煮手 語
不齒唾 毋屠牛 毋賭錢 凡此百行 有違兩班 持此文記 卞正于官 城主 旌
善郡守 押 座首別監 證書"

於是 通引 搨印錯落 聲中嚴鼓 斗縱參橫 戶長 讀旣畢 富人 悵然久之曰
"兩班 只此而已耶 吾聞兩班 如神仙 審如是 太乾沒 願改爲可利" 於是乃
更作券曰

"維天生民 其民維四 四民之中 最貴者士 稱以'兩班'利莫大矣 不耕不
商 粗涉文史 大決文科 小成進士 文科紅牌 不過二尺 百物備具 維錢之橐
進士三十 乃筮初仕 猶爲名蔭 善事雄南 耳白傘風 腹皤鈴諾 室珥冶妓 庭
穀鳴鶴 窮士居鄉 猶能武斷 先耕隣牛 借耘里氓 孰敢慢我 灰灌汝鼻 暈髻
汰鬢 無敢恐咨"

富人 中其券 而吐舌曰 "已之 已之 孟浪哉 將使我爲盜耶" 掉頭而去 終
身不復言兩班之事

『燕巖文集·放璃閣外集』

|주석| 1. 軍興 : 군비(軍費).
　　　2. 鄉所 : 조선의 지방 자치기관인데 그 장은 좌수(座首)·별감(別監)이다.

3. 公兄 : 서리(胥吏)의 별칭.

4. 乾隆十年 : 1745년, 건륭(乾隆)은 청 고종(淸高宗)의 연호.

5. 東萊博議 : 송(宋) 여조겸(呂祖謙)의 저술.

6. 古文眞寶 : 장조(張肇), 또는 황견(黃堅)의 저술이라 하나 불명확하다. 『퇴계 선생언행록(退溪先生言行錄)』에 "先生, 授古文前集, 必遺眞宗勸學文曰, '此 書, 出於陣新安之撰, 何以首此'"라고 하였음.

7. 唐詩品彙 : 명(明) 고병(高棅)의 저술.

|해제| 당시 소위 양반계층의 추악한 정상을 폭로한 명작이다. 작자의 문집(文集) 중에 기문(奇文)이 적지 않으나, 이 편은 특히 『열하일기(熱河日記)』 중의 「허생 (許生)」・「호질(虎叱)」과 같이 학소(謔笑)・노매(怒罵)로 일관한 작품이다.

|작자| 앞에 나왔다.

108. 夏日卽事   李奎報

輕衫小簟臥風欞 夢斷啼鶯三兩聲
密葉翳花春後在 薄雲漏日雨中明

『東國李相國集』

|해제| 여름날의 일을 읊은 즉흥시이다. 비록 단편이지만 대가의 풍모가 엿보이는 작품이다. 특히 "密葉翳花・薄雲漏日"의 한 구는 진화(陳澕)의 "一江春雨碧絲絲" 의 한 구와 이름을 나란히 하였다.

|작자| 자는 춘경(春卿, 1168-1241), 호는 백운산인(白雲山人). 시문이 옛사람의 것을 답습치 않고 왕양(汪洋)・분방(奔放)하여 당시의 고문(高文)과 대책(大冊)이 모두 그의 손에서 이룩되었고, 벼슬은 태보(太保) 문하시랑(門下侍郞)에 이르렀 다. 저서로는 『동국이상국집(東國李相國集)』이 있다.

작품색인

ㄱ

歌者宋蟋蟀傳　311
江南　196
講製文臣設置教　320
景陽岡武松打虎　294
高靈歎　304
古詩十九首 選四　281
古芸堂筆記　219
孔方傳　299
過松江墓有感　245
君子行　330
歸去來辭　261
金官竹枝詞 選　275

ㄴ

論語 鈔　188

ㄷ

答李生書　268
答司馬諫議書　225
答王阮亭書　198
大同與小康　326
大學章句序　207

ㄷ

陶山十二曲跋　206
動亂中脫至海上與親友見　222
東萊孟夏有感　327
東湖問答 鈔　223
登岳陽樓歎關山戎馬　226

ㅁ

輓宮媛　340
陌上桑　204
木蘭辭　306
聞安重根報國讎事　316

ㅂ

泊秦淮　256
返俗謠　204
白頭吟　320
別蘇暘谷　319
奉月沙書　202
浮碧樓　267
北方有佳人　340
北學辨　213
悲歌　335

ㅅ

辭郡辟讓申屠蟠書　203

思美人　228

使日本旅懷　277

山中雪夜　255

上太公尊號詔　321

書經集傳序　329

西都　195

先妣事略　272

善戲謔　250

成都卽位告天文　211

孫文贊　339

詩經 鈔　217

始得西山宴游記　254

示二子家誡 鈔　192

新婚別　249

ㅇ

鸞郎碑序　187

鶯鶯傳　282

兩班傳　341

梁甫吟　260

與廖幼卿書　257

與李士賓書　256

與朴在先齊家書　196

與吳質書　278

與曹孟德論酒禁第二書　260

練光亭次鄭知常韻二首　200

淵生書室銘 幷序　215

詠史六首 選二　258

五噫歌　222

溫達　307

劉伶　309

流民歎　322

六蠹　325

飮馬長城窟行　278

ㅈ

自京赴奉先縣詠懷五百字　323

自題小照　339

煮酒論英雄　337

雜詩　289

長干行　299

蔣生傳　335

將進酒　268

楮先生傳　302

赤壁賦　247

田家　334

題寶蓋山寺壁　310

左忠毅公逸事　313

鑄鍾銘　211

中國小說史略序言　221

中和道中　298

進學解　264

ㅊ

采薇歌　311

清代學術槪論自序　317

清平調三首　201

招隱　315

秋聲賦　328

秋風辭　246

出師表　332

出塞　317

致兪陰甫樾書　215

ㅌ

太息　191

太子河　335

ㅎ

夏夜訪燕巖丈人記　252

夏日卽事　343

涵碧亭贈申老人　315

哈爾濱歌　190

許生　230

荊軻　237

湖寺僧卷次韻　251

虎叱　289

花王戒　331

橫塘渡　252

後赤壁賦　276

訓儉示康　鈔　193

인명색인

ㄱ

孔融　260
歐陽脩　328
屈平　228
權近　211
權韠　245
歸有光　272
金富軾　307
金澤榮　316
金正喜　339

ㄷ

陶潛　261
杜牧　256
杜甫　249, 323

ㅂ

朴齊家　213
朴趾源　230, 289, 341
方苞　313
伯夷叔齊　311
卞榮晩　215

ㅅ

司馬光　193
司馬遷　237
薛瑤　204
薛聰　331
聶夷中　334
成樂熏　222
蘇軾　247, 276
施子安　294
申光洙　226

ㅇ

羅本　337
安鼎福　256
安重根　190
梁啓超　317
梁鴻　222
魚無迹　322
王安石　225
王昌齡　317
尤侗　198
袁宏道　252
元稹　282
柳得恭　219

柳夢寅　202, 310

劉邦　321

劉備　211

劉義慶　309

柳宗元　254

劉徹　246

陸九淵　257

陸游　191

李家煥　200

李建昌　304

李奎報　343

李達　251

李德懋　196

李白　201, 268

李祘　320

李穡　267

李書九　252

李安訥　327

李延年　340

李鈺　311

李珥　223

李漢　250, 325

李齊賢　255

李學逵　275

李鴻章　215

李滉　206

李希輔　340

佚名氏　188, 196, 217, 260,

278, 281, 306, 326, 330, 335

林悌　298

林椿　299

ㅈ

章炳麟　339

張潮　302

鄭夢周　277

丁若鏞　192

鄭知常　195

諸葛亮　332

曹丕　278

左思　315

周樹人　221

朱熹　207

秦羅敷　204

ㅊ

蔡邕　203

蔡沉　329

崔致遠　187

崔顥　299

ㅌ

卓文君　320

ㅎ

韓愈　264

許筠　268, 335

許楚姬　289

洪爽周　258

黃眞伊　319

黃玹　315

▌淵民 李家源

　　연민(淵民) 이가원(李家源) 선생은 1917년 4월 6일 경상북도 안동시 도산면 온혜동에서 퇴계선생의 14대손으로 태어나 식민지 교육을 거부하는 집안 분위기 속에서 조부와 외조부를 비롯한 여러 스승들에게 한학을 배웠다. 1939년에 명륜전문학원 연구과에 입학하여 한학에 신학문을 접목시켰다. 3년 과정을 졸업한 뒤에 경학연구과 2년을 수료하였다. 1955년에 성균관대학교 중문과교수가 되었지만, 이승만 대통령 하야성명을 기초한 책임으로 1년만에 파면당하고, 1958년에 연세대학교 국문과 교수로 부임하였다. 1960년 한국교수협회를 조직하고 간사가 되어, 학생들의 4.19의거를 지지하는 교수 시위를 주도하여 이승만 대통령의 하야를 이끌어냈다.

　　1966년에『연암소설연구』로 문학박사학위를 받고,『열하일기』·『삼국유사』·『금오신화』·『논어』·『이조한문소설선』·『아큐정전』·『서상기』·『시경』등을 번역하였으며,『구운몽』·『춘향전』의 주석본을 냈다.『한국한문학사』·『연암소설연구』·『한문학연구』·『연민국학산고』·『조선문학사』·『유교반도허균』등의 연구서와『淵淵夜思齋文藁』·『玉溜山莊詩話』·『淵民之文』·『通古堂集』·『遊燕堂集』등의 한문저서, 100여 권을 출판하였다. 서예전을 4회 개최하였고, 성곡학술상·춘향학술상·용재학술상·춘강학술상을 받았으며, 한국한문학회·열상고전연구회를 조직하여 초대 회장을 지내고, 대표적인 학회로 성장하도록 지도하였다. 평생 수집한 고서와 골동서화를 단국대학교에 기증하여 연민기념관에 소장되었다. 2000년 11월 9일에 서거하였다.

개정판 한문신강

2016년 3월 15일 초판 1쇄 펴냄

지은이 李家源
펴낸이 김흥국
펴낸곳 도서출판 보고사

책임편집 이경민
표지디자인 오동준

등록 1990년 12월 13일 제6-0429호
주소 경기도 파주시 회동길 337-15 보고사 2층
전화 031-955-9797(대표)
    02-922-5120~1(편집), 02-922-2246(영업)
팩스 02-922-6990
메일 kanapub3@naver.com / bogosabooks@naver.com
http://www.bogosabooks.co.kr

ISBN 979-11-5516-530-0 93720
ⓒ 李家源, 2016

정가 23,000원

이 도서의 국립중앙도서관 출판예정도서목록(CIP)은 서지정보유통지원시스템 홈페이지
(http://seoji.nl.go.kr)와 국가자료공동목록시스템(http://www.nl.go.kr/kolisnet)에서
이용하실 수 있습니다.(CIP제어번호: CIP2016004983)